The Truth of Primitive Jesus Church

秘められた
原始イエス教団の真実

目次

第二章　復活信仰の真実

第三章　ヨハネ福音書とマグダラのマリアの真実

第六章　原始イエス教団の真実

終章　イエスの真実

プロローグ

古代の墓が物語るもの

（一）聖書の登場人物と名前の由来

「イエス」という名は二千年前のユダヤではどこにでもいるごくありふれた名前だったようである。たとえば、「一郎」という名前がどこの学校のクラスにも一人か二人いるように、大体五十人のユダヤ人の一人か二人はイエスという名前であったとしてもおかしくなかった。それほど当時はありふれた名前であったと考えられている。そもそもユダヤ人の名前は日本人のそれほどバリエーションはない。彼らの名前は日本人の名前のように表意文字の組み合わせで成り立っているのではなく、主に聖書にちなんだ祖先の名前をそのまま借用するか、または発音を微妙に変えて言い換えるか、通常はどちらかのパターンであった。

ただし、イエスの時代はユダヤ人のもともとの言語であるヘブライ語ではなく、当時のパレスチナで一般的に通用していたアラム語が使われ、それよりもはるか古代に記された旧約聖書のヘブライ語の読み方とは微妙にその発音が変わっている。「イエス」という名はアラム語の読みでは「イェーシューア」というのが原語の発音に近く、「イエス」というわれわれの読み方は日本人特有の微妙な音節を省略した（日本人だけの）読み方である。しかしアラム語の「イェーシューア」という読み自体も、実はユダヤ人本来のヘブライ語の読み方から微妙に変化しているのであり、もともとは「イェホーシューア」というのが正しい読み方に近く、それは日本語でいうと「ヨシュア」という旧約聖書でおなじみのモーセの後継者の名がその由来になる。ちなみにヨシュアという名の元の意味は、「ヤハウェは救い」という意味である※。

※イエスのヘブライ語綴りは（Yeshua）で、同じくヘブライ語の救いは（yeshuah）と表現される。

このイエスの名前がそうであるように、ユダヤ人の名前は聖書でおなじみの名前がそのまま使われていることが多く、したがってユダヤ人の名前の頻度は必然的に聖書の中で活躍した人物の名前の人気投票のような結果になる。新約聖書の中で特に出現頻度が高いのはヤコブ、ユダ、シモン、ヨセフではなかろうか。たとえばイエスの十二弟子の中にはシモンという名の弟子が二人、ヤコブという名の弟子も二人、そしてユダという名の弟子も二人いることになっている。またヨセフという名は、イエスの父ヨセフの他に十字架後にイエスの遺体を引き取ったアリマタヤのヨセフやイエスの兄弟の中にもヨセフ（ヨセ）という兄弟がいたことが記されている。イエスの兄弟というと、他にもヤコブ、ユダ、シモンという弟子達と同じ名前の兄弟がいたことも記されている。ちなみに、ヤコブ、ユダ、ヨセフという名はいずれも聖書中の超有名人にちなんだ名前であるが、シモンという名はイエスの時代よりも一世紀半程前のマカバイ戦争でユダヤ人を勝利に導いたユダヤ独立の英雄として名を成した人物の名からきている。

またユダヤ人は元来系図を大切に保管しているので、先祖伝来の名前を使うケースが多くなる。ルカ伝のイエスの系図をみるとヨセフという名の先祖が四人いたとされ、他にレビという名が複数回、それにレビと同じ祭司系をあらわすマタテ、マタテヤ、マハテ、という類似した名前が頻繁にでていることが分かる。これはイエスがダビデ家の血筋を引いていると同時にレビ家※の血筋を引いていることを示しているものと考えることができる。ちなみにイエスの元の由来であるヨシュアという名はたった一人ではあるが、記されている。ルカの系図が真実であるとすると、ヨシュアという名はその系図の中ではどちらかというとあまりなじみのない方であり、イエス（ヨシュア）という名の由来については単純に同名の先祖がいたからというよりも、むしろその名の本来の意味（ヤハウェは救い）に重きを置いたのであろうと推測できる。

※レビ家というのは、イスラエル十二支族の一つの支族であり、もともとはイスラエルの生みの親であるヤコブの十二人の子の一人レビの子孫であるが、モーセの兄アロンの家系が祭司職を受け継ぐという聖書の伝統にしたがって、アロン家の出身であるレビ族が祭司職を伝統的に受け継ぐようになった。後に、イスラエル十二支族のうち十一支族からなる北朝イスラエルはアッシリアに滅ぼされるが、南朝ユダを形成したユダ族と祭司職のレビ族がユダヤ人と呼ばれるようになった。

ただし、マタイの系図をみると、ルカとはまったく異なる系図になっていることが分かる。もちろん、いずれもダビデの血を引く系図を示していることは間違いがないが、マタイの場合はダビデの末っ子ソロモンの血筋を由来としているのに対し、ルカの場合はソロモンの兄にあたるダビデの三男ナタンの血筋を由来としているのである。したがってマタイとルカでは、ダビデ以降の系図がまったく異なったものとなっているのである。一体、これは何を意味するのであろうか？　どちらかが正しく、どちらかがでっちあげなのか？　それとも両方ともでっちあげにすぎないのか？あるいは両方とも正しい系図なのであろうか？

三世紀の教会史家エウセピオスによると、実はマタイもルカもどちらも正しい系図であり、矛盾してはいないという次のような興味深い見方を展開している。ルカの系図に描かれたナタンを由来とするイエスの祖父の名はエリと書かれている。一方、ソロモンを由来とするマタイの系図に書かれたイエスの祖父の名はヤコブである。エウセピオスによれば、実はヤコブとエリは同じ母からでた異父兄弟であった。しかしエリが結婚した女は子を儲けずに夫（エリ）を亡くし寡婦となった。ユダヤの律法では子を残さずに夫に早死にされた女はその兄弟と結婚をしてでも子を儲けることが正しいことであるとされていた。そこで、エリの兄弟ヤコブがその女と結婚し、イエスの父にあたるヨセフを生んだのだとされている。この場合、ヨセフの父は法律的にはエリであるが、実際にはヤコブの子であるという、ややこしい関係になる。

ただし、この説明以外にも、ルカとマタイの系図が共に真正であると仮定したうえで可能なもう一つの説明がある。マタイの系図はイエスの父ヨセフの系図であるが、ルカの系図は実はイエスの母マリアの系図を辿ったものであると考えればよいのである。つまりエリはイエスの母方の祖父であったという説明である。この説の面白さは、ルカの系図には先に紹介したとおり、レビ家の血筋が多く、これはマリアの親族エリザベツがレビ家の祭司であったことからも納得できる系図であると考えられるのである。ただし、当時のユダヤでは女性の血筋を系図に載せることはありえず、したがってルカはあたかもそれを父ヨセフの系図であるかのように装ったのであろうと考えられる。この問題については、いずれ別の観点で論じるつもりであるが、いずれにしてもイエスの系図ついては、それだけでもきわめて興味深い謎が蔵されていることは間違いない。

ところで、当時の普通のユダヤ人には名前はあっても姓というものがなかった。よって、同じような名前の人間が周りにゴロゴロいて、ややこしくてしょうがないという事態になる。だから福音書では「〇〇〇の子　ヤコブ」とか「×××の子　シモン」というように、名前の前に「誰某の子」という接頭辞が置かれるのが普通であった。また、「イスカリオテのユダ」や「熱心党のシモン」というように、出身地や所属団体などを冠に使うこともあった。女性でもマリア（ヘブライ語ではミリアム）という名前があまりにも多く使われているために、区別することが難しく、福音書の中に登場するマリアの名だけでも何人もいて、誰が誰だか分からないので「マグダラのマリア」とか、「クレオパの妻マリア」とか「小ヤコブの母マリア」というように夫の名や出身地の名を冠にして区別されていることが分かる。

（二）棺の発見がもたらした波紋

数年前に「ヨセフの子ヤコブ　イエスの兄弟」と刻まれた棺が発見されて衝撃的な大ニュースになったことは先刻ご承知の方もいるであろう。その棺は古物商の間で流通していたものをある収集家が買い求め、後に古代アラム語の銘文を解読する第一人者といわれるフランス・ソルボンヌ大学研究員アンドレ・ルメールという学者の調査にゆだねられた。このニュースは速報で全世界に伝えられ、一時的に大きな注目を集めたが、後にイスラエル古物管理局の発表で贋作である可能性が高いとされ、収集家が裁判に訴えられるという物議をかもしている。しかしながら学者の調査では、いくつもの科学的、考古学的証拠から決して贋作ではないという証言が得られている（その経緯に関しては邦訳「イエスの弟」（松柏社）参照）。

そもそも、棺が本物か偽物かと争われた最大の争点は、「ヨセフの子ヤコブ」と彫られた後に「イエスの弟」と付け加えられているのがあまりに胡散臭いということだったらしい。いままでイスラエルでみつかった一千個あまりの棺にそのように兄弟の名が刻まれた棺はめったに存在しない（というよりも皆無だという）からだ。さらに、この「ヤコブの棺」が本物かどうかという後日談で、ビックリするような話が降って沸いてきたのをご存知の方もいるだろう。その話は、実際、後日談どころか、こっちの方がはるかに面白く、そして真に迫ってもいるという、まさに世紀の大発見といってもよいのだが、なぜか新聞やテレビでは一切報道されることはない。

この発見の端緒は、実は遡ることもう四〇年も前の出来事である。一九八〇年にエルサレム郊外のタルピオットという新興住宅地の宅地開発の工事中に、イエスの時代に埋葬されたと思われる洞穴式の墓がみつかった。そこには十個の棺が安置され、そのうちアラム語らしき刻印のある棺が五個あまりみつかった。そして、その内の一つにはなんと、「ヨセフの子　イエス」と彫られていたのである。

この棺はヤコブの棺のように出所不明のものではなく、正真正銘、イエスの時代に掘られた墓の中から出てきたものと分かっている。しかも驚くのはまだ早い。同じ墓にあった別の棺には「マリア」と書かれ、その他の棺には「ヨセ」、「マタイ」「ユダ」・・・等という、聖書でもおなじみの名前が次々と解読されたのである。

一般にはあまり知られていないが、イエスには確かにそのような名をもつ家族がいたことが福音書にも記されている。

この人は大工ではないか。マリアのむすこで、ヤコブ、ヨセ、ユダ、シモンの兄弟ではないか。またその姉妹たちも、ここにわたしたちと一緒にいるではないか。（マルコ6章3節　口語訳）

ちなみにマタイの対応個所では次のように書かれている。

この人は大工の息子ではないか。母親はマリアといい、兄弟はヤコブ、ヨセフ、シモン、ユダではないか。姉妹たちは皆、我々と一緒に住んでいるではないか。（マタイ13章55-56節　新共同訳）

両者を比べると分かるように、イエスの兄弟の中でマルコでは「ヨセ」と記され、マタイでは「ヨセフ」と記される違いがあるだけで、それ以外は同じ名前が記されている。タルピオットでみつかった棺にある名前でも「ヨセフ」ではなく、「ヨセ」と記されている。もし彼の父親がヨセフであるとすれば、同名の名を使うことは避けられたにちがいない。したがってその子はヨセフではなく、ヨセと呼ばれる子であったというマルコの記述の方に真実味がある。実際、「ヨセ」という名は当時のユダヤでも珍しい名であり、その棺に彫られた名がマルコの記録にあるイエスの兄弟の名と同じであるということは、ますますもってその墓がイエスの家族の墓であるという信憑性を高めているといえる。

いずれにしても、タルピオットの墓からでてきた棺の名はあまりにも聖書に記されたイエスの家族の名に一致しているので、気味が悪いほどである。ところが、この「世紀の」といってもよいはずの大発見にもかかわらず、これが一般のニュースとして報道されないのはなぜだろうか?それは、もしその墓が本物であるとすれば、二千年来のキリスト教徒の復活信仰は一体、何だったのかというほど、あまりにも衝撃的すぎる話題だからであろう。だから、今のところは、せいぜいケーブルテレビのチャンネルのあまり目立たない検証番組の中で話題にされる程度の扱いでしか、それは紹介されることもない。

実は、イスラエルではもう何十年も前から宅地開発などの工事でイエス当時の墓がみつかるケースが起こっていた。日本の奈良盆地で飛鳥時代以前の古墳がみつかることがありふれているのと同じように、イエスの時代に掘られた墓が今の時代になって次々と掘り起こされているのである。イエスが十字架上に磔にされた事件のあとほぼ四〇年後の西暦七〇年の第一次ユダヤ戦争、そして西暦百三十年の第二次ユダヤ戦争によって事実上ユダヤ国家は崩壊した。その後、前世紀のシオニズム運動が起こるまで、エルサレムの周辺地は長い世紀の間、異邦の民に占領されていた。その結果、図らずもイエスの時代の墓が今頃になって次々とみつかるという考古学上の事件が起こっているのである。

それらの墓には「ヨセフの子　イエス」以外にも、聖書にまつわる名の棺がいくつかみつかっている。たとえば、イエスが十字架刑を言い渡されたときのユダヤの大祭司「カヤパ」と刻まれた棺もみつかっているが、この棺は豪華な紋様によって明らかに高位の人物であると思われる点から、大祭司カヤパ本人の棺であるとみて間違いがないとされている。しかしながら、タルピオットで発見されたイエスの棺に関しては、決定的な証拠がないという理由で、いままでほとんどニュースにもなっていなかった。

一九八〇年の最初の発見時、墓の調査に関わったシモン・ギブソンという名のイスラエル古物管理局の役人によると、その棺の刻印が「ヨセフの子　イエス」と記されているのを読むことはできたが、しかし、それがまさか福音書のイエスと同一人物であるとは信じなかったようである。なぜなら「イエス」という名も、「ヨセフ」という名も、当時ではありふれた名であり、そのような名前の組み合わせは珍しいものであるとも思えなかったからである。しかも、彼は新約聖書にイエスの兄弟の名が記されているということさえも知らなかったという。したがって、彼はこのニュースを世界に知らせる価値があるものとは判断しなかったようだ。

ところが、この棺の発見が闇の中に眠っていた間に、突然、先の「ヤコブの棺」の発見が大きなニュースとなって世界を駆け巡ったのである。それは二〇〇二年十月のことであった。このニュースに真っ先に飛びついたのがアメリカのテレビプロデューサー、シンハ・ヤコボビッチ（Shincha Yakobovici）という名のユダヤ人である。彼は「ヤコブの棺」の発見の真偽をめぐる番組制作を企画していた。そしてその裏取り調査の過程でイスラエル古物管理局の倉庫に眠っていた「ヨセフの子イエス」の棺があることをシモン・ギブソンから偶然に耳にする。彼はこのあまりにも衝撃的すぎる話題を外部に漏らさないためにグループの間で秘密を守る署名までして、その裏付け調査をしようと奮い立った。彼は第一発見者に会って、一九八〇年に最初に発見されたその墓が実際にいまでも存在するのかどうかを突き止めようとした。もちろん、その調査の過程をビデオで撮影するのを忘れてはいなかった。すでにご存知の方も多いと思うが、この発見の一部始終はケーブルテレビの二時間番組で何度も放映されている。ちなみにプロデューサーは映画「タイタニック」や「アバター」のジェームス・キャメロン(James Cameron)である。

その墓は発見後イスラエル政府によって、マンションの庭の一角にセメントで封印されていて、その後誰によっても調査されずに放置されていたらしい。そもそもイスラエル政府は、墓の考古学的な価値にはあまり関心はなく、古代の墓が発見された場合、墓としての神聖さを尊重して棺の中に残っている遺骨などを埋葬し直すための一連の儀式を執り行う。したがって、「ヨセフの子　イエス」と記された棺が発見されたときも、その中にあったシャレコウベを含む遺骨類はすべてどこかの地面の下に埋葬されてしまっていたようである（もしそれらが残されていれば、詳細なＤＮＡ検査もできるだけに非常に残念である)。

しかしヤコボビッチらの執拗な調査によって、徐々に重大な事実が分かってきた。彼がもっとも驚いたのは、最初の墓の発見時に一〇個あったはずの棺がなぜかイスラエル古物管理局には九個しか保管されていないという事実であった。これは第一発見者の一人シモン・ギブソンが発見当時の墓の図面を書いていたので、確かな事実であるとギブソン自身が証言している。すなわち最初一〇個あった棺のうちの一個が行方不明になっているということをそれは意味していた。ここでヤコボビッチは、その行方不明の一個が、もしかすると出所不明の「ヨセフの子ヤコブ　イエスの弟」と刻まれた問題の棺ではないのか、という仮説に導かれることになる。

彼はそれを証明するためにヤコブの棺の中にわずかに残されたパチナと呼ばれる鉱物質の薄膜とタルピオットの墓にあった九個の棺のそれを比較して調べてみた。パチナというのは土や岩石に含まれる微量のマグネシウムやチタン、鉄等の元素が長い年月（少なくても数百年）をかけて棺の表面を覆うことによって形成されることが分かっている。したがって闇の古物市場に出回っていたヤコブの棺がイエスの家族とおぼしきタルピオットの墓の棺と同じ場所にあったものであれば、そのパチナの成分は一致するはずである。調査の結果は予想通りに一致していた（分析科学の専門家による証言が得られたとされている）。

ちなみにヤコボビッチらは、最善を期すため、タルピオットの墓と同時代に埋葬されたと考えられる他の墓の棺のパチナについても調査をしたが、その結果も予想通りであった。すなわちヤコブの棺のパチナとタルピオットの棺のパチナは一致したが、同時代に埋葬されたと考えられている他の墓の棺のパチナとは一致しなかった。つまり、これによって「ヨセフの子　ヤコブ　イエスの弟」と彫られた棺はイエスの家族の墓とおぼしきタルピオットの墓に置かれていたということがほぼ確定されたことになる。ちなみに出所不明のヤコブの棺と行方不明になったタルピオットの棺が同じであるという傍証として、棺のサイズがほぼ同じであるいう指摘もある（この指摘は「イエスの王朝」の著者ジェイムス・テイバー（JAMES. D. TABOR）が著書の中で述べている）。

この結果が意味することは、（ヤコボビッチらがいうとおり）タルピオットの墓がイエス・キリストの一族の墓であるという十分すぎる確かさである。タルピオットの墓の棺に刻まれた刻印の一つひとつの名は二〇〇〇年前のユダヤではありふれた名ではあるが、ヨセフ、イエス、マリア、ヤコブ、ヨセ、ユダ・・・という聖書に記されたイエスの家族の名が偶然にそろう確率はほとんどゼロに近い。この調査の結果が真実であるとすれば、それはまさに二〇〇〇年来の歴史をもひっくりかえすほどの大きな意味をもっていることになる。

1980年にエルサレム近郊タルピオットで発見されたイエスの家族のものとおぼしき墓。入口に奇妙な暗号のような紋様が刻まれている。

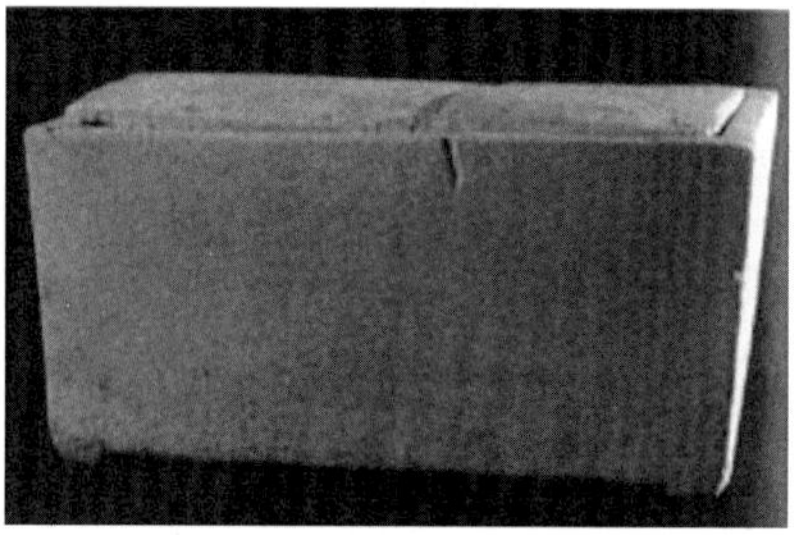

「ヨセフの子イエス」と刻まれた棺

（三）ダヴィンチ・コードの秘密

ところで、この棺がもし本物だとすると、イエスの復活という福音書の記録は新たに解釈されなければならない必要があるだけでなく、福音書の中には記されていない或る重大な秘密が隠されていた可能性が浮上してくる。しかも、それがもたらす波紋はあのダヴィンチ・コードの秘密にもつながる奇怪な問題をわれわれに突きつけてくる。

実は、タルピオットの棺に刻まれた銘文の中で明らかにイエスの家族に関係なさそうな不思議な名前が含まれていた。それは「マリアムネ」とギリシャ語で刻まれていて、これは聖書に記されるイエスの家族とは無関係の名であることから、発見当初はイエスの家族とは無縁の墓である証拠として片付けられていた。しかしながら「マリアムネ」という名は、実は「マリア」のギリシャ語読みであり一部のグノーシス系文書（フィリポ福音書やマリア福音書）によると、「マリアムネ」という名のイエスの弟子がいたことが記されている。ところでマリアムネという名の棺がイエスの家族と同名の名を記した他の棺と同じ場所にあったということは何を意味しているのだろうか?当然のことながら、マリアムネはこの家族の一員であったという可能性が浮上する。

つまりこれが意味することは、イエスとマリアムネは結婚していたのではないかという可能性である。実は、タルピオットの墓がイエスの墓であるとすれば、説明のつかない奇妙なもう一つの棺が置かれていた。それは「イエスの子　ユダ」と書かれた子供用の棺であった。マリアムネがマグダラのマリアであるとすれば、イエスとマグダラのマリアは夫婦であったという可能性があることになる。だとすれば、彼らの間に子供が残されていたとしても不思議ではない。数年前に映画や小説で話題になった「ダヴィンチ・コード」は、イエスの血脈が秘密組織の中で守られてきたという仮説に基づいたフィクションにすぎないが、その根拠とされているのもマグダラのマリアが外典書の中でイエスと特別の関係にあったと暗示する複数の記録があるからである。

タルピオットで発見された墓が本当にイエス一族の墓だったのかどうかはもちろん分からない。しかし、少なくともこの墓がイエスと同時代のものであるということは確かであり、それだけでも大変貴重な発見であることは間違いがない。特にこの発見によって、当時のユダヤ人の特異な死生観が伝わってくることは非常に興味深い事実である。死者の復活という独特なキリスト教信仰の由来について、これらの発見はいろいろなヒントを与えてくれる。考古学者によると、このような洞穴式の墓と石灰石でできた棺は一世紀前後のユダヤでしかみられない特異な風習によるものであったということが分かっている。その風習にはイエスの時代のユダヤ人の独特な死生観が反映しているのである。われわれはそこからイエスと同時代に生きていた人々の考え方をより深くリアルに知り、そしてキリスト教の由来についての様々なインスピレーションを受け取ることができる。

本書の着想の多くはそのインスピレーションから得たものである。福音書というものがいかにして生まれ、そして、それはどのように変形し受け継がれていったのか?とりわけ復活信仰というのは本当のところ何だったのか? あるいはまた、マグダラのマリアとは誰だったのか? 彼女は本当にイエスと結婚していたのか? ……それらの疑問は、いままでどんなに聖書をしらべても分からない類の疑問であるが、タルピオットの墓の発見によって、それらがいとも簡単に解決の糸口が見えてきたことは事実である。それは二十世紀最大の発見ともいわれる死海文書の発見やナグ・ハマディ文書の発見がもたらした革命に比肩されてもおかしくないほどの発見である。

むしろ、逆にいままでなぜ聖書学者はこれらの考古学的事実を参考にしようともしなかったのかということを疑問に思わざるを得ない。なによりも発見された新しい事実が今われわれの目の前に突きつけられているのだという謙虚な認識をもつならば、そこからこれまでにない解釈が生まれたとしても決して不遜でも不当でもないはずだ。私は一介の素人にすぎないが、ここに発表する原始キリスト教の真実に関するいくつかの仮説は、いままで誰にも知られなかったものであると思う。その仮説が正しいものであるかどうかということよりも、このような仮説が新たに立てられるということ自体が私にとっては驚きであった。なぜ今まで誰もこのような発想をもちえなかったのか（?）と思うと不思議な気がするほどである。いずれにしても、その正しさは自分自身で判断できるものではなく、ただ歴史の評価にまかせなければならない以上、それを書き残すことはむしろ自らの使命と感じてもよいだろうと自分に言い聞かせた。そのような確信の下に、以下の諸章を発表するものであることを、あらかじめご了解いただきたい。

第一章 マルコ福音書成立の真実

17世紀　マルコの絵　　作者不詳

（一）マルコ福音書の成立時期

マルコ福音書が最初に書かれた福音書であるという仮説は十九世紀にカール・ラハマン（Karl Lachmann）により提出されて以来、現代の聖書学者の間でほぼ一致して認められている。これはマタイ、マルコ、ルカという三つの共観福音書を比較したときに、マルコ福音書の情報量が最少かつ共通の資料を含むという理由で採用されたわけであるが、この説に異論を差し挟むことは難しいだろう。だとすると、次に問題となるのはマルコ福音書の成立時期に関する話題である。マルコ福音書が書かれた時代を推測することは比較的容易である、なぜなら、そこには明らかな歴史的事実が言及されているからである。

学者たちの推定によると、イエスが十字架に架けられたのは紀元後三〇年頃であった。しかし、エルサレム神殿が**「一つの石もここで崩されずに他の石の上に残ることはない」（マルコ13章2節）**というマルコ福音書の描写がまさに現実になったのは、第一次ユダヤ戦争の最終局面でローマ兵がエルサレム神殿を徹底的に破壊するという衝撃的事件、すなわち紀元七〇年に起こった歴史的な出来事であった。もちろん紀元七〇年のエルサレム神殿の破壊という歴史的現実を、イエスはその事件が起こる前に予言していたのだと信じることも可能である。しかし、仮にそうだとしても、イエスの弟子達はそれが現実に起こる前にエルサレムの神殿が（イエスの予言の通りに）崩壊するとは夢にも考えなかったであろう。したがって、その記録はエルサレム神殿の破壊という歴史的事件を契機に、予言の成就として（事後的に）解釈された記録だとする見方がもっとも蓋然性が高い。

もっとも、マルコ福音書の神殿破壊の記録は正確には事後預言ではなく、むしろその崩壊直前のきわめて切迫した時点に記された可能性もあるとされる。今日の多くの学者の推定によると、原マルコ伝はイエスの磔刑後三五年から四十年後ぐらいの間にまとめられた形跡があるとされている。当時はユダヤ戦争の渦中であった。ユダヤ戦争というのはローマの総督フロルスがエルサレム神殿の宝物をインフラ工事に使い回ししたことに激怒したユダヤ人の反乱をきっかけに起こったとされる。

最初の反乱は六六年に起こり、その後、各地で燎原の火のごとく反乱が広がり、当初の戦況は一進一退を繰り返していたが、やがてティトゥス（皇帝ウェスバシアヌスの子息でユダヤ戦争後に自身も皇帝になった人物）率いる圧倒的なローマ軍の包囲網によって徐々にエルサレムに孤立したユダヤ人たちは兵糧攻めにされたあげく、最終的には城内で餓死するか、それとも城外に出て殺されるかという最悪の状況に追い込まれてゆく。最後は崩れた壁の一角から一挙にローマ軍の入城を許し、歴史上でも類がない程の規模の虐殺と略奪の悲劇が彼らを見舞った。その後に神殿に一斉に火が放たれ、そして先に紹介したマルコ伝の記述のごとく「一つの石もここで崩されずに他の石の上に残ることはない」という想像を絶するような神殿の徹底的破壊が行われた。その破壊のすさまじさは、今日残されているエルサレムの「嘆きの壁」跡をみてもうなずける。ちなみに元ユダヤの反乱軍の指揮官で投降後にローマ皇帝ウェスバシアヌスの庇護の下「ユダヤ戦記」を著したヨセフスによると、この戦争の犠牲者は百万人を超えたと推定されている。

おそらくマルコ福音書の記者は、戦争の渦中にありながらも、その戦況の行方を理解していたのだろう。もはやユダヤが圧倒的なローマ軍に勝てる見込みはなく、エルサレムは遅かれ早かれ陥落するはずである。それはまさに生前のイエスが残した終末予言の成就であり、彼ら（ユダヤ人）はメシアを十字架につけたことに対する当然の報いを受けているのだと考えたであろう。もちろん、戦争の渦中であるとはいえ、「一つの石もここで崩されずに他の石の上に残ることはない」という神殿破壊の具体的様相まで予想されていたとは考えられないので、マルコ伝の当該個所は戦争が終結した後に補足されたのかもしれない。

ただし、だからといって、イエスのエルサレム神殿破壊の予言はでっちあげだったということにはならない。むしろ福音書記者がエルサレム神殿破壊のイエスの予言をまことしやかに語るのは、現実にそのような弟子達の信頼すべき伝承が残されていたからであるとする方が自然である。

（二）神殿破壊が意味すること

実は、エルサレム神殿が破壊されたのはこれが初めてではなかった。そのはるか六〇〇年以上も前、紀元前六世紀にも同様の事件が起こっている。いわゆるバビロン捕囚といわれる歴史的事件がそれである。そもそもエルサレム神殿はモーセの出エジプトを導いた神が荒野を流浪するイスラエルの民に与えた「幕屋」と呼ばれる移動式神殿をソロモン王の時代に壮大な規模で建立されたと旧約聖書「列王記」に記されている。ただし、ソロモン王の後に国が北朝イスラエルと南朝ユダに分裂し、その後、偶像崇拝に堕した悪王の統治が続いた北朝イスラエルはアッシリアに滅ぼされ、幾人かの善王の統治がみられた南朝ユダでも、やがて偶像崇拝に堕落したためにバビロンに滅ぼされたとされている。

その時に聖都エルサレムは完全に異国に支配されソロモンの神殿（第一神殿）は破壊された。しかし幸いにも、彼らはバビロニアに捕囚された七〇年後にペルシャ王クロスによって解放され祖国に戻ることが許される。そのことによって、彼らは自らが神の選民であるという自覚に深く目覚め、モーセに啓示された神に対する信仰を復活させ、エズラを中心に契約の民としての祖国の再建を目指して国民は一致団結する。そして、以来、祖国再建の象徴として、破壊された神殿を再び建て直すという一大事業が開始されることになる

エルサレム神殿が破壊された歴史的事件はユダヤ人の歴史の中で最も深く彼らの脳裏に刻まれた出来事であった。その再建は彼らの信仰の復活の拠り所であり、祖国再建の象徴であった。ただし、エルサレム神殿が初めて再建された当時は、その財力も乏しいものであったために、ソロモンの建てた神殿に比べるとみすぼらしいものであったという。ソロモンの神殿がほぼ元通りに再建されるのは、実にその約五〇〇年後のユダヤ王ヘロデ大王の時代であった。ヘロデ大王というと、イエス生誕時の悪名高い王として知られるが、しかし、彼はローマの傀儡という立場を利用して、歴史的な建造物をいくつも残した王としてローマの歴史家にも高く評価されるほどの存在であった。

イエスが生きた当時、エルサレムの神殿はヘロデによる再建修理後わずか数十年の時を経たまさにピカピカの新築建築のような新しさであった。その壮麗さはそれを目で見た誰もが感動するほどのも

のであったにちがいない。しかも、再建された神殿はソロモンの神殿に比べても規模がひと回り大きくなったとされている。先に何度も紹介したマルコ福音書十三章の神殿崩壊予言の前に、ヘロデによって改修された神殿の壮麗さをほうふつさせる短い会話がある。

イエスが神殿の境内を出て行かれるとき、弟子の一人が言った。「先生、御覧ください。なんとすばらしい石、なんとすばらしい建物でしょう。」イエスは言われた。「これらの大きな建物を見ているのか。一つの石もここで崩されずに他の石の上に残ることはない。」（マルコ13章1-2節　新共同訳）

イエスが実際に、その短い会話のやり取りの後に神殿破壊を予言したのかというと、それはまずないであろう。この個所はマルコの創作にちがいない。しかも、この個所は前にも述べたように、ユダヤ戦争が終結した後に補足されたのだろうと考えられる。ただし、このやりとりの中には、一見、いかにもありそうなほどリアルな印象があることは確かだ。その当時の神殿の壮麗さをみると、誰もがその美しさに圧倒されたに違いないからである。生まれて初めてニューヨークの貿易センタービルを目にした者が感動のあまり「すばらしい建物ですね」というのと同じだと考えればよい。それに対して誰かが、「この建物はいずれ近い将来に完全に崩落するだろう」といったとすれば、それは事後予言か又はテロリストの一味だったという証拠になるだろう。

（三）神殿破壊の予言は本当だったか？

マルコ福音書によると、イエスは実際、そのようなありえないことを口走ったという話になっている。しかし、それらしき会話があったということは決して否定はできない。なぜならイエスはかつてのバビロニアによるエルサレム神殿の破壊という歴史的事件を知っていたからである。その事件は不信仰なユダヤ人に対する天の懲罰だったというのが、当時のユダヤ人の共通理解だったのである。したがってイエスが神殿破壊を予言したというのは、あくまでもそのような歴史的文脈の中での発言であったと受け取れる。すなわち、そのときイエスは、ユダヤ人の信仰のなさが神の再度の懲罰を受けるに値しているものと考えていたと想像されるのである。

イエスは自らが聖書に預言された約束のメシアであるということを自覚していたことはまちがいない。しかし、その事実を受け入れないどころか、メシアを殺そうとするユダヤ人の本心があることを知って、最終的にイエスは十字架への道を行かざるをえないという過酷な運命が待っていることを予感していた。しかし、その不吉な予感は自らの運命に対するものだけではなく、むしろそれ以上にユダヤ人の運命に対する予感を伴っていたという所に、イエスという人物の驚くべき超人性があるということをわれわれは気付く必要がある。

イエスの神殿破壊の予言というのは、そのような文脈の中でみるとき、かつてのイザヤやエレミヤに通じる預言者の証がそこにあるだけではなく、イエスはそれらの預言者以上の存在として、すなわちメシアという不思議で神秘的な存在の裏づけにもなりうる証拠物件の一つとしてみなければならない。イエスの死後、その不吉な予言は現実に成就したのであり、彼ら（ユダヤ人）の祖国は、それ以降、まさにその予言の通りに歴史の中から事実上抹消されたのだとみることができる。

福音書というのは、その成立の起源からみても、エルサレム神殿破壊という歴史的事件と切っても切り離せない関係がある。マルコ福音書はおそらくユダヤ戦争の只中で、生前のイエスの終末予言の言葉を思い返しつつ、綴られたのではないだろうか。伝承によると、イエスの信徒たちはユダヤ戦争の渦中を首尾よく逃げ延びたようである。というのもイエスの教えでは、「剣を取る者は剣によって滅びる」という言葉にもあるように、元来、武力による反乱や戦争をすすめる教えではなかったからである。だから彼らはユダヤ人とローマ軍との戦いに加わったとは考えにくい。彼らの多くは破局に直面する前に、イエスの数々の予言を思い出し、聖都エルサレムから無事脱出しえたのかもしれない。その切迫した経緯を物語るのが、次の個所である。

憎むべき破壊者が立ってはならない所に立つのを見たら――読者は悟れ――、そのとき、ユダヤにいる人々は山に逃げなさい。屋上にいる者は下に降りてはならない。家にある物を何か取り出そうとして中に入ってはならない。畑にいる者は、上着を取りに帰ってはならない。それらの日には、身重の女と乳飲み子を持つ女は不幸だ。このことが冬に起こらないように、祈りなさい。（マルコ13章14-18節　新共同訳）

この記録は、文字通り戦争の渦中にあった当時の状況を物語るものと考えられる。すなわち、この個所はローマ軍に包囲される前か、あるいはその直前に信徒達のエルサレム脱出をすすめた記録とみられるのである。この時にエルサレムを脱出できなかった者たちは、城内で餓死するか又はローマ軍に捕らえられて殺されるという、いずれかの悲運に見舞われることになったのだろう。だから、「身重の女と乳飲み子を持つ女は不幸だ」と記されているのである。おそらくイエスの信徒達の中には不幸にも脱出できずに、悲惨な運命に身をゆだねるしかなかった者たちも相当数いたであろう。

(四) マルコとよばれるヨハネ

マルコ福音書は、この歴史的な大事件を契機にイエスの言動を後世に伝える必要があると感じて記されたにちがいない。なぜなら、彼らにとっても、そのときイエスの予言がいかに重大であったかということを明確に知る機会になったからである。伝承ではマルコ福音書はパウロの同行者としても知られる「マルコとよばれるヨハネ」(使徒言行録12章25節)によって記されたものと考えられている。

この記録から分かることは、マルコはもともとヨハネという名のユダヤ人であるが、異邦人の地ではマルコという名でよばれていたという意味であろう。ただし、福音書はすべてギリシャ語で書かれたということが分かっているので、マルコはギリシャ語が使えるユダヤ人だったということになる。マルコ福音書の著者がマルコであるという説を否定する学者も多いが、その否定の根拠はそれを肯定する根拠以上に強力であるとも思えない。ちなみに使徒言行録の中で「マルコとよばれたヨハネ」という言葉は何度か言及されているが、最初にでてくるのは次の記録である。

こう分かるとペトロは、マルコと呼ばれていたヨハネの母マリアの家に行った。そこには、大勢の人が集まって祈っていた。（使徒言行録12章12節　新共同訳）

この記録の前後は次のような展開になっている。まず三弟子の一人ヤコブがヘロデに捕らえられて剣で首を刎ねられて殉教する。その事件がユダヤ人の歓心をひいたために、ヘロデはさらにペテロを捕らえて獄に入れる。ところがペテロは獄中で御使いに助けられ、誰にも気付かれずに獄から逃げ出すのである。そのとき逃げ帰ったのがマルコの母マリアの家であった。その家には信者が数多く集まり、捕縛されたペテロのために祈りがささげられていたというのである。

この記録からも分かるとおりマルコの家は多くの信者が集まるほどの大邸宅であったと考えられる。伝承ではマルコの家はエルサレムの中心教会であったと考えられている。また福音書の最後の晩餐に使われた場所もこのマルコの家だったのではないかとも考えられている。ただし、マルコがいつ頃からイエスの信者になったのかは定かでない。それはイエスの死後とみるのが妥当な解釈だろう。当時、マルコはまだ少年であったと考えられるからだ。ちなみにゲッセネマの園でイエスが捕らえられたとき、ある若者が亜麻布を捨てて裸で逃げた（マルコ14章51－52節）と記されているが、この若者がマルコ自身であるという説もある。

（五）マルコ福音書成立の真実

いずれにしてもマルコが福音書記者であるとしても、彼は生前のイエスに付き従っていた直弟子の一人であったとまではいえない。少なくとも、彼はイエスのガリラヤでの活動については、ほとんど伝聞でしか知りえない立場であったのではないかと想像される。その理由はマルコ福音書に記されたイエスのガリラヤを中心とした行動の記録が前後の脈略を著しく欠いているといわざるをえないからである。もちろん、そのことはマルコ福音書に限らず、すべての福音書についていえることであるが、その原因は、そもそも福音書という形式の書物がマルコ福音書の記者によって考案されたという事情に由来している。なぜ福音書が揃いも揃ってイエス受難の最後の週の記述が相対的に詳しく費やされているのか？それは他でもなくマルコ福音書の記者が、その話題以外にはほとんど詳細な事実関係を知らなかったからであると考えられるのである。

ある意味では偶然のきっかけで生まれたマルコ福音書が、後の福音書のお手本になっただけではなく原資料ともなったのである。特にマタイ福音書とルカ福音書は、その大部分の資料をマルコ福音書に負っているとも考えられる。ただし、マタイもルカもそれぞれ独自の付加資料をもち、独自の観点で書かれたことはいうまでもない。一方、もっとも後れて成立したと考えられるヨハネ福音書の場合は、マルコの原資料説を否定するかのような斬新な記録がみられるが、その全体的な構成は、やはりマルコ福音書に準拠していることは否定できず、特に福音書全体の中で受難週の記述が占める割合も似たり寄ったりであるということから、ヨハネ福音書がまったく独自に成立したという可能性は考え難い。ただし、いずれ後で述べるつもりであるが、ヨハネ福音書は実際にイエスに付き随った弟子の一次資料に基づいている可能性を示す個所が複数あり、その点においてはマルコ、マタイ、ルカの共観福音書よりも、むしろ資料的には信頼すべき部分がある。

三世紀の使徒教父エウセピオスの伝承によると、マルコは使徒ペテロの証言を聞き集めたものと考えられている。仮にそれが事実であったとしても、その証言は断片的で不確かなものでしかなかったであろう。特に数々の奇跡物語は大部分が創作ではないかと考えられるほど現実感がなく、それらの証言はせいぜい又聞き程度のものではないかと考えられる。マルコ福音書の中でもっとも現実感が漂っているのは、やはりイエスがエルサレムに入城してから十字架に架かるまでの最後の受難週に関する記録である。もしかすると、マルコはその一部始終を実際にその眼で見ていたのかもしれない。

マルコが福音書を初めて着想したのは、ユダヤ戦争の只中であった。その当時、すでにエルサレム教会の信徒は離散し、教会の主だったメンバーは世を去っていた。自らの師パウロ、ペテロを初めエルサレム教会の指導者であった主の兄弟ヤコブも殉教していた。マルコが福音書を思い立ったとき、おそらく彼の周辺には生前のイエスを知る人物は一人もいなかったはずである。したがって福音書の基の資料になったのは、おそらく断片的な言い伝えの資料と故人から伝え聞いた自らの不確かな記憶でしかなかったであろう。マルコはそれらの断片をつなぎあわせて、一つの物語を無理やりにでも作り上げなければならなかったのではないか。ただし、マルコ自身が受難週の現場に居合わせた可能性があるので、その場面だけは克明に描くことができたのではないかと考えられる。

このようにして最初の福音書が成立したのだとすると、その意味合いも自然とみえてくるだろう。あらためていうまでもなく、マルコにとって福音書を書き綴った動機はイエスが約束のメシアであるという自らの確信を後世に伝えることにあった。その確信は必ずしも奇跡物語の証言があるからではなく、あるいは弟子達の驚くべきイエス復活の証言があったからでもなく、何よりも、今まさに起こりつつあるエルサレムの陥落という歴史の現実を目の前にして、生前のイエスが警告していた終末予言の言葉が、より真実味を帯びていることを感じ取ったからだろう。だからこそ、ある種のひらめきのような天啓を受けて、イエスの受難にいかなる意味があるのかというマルコ自身の歴史解釈を、福音書という形式に纏めようとしたのではないだろうか。

(六) マルコの歴史解釈

実はマルコの歴史解釈は必ずしも斬新なものでもなければ反ユダヤ主義的なものでもなかった。マルコがメシアの受難を通して語ろうとしたのは、伝統的なユダヤ教徒の教えそのものであった。なぜ神は自らの選民を滅ぼそうとされるのか?それはバイブルが語る選民の歴史をみれば明らかであると、マルコは考えたに違いない。モーセの出エジプトによって選民イスラエルは誰も望みもしない荒野へ連れて行かれた。そこで十戒という戒律を与えられ、選民としての徹底した人格改造を迫られた。彼らはろくに食べ物もない環境の中で、諸悪から離れることを誓わされ、目に見えない神を崇めることに専心し、間違っても異邦人の真似事をして偶像崇拝に陥ることのないように戒められた。そして、もしそれらの戒律を破れば、神は彼らを見捨て、異国のなすがままにされるだろうと警告された。

それらの戒めは、決して選民にとって守るに易しいものではなかった。現に彼らの子孫達は先祖の教えと戒めを忘れ、逆に異教の神々に影響されることによって、度重なる神の警告を招くことになった。その度に預言者が遣わされ、彼らにモーセの戒めに帰ることを迫るが、それもむなしかった。預言者は受け入れられず、逆に袋叩きにされ殺された。その結果、彼らに最悪の事態が招来されることになった。何人もの預言者が警告していた通り、彼らは異国の支配にゆだねられ、その聖なる神殿は踏み荒らされたのである。

マルコが知っていたのは、そのような選民の愚かすぎる歴史であった。そして今、歴史はマルコの目の前で神の新たな懲罰ともいうべき事態が進行していることを確信せざるをえなかったのである。なぜなら、選民は決して犯してはならない罪を犯してしまったからである。選民のために遣わされたメシアを選民自らの手で十字架に架けたことは、もはや選民にとってとりかえしのつかない恐ろしい罪であることをマルコは感じていたはずだ。神はその日のために選民を導いたのではなかったであろうか?だとすれば、選民はもはや完全に見捨てられることになるのではないか? もはや神殿には何の意味もなく、聖地は異国の民に踏み荒らされ破壊されるであろう。それこそが神が警告してきたことではなかったのか?

マルコはこの恐ろしいユダヤ人の罪が意味することを、誰でも分かる喩えによって福音書に盛り込んだ。

イエスは、たとえで彼らに話し始められた。「ある人がぶどう園を作り、垣を巡らし、搾り場を掘り、見張りのやぐらを立て、これを農夫たちに貸して旅に出た。収穫の時になったので、ぶどう園の収穫を受け取るために、僕を農夫たちのところへ送った。だが、農夫たちは、この僕を捕まえて袋だたきにし、何も持たせないで帰した。そこでまた、他の僕を送ったが、農夫たちはその頭を殴り、侮辱した。更に、もう一人を送ったが、今度は殺した。そのほかに多くの僕を送ったが、ある者は殴られ、ある者は殺された。まだ一人、愛する息子がいた。『わたしの息子なら敬ってくれるだろう』と言って、最後に息子を送った。農夫たちは話し合った。『これは跡取りだ。さあ、殺してしまおう。そうすれば、相続財産は我々のものになる。』そして、息子を捕まえて殺し、ぶどう園の外にほうり出してしまった。さて、このぶどう園の主人は、どうするだろうか。戻って来て農夫たちを殺し、ぶどう園をほかの人たちに与えるにちがいない。聖書にこう書いてあるのを読んだことがないのか。『家を建てる者の捨てた石、これが隅の親石となった。これは、主がなさったことで、わたしたちの目には不思議に見える。』」(マルコ12章1-11節　新共同訳)

マルコが記したこの喩えには、明らかに選民の運命に対する洞察があることが読み取れる。神はもはや選民を見捨て、その代わりに異邦人を中心とした新たな選民をお立てになるだろうということを、それは意味していたのである。

使徒言行録の中で「マルコとよばれたヨハネ」は、パウロやバルナバと共に異邦人伝道に活躍していたことが記されている。しかし、彼はあるときパウロから絶交を言い渡される行動をとったようである。実はマルコはバルナバの従兄弟（コロサイ4章10節）でもあり、そのことが原因でパウロとバルナバは喧嘩別れをしたということも記されている（使徒15章39節）。おそらく、その当時マルコはパウロより少なくとも二十歳ぐらいは年少の若者だったのではないだろうか。しかし、にもかかわらず彼は誰からも尊敬されたパウロに反抗するほど気骨のある青年だったということが想像される。何がそうさせたのかは分からないが、あるいは生粋のユダヤ人であったマルコにとって、パウロの過激な非ユダヤ的思想についてゆけなかった側面もあったのではないかと想像する。

（七）マルコ福音書の特異性

マルコ福音書を何度も読み返すと、そこからは実にかざりけのない率直な印象の人物像が浮かび上がる。使徒言行録の記録によれば、マルコはエルサレムの一等地に大邸宅を構えた由緒正しい家柄の息子という推定ができる。彼はおそらく幼少から将来立派な指導者になるべく教育を受けただろう。

彼にとって聖書の教えは子供のときから日常の生活に溶け込んでいただろう。母マリアの影響で彼はイエスを知ったのかもしれない。ほんの短い期間、彼は母につきしたがって、イエスのエルサレム滞在中に同居していた可能性もある。最後の晩餐が彼の家でとり行われたのだとすると、彼はその場にも母と共にイエスの傍にいたのではなかろうか？　もしかすると、十字架の場にも、彼は母と一緒にいてイエスの最後を見届けた一人だったのかもしれない。仮にそうだとしても、そのとき彼はまだ少年だったので、誰からも怪しまれなかったことだろう。

ついでながら、マルコ福音書は、皮肉にも、ゲッセマネの園でのイエスの弟子達の狼狽ぶりをこれみよがしに描き、彼らは全員その場から逃げ出したのだということを、まるで生き証人のように記している。また、マルコ福音書は、イエスの弟子達が主にガリラヤ出身の無学な者たちであったということを、まるで読者に強く印象付けるかのように書いている。さらにマルコ福音書はイエスの家族やその兄弟について、あまり好感をもった書き方をしていないのが、重要な特徴としてあげられる。イエスの母マリアに対しても冷ややかであるだけでなく、主の兄弟と呼ばれたヤコブについても、「小ヤコブ」というやや軽蔑したかのような表現をつかっているのである。

マルコ福音書にはパウロ神学の影響が色濃く認められることは否定できない。もしその著者が本当に使徒言行録で活躍を伝えられたマルコ自身であるとすれば、彼が師パウロから受けた影響は甚だ大きなものがあったことは疑いない。だとすれば、マルコが異邦人伝道からエルサレムへ帰ったとき、主の兄弟ヤコブを中心とするエルサレム教会があまりにもパウロの教えから隔たっていることに強く衝撃を感じた可能性もある。主の兄弟ヤコブの教えはまるでファリサイ派と見分けがつかないほど律法主義的であったと伝えられるからである。あるいは、ヤコブの教えに違和感を覚えて、マルコはエルサレムから去ったのかもしれない。

（八）原マルコ福音書にはなぜ復活の記録が欠けていたのか？

不思議なことに、原マルコ伝にはイエスの復活の物語が記されていなかった。マルコ福音書一六章でマグダラのマリアとヤコブの母マリア（イエスの母マリアだと思われる）とサロメという三人の女性がイエスの体に油を塗るために墓を訪れたと記されている。ところが、彼女たちがそこに着くと墓の石が動かされていて、同時にそこに天使が現れてイエスが復活してガリラヤに行かれたことを彼女たちに告げて、唐突に終わっている。その続きの物語はわざわざ［　　］付きで記されているということは、それらが後世の加筆であることを物語っているものと考えられている。

その補足された物語は次のようなものである。

イエスははじめマグダラのマリアに復活する。マリアは他の弟子たちにそのことを告げるが信じてもらえなかったと書かれている。その後に弟子たちの二人が歩いているところに現れ、最後に十一弟子が食事をしていたところに現れたと書かれている。いずれにしても他の三つの福音書に比べると、内容が乏しく漠然としており、生き生きとした記述ではない。

なぜマルコはイエスの復活について、詳しく記さなかったのであろうか?イエス最後の受難週と十字架上の死に至る過程はあれほど克明に描いているにもかかわらず、なぜ、復活の奇跡というキリスト教最大のクライマックスの記述が欠如していたのか? この謎はマルコ福音書の成立時期と深くかかわる問題でもあるとみなされる。マルコより後に記された他の福音書においては、復活信仰が彼らの信仰にとって欠かせない中心的教義になっていたが、マルコの時代ではその信仰自体がまだ確立されていなかったのではないかとも考えられる。もしかすると原初期の信者にとっては、復活信仰は必要ともされていなかったのではないか(?)という疑問さえ起こる。

いずれにしても、その謎の背後にはわれわれがまったく想像もしていなかった原始キリスト教の原型があるにちがいない。次章以降では、その謎を追い求める旅にでることにしよう。

第二章

復活信仰の真実

16世紀 ラファエロ・サンティによる
キリストの変容

（一）証言者のいない復活信仰

　そもそも原始キリスト教の信徒達がかたくなに信じた復活信仰は、いかにして生まれたのであろうか？前章でも述べたとおり、原マルコ伝においてはイエスの復活の記録が欠けていた。マタイ、ルカ、ヨハネには詳しく復活の奇跡が語られてはいるのだが、それらはいずれもイエスの死後少なくとも五〇年以上後に記されたものである。それらの物語は証言者の記録というよりも、後の時代の伝承をまとめたものであり、いくつもの伝説に尾ビレがついたような物語になっている。その証拠に各福音書の復活物語はそれぞれ微妙に食い違っており、特に共観福音書とヨハネ福音書では随所でまったく異なった事実関係になっていて、われわれはどれを信じればよいのか分からなくなる（いうまでもないが二〇〇〇年前には新聞もテレビもないので基本情報は伝聞しかない）。

　それに対して最初の福音書である原マルコ伝に復活の記録がなかったということは重要な意味をもつように思われる。普通に考えると、原初期のイエスの信者にとっては復活の奇跡が必ずしも信仰されていなかったという可能性もでてくる。

　否、そんなバカなことはありえないと大方のクリスチャンはいうだろう。イエスの復活信仰がなければ、クリスチャンの信仰はありえないはずだと彼らはいうにちがいない。なぜならパウロが次のように言っているではないか、と。

さて、キリストは死人の中からよみがえったのだと宣べ伝えられているのに、あなたがたの中のある者が、死人の復活などはないと言っているのは、どうしたことか。もし死人の復活がないならば、キリストもよみがえらなかったであろう。もしキリストがよみがえらなかったとしたら、わたしたちの宣教はむなしく、あなたがたの信仰もまたむなしい。すると、わたしたちは神にそむく偽証人にさえなるわけだ。なぜなら、万一死人がよみがえらないとしたら、わたしたちは神が実際よみがえらせなかったはずのキリストを、よみがえらせたと言って、神に反するあかしを立てたことになるからである。（コリント人への手紙15章12-15節　口語訳）

これ以外にもパウロの説教の中では同じようなことが何度も述べられている。明らかにパウロはイエスの復活がなければわれわれの信仰はむなしいと語っているわけである。パウロの記録はマルコ福音書の記録よりも古いことが分かっている。だとすれば、イエスの復活信仰はイエスの原初期の信者の間で共有されていたことはまちがいないと思われるだろう。

たしかにその通りかもしれない。イエスの復活信仰が原初期のクリスチャンの間で共有されていたことは大いに可能性があるどころか、それがなければペテロや他の弟子も命がけで伝道に立ち上がらなかったかもしれない。しかしながら、よく考えていただきたい。パウロの復活証言というのは、後に福音書で記されているイエスの復活物語とは明らかに異質な証言である。パウロは復活したイエスに実際に出会ったわけではない。もともと、パウロはファリサイ派としてイエスの信者を迫害していたのだが、ある日突然ダマスコへの途上で発光する幻の中でイエスの声を聞いたのである。その出会いが契機となって彼はイエスの使徒に生まれ変わった。その事実はたしかに誰にも否定できないだろう。

パウロはこの自らの異常体験を基に復活の奇跡を人々に証しながら、イエスの信仰を広めていったのである。これはルカが著した「使徒言行録」他、パウロが記したとされるいくつもの書簡類によっても裏づけられている。しかしながら、一方で奇妙な事実がある。それはパウロ以外の誰もイエスの復活についての確たる証言を残していないという事実である。イエスの直弟子は数多くいたはずだが、その中の誰もイエスの復活については具体的に証言していない。これはどういうわけであろうか?イエスの直弟子の証言というとペテロの手紙があげられるが、その中には次のように触れられているだけである。

ほむべきかな、わたしたちの主イエス・キリストの父なる神。神は、その豊かなあわれみにより、イエス・キリストを死人の中からよみがえらせ、それにより、わたしたちを新たに生れさせて生ける望みをいだかせ、あなたがたのために天にたくわえてある、朽ちず汚れず、しぼむことのない資産を受け継ぐ者として下さったのである。あなたがたは、終りの時に啓示さるべき救にあずかるために、信仰により神の御力に守られているのである。そのことを思って、今しばらくのあいだは、さまざまな試錬で悩まねばならないかも知れないが、あなたがたは大いに喜んでいる。こうして、あなたがたの信仰はためされて、火で精

錬されても朽ちる外はない金よりもはるかに尊いことが明らかにされ、イエス・キリストの現れるとき、さんびと栄光とほまれとに変るであろう。あなたがたは、イエス・キリストを見たことはないが、彼を愛している。現在、見てはいないけれども、信じて、言葉につくせない、輝きにみちた喜びにあふれている。それは、信仰の結果なるたましいの救を得ているからである。（ペテロの手紙一 1章 3-9 節　口語訳）

この手紙がイエスの直弟子ペテロの真性の手紙であるのかどうかは学者の意見の分かれるところであるが、仮にそれをペテロの真正の手紙であると仮定しえたとしても、この記録はイエスの復活を証言しているとはいえない。単にその記録はペテロがイエスの復活を信仰していたという証拠の一つになりうるだけである。つまり、この証言だけではペテロがどのようにしてイエスの復活を信じるに至ったのかという具体的な経緯がまったく分からないのである。

もちろん、この記録の他にもイエスの直弟子の証言といえるようなものはない。これはヨハネやヤコブの手紙においても同様である。通常、ヨハネの手紙とされているのは、実はイエスの直弟子のヨハネではなく、第四福音書を記した長老ヨハネの作であり、その信仰内容は明らかに原初的信者のそれではなく、かなり後の世の時代のものであると考えられるので、そこに復活の証言がないとしてもなんら不思議ではない。しかしヤコブの手紙に関しては、イエスの兄弟といわれたヤコブ自身の作であると考えられているが、残念ながらその文面にはイエスの復活については一言も触れられてはいない。ちなみにヤコブの手紙がヤコブ自身の作であると考えられるのは、そこにパウロの教えとは明白に異なった教えが含まれているからである。事実上、パウロ以外の書簡で真性のものと学者たちが認めるのは、このヤコブの手紙のみであるともいわれる（学者によって異なるが）。

いずれにしても、新約聖書の正典がほとんどパウロの書簡（又は疑似パウロ書簡）で占められているという事実は、考えれば奇妙な事実である。復活の奇跡が本当であるとすれば、その奇跡を証する証言がもっと多く残されていてもよいではないか。イエスの直弟子には十二人の弟子の他にも多くの弟子がいたはずである。彼らはなぜイエスの復活についての証言を残していなかったのであろうか？

面白いことに、パウロの書簡の中に次のような表現がある。

わたしが最も大事なこととしてあなたがたに伝えたのは、わたし自身も受けたことであった。すなわちキリストが、聖書に書いてあるとおり、わたしたちの罪のために死んだこと、そして葬られたこと、聖書に書いてあるとおり、三日目によみがえったこと、ケパに現れ、次に、十二人に現れたことである。そののち、五百人以上の兄弟たちに、同時に現れた。その中にはすでに眠った者たちもいるが、大多数はいまなお生存している。そののち、ヤコブに現れ、次に、すべての使徒たちに現れそして最後に、いわば、月足らずに生れたようなわたしにも、現れたのである。（コリント一 15章 3-8節　口語訳）

この証言をわれわれはどのように受け止めればよいのかさえわからない。これはそもそもパウロ自身の言葉として素直に受け取るべきなのか、はたまた後世に加筆された言葉なのかさえ分らない。もし、それをパウロの真正の言葉だとすれば、その事実の根拠がどこにあったのか、われわれには何も分からない。仮にそれをパウロの真正の言葉だと仮定し、そして事実そのような出来事が起こったのだとすれば、なぜその証言が他の弟子や信者の証言として残されていないのか逆に不思議である。これほどの大事件が本当にあったのであれば、もっと多くの証言者の記録が残されていてもよいはずであるが、どこにもそのような事件があったとは記されていない。

いずれにしてもパウロの証言を補強するようなイエスの復活に関する確実な証言は、どこにも見当たらないのである。新約聖書にまとめられた書簡類はその大半がパウロの作であるか、またはより後の世の偽作とされるものであり、イエスの直弟子たちの証言はほとんど残されていない。これは単に偶然の出来事として解釈すべきなのか、それともなんらかの歴史的な必然性や作為的な経緯が考えられるであろうか？

（二）正典が選ばれた歴史的な経緯

新約聖書が今日の形にまとめられたのは三世紀から四世紀のことである。それまでの歴史的な経緯がどうなっているのか、すなわち新約聖書の文献が正典として選ばれてゆく過程がどのようなものであったのかということを確実に知る手だてはわれわれにはほとんど残されていない。ただ漠然とではあるが、二世紀から三世紀にかけて活躍した使徒教父といわれる数人の著作やあるいはグノーシス主義といわれた異端の文書のごく一部の断片から推察できるだけであり、それらの資料から推理を組み立ててゆくほかには手掛かりがない。

今日、グノーシス主義の偽典とされるものの中には、イエスの十二使徒の一人であるトマスやフィリポ、そしてイスカリオテのユダやマグダラのマリアを著者とする様々な文献（主にナグ・ハマディで発見された文書）の断片が発見されているが、それらの多くは二〇世紀に到るまで、歴史の闇の中に埋もれていた資料である。異端派の資料が二世紀から三世紀にかけて広くキリスト信者の間に受け入れられていたという事実は、今日の時代にも残されているエイレナイオスやユスティノス、テルトゥリアヌス、オリゲネス、エウセビオス等の古代文書によっても間接的に知られている。ただし、彼らが活躍したのは二世紀の後半から三世紀であり、それ以前の文書はほとんど残っていないので、われわれはそれらの間接的な資料によって、正典が確立されていった過程を想像するしかない。

皮肉にも、新約聖書の正典が確立されたきっかけになったのは、彼らが異端として排撃したグループの資料によるものであったということが分かっている。そのグループというのは二世紀のローマで活躍していたマルキオン派といわれたグループである。マルキオンはもともと小アジアのシノペという都市の生まれであるが、船主として生計を立てながら、やがてローマへ来て自らのグループを擁するほどの当時を代表するキリスト教の教師になった。しかし、彼の教えの中には当時東方教会（小アジアやシリア、エジプトなどの地域）で流行していたと思われるグノーシス主義の影響が色濃く残っていたのである。

当時流行のグノーシス主義者によれば、物質界というものは悪魔の創造物であり、本来の至高神とは無縁であり、したがって神の子イエスが肉体をもって生まれたということはありえないことだとされた。これは仮現説という考え方であり、それによるとイエスは物質の世界とは無関係な至高神に他ならないので、イエスが地上で行っていた活動はすべて霊の体で行っていたのだとされている。したがってイエスが十字架の苦難を受けたのも、肉体をもった別の人間が身代りになったのだという風に解釈されている。もちろん復活という現象もはじめからイエスは肉体をまとっていないのだから、それはある種の錯覚にすぎず、イエスは十字架後も霊として弟子たちに現れたのだと解釈されていた。

このような風変りな説の流行に危機を感じるクリスチャンがいたのは、ある意味で当然だったと思われるが、しかし、それは今日の正統派の解釈のみを正しいものとするわれわれの常識からみて風変わりだと思われるだけであり、そもそもイエスが十字架上で無残に引き裂かれた肉体が死後よみがえったのだという奇跡信仰や、あるいは終りの日には信徒たちも一瞬のうちにイエスと同様の永遠に朽ちない体に聖化され、さらにはすでに亡くなった多くの信者の遺体もいっせいに墓からよみがってくるという正統派の信仰に比べると、いずれがより非現実で風変わりな信仰であるかということは、その時代の人々にとってはそうやすやすと決められないだろう。

いずれにしても、そのような信仰が生まれてきた背景には、死体のよみがえりという、およそ現代人にとってはありえない奇跡が、その時代の人々にとっても必ずしも簡単には受け入れられないほど非現実的に思われたフシがあるということは、なんとなく分かりそうな気がする。現代人にとっては、むしろグノーシス主義者の仮現説の方がより現実的な解釈ではないかとみることもできる。

いずれにしても当時、そのような考え方が東方の教会で相当流行していたようであり、そして（その東方から来た）マルキオンという人物がローマにまで、そのような説を広めようとしているという事態に、パウロやペテロの影響が強いローマの教父たちが危機感を感じたのは無理からぬ話だと思われる。ただし、マルキオンはローマで自らの教えを広める際に、なぜかルカ福音書と一部のパウロ書簡を正典として取り入れていたため、後々、ローマの正統派教会でも対抗上どのような文書を選んで正典とするかという議論が行われるきっかけになった。

したがって、後の世の新約聖書の正典化というのは、皮肉にもそのきっかけは異端派と罵られたグループによって始められたのである。その過程の中でローマの正統主義者は異端派のマルキオンが選んだルカ福音書に加えて、マタイ福音書とマルコ福音書、そしてヨハネ福音書を四大福音書として定め、さらに各地に残っていたパウロ書簡を広く集め、さらに詠み人しらずの書簡でも、パウロの思想に近いものを正典の中に取り込んでいった。ペテロの手紙やヨハネの手紙がどの程度、真正のものであるかは判断できないが、少なくともそれらの資料は正統派が信じるパウロ神学に矛盾しないという理由で選ばれたことは確かであろう。ただし、後に述べるつもりだが、今日の新約聖書正典の中に入っている「ヤコブの手紙」と称された手紙だけは、パウロ神学とは真っ向から対立する内容を含んでおり、なぜそれがあえて選ばれたのかということは謎の残るところである。

（三） 異端撲滅によって失われたもの

いずれにしても、今日正典とされているパウロの書簡をはじめとする新約聖書の文書は、主にローマを中心とする西方教会で生まれたものであり、それらの文書が残された理由は単に歴史の偶然というよりも、パウロ神学を中心とする西方教会が徐々にキリスト教の主流になっていく過程で選抜されたものであると考えられる。後にキリスト教がローマ帝国内で国教化してゆくと、パウロの教えに合わない異端の文献はことごとく焚書処分にされていった。それらはグノーシス主義という名でひとくくりにされたが、もしかするとそれらの中にはイエスの直弟子たちの貴重な文献さえも含まれていた可能性もある。もしパウロの復活信仰が原初期のクリスチャンの信仰と矛盾しないものであれば、もっと多くの直弟子たちの手記が残されていた可能性もあると考えられる。

なぜそんなことがいえるのかというと、当時のローマ帝国では文筆活動が極めて盛んであり、プロの文筆家は数えられないほどおり、代筆を職業とするものや、製本を職業とするもの、そして写本を職業とするものなど、数限りなく存在したのである。もちろん印刷技術はなかったが、誰でもその気になればパピルスや洋皮紙の書を発行して残すことは簡単であった。図書館もローマのいたるところにその施設があり、それらの図書を紐解くことは民衆の最大の喜びであった。ローマ最大の都市の一つアレクサンドリアの図書館には、なんと七十万冊もの蔵書があったとされている。ただし、残念ながら、そのうち今日の時代にまで残っているのはごく一部にすぎないのである。その理由の多くはキリスト教がローマの権力と一体化した頃に大規模な異端狩りを行い、異端とされた書物はことごとく焚書処分にされたためである。

後の章で詳しく述べるつもりであるが、パウロの教えは原初期の信者の中では、むしろ異端派であり分派であるとみなされていた。パウロはイエスの兄弟ヤコブを中心とするエルサレムの中心教会から破門を言い渡された形跡のある「いかがわしい人物」であった。当初のエルサレム教会を中心とするイエスの信者は異邦人に伝道をする必要性をまったく感じていなかったにもかかわらず、パウロらが独断でそれを始めたのである。その後、パウロの異邦人伝道にイエスの直弟子ペテロが加わり、さらにバルナバ、アポロ、そしてマルコらが参加してゆく。この結果、イエスの直弟子ペテロはローマを中心とする教会の中で、もっとも主要な証言者としての地位を獲得することになるが、逆に他の十二使徒の活動はまったくその消息さえ紹介されない。イエスの三弟子の一人ヤコブは原初期にエルサレムでヘロデに捕えられ斬首されたことが使徒言行録に記されている以外は、他の弟子たちの消息はほとんど記されていない。三弟子の一人ヨハネにしてもその消息は分からない（ヨハネ福音書の著者説については疑問が多く信用できない）。

後にパウロの弟子であったマルコが福音書を著した頃からキリスト信者の勢力図は大きく変わることになる。ユダヤ戦争後、エルサレム教会の信者は各地へ離散していった。それゆえにイエスの信者は必然的に異邦人の社会に根付くようになった。そのような過渡期の中でマルコ福音書が著され、その成立はイエスを実際に見たことのない第二世代の信者に多大な影響を及ぼすことになった。そのような情勢の変化の中で異邦人伝道の開拓者として地中海の各地に拠点を築いていたパウロの教説がキリスト教の教えの中心となってゆく。そして逆にパウロの教説に合わない教えはことごとく排斥されていったのだと考えられる。

マルコ福音書の最後に補足されたイエスの復活物語は、イエスの復活を強く主張しているパウロの教説にあわないために、あえて後世に加筆されたのではないであろうか。さらにマタイ福音書やルカ福音書の復活物語は、その加筆後のマルコ福音書を下敷きにしながら、より生き生きとした物語に作り変えられたのだと想像される。このように考えると、イエスの復活の奇跡が実際には異なった物語であったという可能性が浮上してくる。

（四）ファリサイ派の復活信仰

意外におもう方もいるかもしれないが、実は、復活信仰というのはイエスの復活以前からユダヤ人のある宗派の間で信じられていた信仰であった。しかもその宗派というのはイエスを信じた人々ではなく、むしろイエスに最も激しく敵対していた宗派であった。聖書記者によると彼らはファリサイ派と呼ばれていた集団である。

ファリサイ派の人々は当時のユダヤ人の中では最も厳格に律法を守り、神と聖書を信じることにかけては他に追随を許さない人々であったと考えられている。たとえば彼らは今日のイスラム教徒でいうとイスラム原理主義者のような集団であったといえば分かりやすいかもしれない。もちろんファリサイ派の他にも当時のユダヤ人の中にはさまざまな宗派があった。新約聖書に記されているものではファリサイ派に対立していたサドカイ派と呼ばれる宗派があり、また聖書に記されてはいないが古代史家フィロン等の書物や死海文書の発見によっても明らかになったエッセネ派（死海教団？）という秘教集団もあった。また熱心党（ゼロデ党）と呼ばれる集団の存在も福音書の中に記されている。

当時、ファリサイ派と並ぶ二大勢力としてみなされるサドカイ派はユダヤ人の中では祭司階級に属する人々であり、社会の中では恵まれた地位を保っていたと考えられている。しかし彼らはファリサイ派とは違い死者の復活を認めず、天使や霊の存在も信じなかった。パウロが捕らえられてユダヤ人の議会の中で証言しているときに死者の復活のことでファリサイ派とサドカイ派の間で争論が起こったということが使徒言行録の中に記されている。

パウロは、議員の一部がサドカイ人であり、一部はファリサイ人であるのを見て、議会の中で声を高めて言った、「兄弟たちよ、わたしはファリサイ人であり、ファリサイ人の子である。わたしは、死人の復活の望みをいだいていることで、裁判を受けているのである」。彼がこう言ったところ、ファリサイ人とサドカイ人との間に争論が生じ、会衆は相分れた。元来、サドカイ人は、復活とか天使とか霊とかは、いっさい存在しないと言い、ファリサイ人は、それらは、みな存在すると主張している。そこで、大騒ぎとなった。ファリサイ派のある律法学者たちが立って、強く主張して言った、「われわれは、この人には何も悪いことがないと思う。あるいは、霊か天使かが、彼に告げたのかも知れない」。（使徒言行録23章6-9節　新共同訳）

ここでパウロが「わたしはファリサイ人であり、ファリサイ人の子である。わたしは、死人の復活の望みをいだいていることで、裁判を受けているのである」と証言していることの意味は、イエスの復活の奇跡が死者の復活を信じるファリサイ派の信仰にとって受け入れ難いものではなく、むしろファリサイ派の信仰を証拠付けるものであることをいわんとしているのであり、またそうすることによって議会の構成員であるファリサイ派とサドカイ派との争論を誘い、ファリサイ派の議員を味方につけることを狙ったのだとみられる。

このように考えればイエスの復活の奇跡は当時のユダヤ人の復活信仰の中から生まれるべくして生まれた話であることが分かる。しかしながら、そのような説明だけではイエスの弟子達が後に命がけの伝道をして回ったということの劇的な変身を説明できない。カトリック信者の作家である故遠藤周作氏によれば、復活の奇跡を信じることができるのはイエスが十字架にかけられたときにはイエスの信徒であることまで否定して逃げ出したペテロを初めとする弟子達が、その後にまるで人が変わったかのようにイエスの復活の証人となり、死をも怖れない力強い伝道師に生まれ変わったことであるという。そこにこそ本当の奇跡があり、そのような彼らの変身にはやはりイエスの復活という驚くべき現象があったと考えなければ説明できないとしている。確かに信者たちは劇的に変わったのかもしれない。特にペテロやヤコブ（三弟子の一人）らの殉教をみても、彼らがマルコやマタイに描かれたイメージとはかけ離れていることを感じざるをえない。

（五）パウロの復活信仰

かつては頑固なファリサイ派としてイエスの信者達の迫害を続けていたパウロも、イエスの幻に出会ってからまるで生まれ変わった人のように復活の証人となり、その後、実にさまざまな命の危険にさらされながらもローマ帝国内での布教に生涯をささげたことが使徒言行録に記されている。パウロはイエスの直弟子達のように生前のイエスを知っていたわけでもなく、また他の弟子達のように肉的に復活したとされるイエスに直接出会ったわけでもない。パウロが自らをイエスの復活の証人としているのは、次のような体験によるものであった。

さて、サウロ（パウロ）はなおも主の弟子たちを脅迫し、殺そうと意気込んで、大祭司のところへ行き、ダマスコの諸会堂あての手紙を求めた。それは、この道に従う者を見つけ出したら、男女を問わず縛り上げ、エルサレムに連行するためであった。サウロは地に倒れ、「サウル、サウル、なぜ、わたしを迫害するのか」と呼びかける声を聞いた。「主よ、あなたはどなたですか」と言うと、答えがあった。「わたしは、あなたが迫害しているイエスである。（使徒言行録9章1-5節　新共同訳）

これをみると実際にパウロが出会ったイエスは肉的に復活したイエスではなかったことが分かる。彼はイエスの姿をみたわけでもなく、ただ発光する幻の中でイエスの声を聞いただけである。しかしパウロによれば自らの異常体験もまた直弟子達の証言と同じく復活のイエスとの（月足らずの）出会

家事・子育て・老後まで楽しい家づくり
豊かに暮らす「間取りと収納」

宇津崎せつ子

みなさんが家を建てる、リフォームをする目的は何でしょうか？
「何のために」「誰のために」そして「どうしたいから」家が必要なのでしょうか？
１０組の家族がいれば１０組それぞれ違いますし、ご家族一人ひとりでも家づくりへの思いや考えは違うかもしれません。

でも、それぞれの思いや考えが、家づくりの核になるということは共通。だからこそ、家づくりをはじめる前に、最初に考えることが大切なのです。

それなのにマイホームの完成がゴールになってしまっている方が多くいらっしゃるように思います。本来は、その先の“暮らし”がゴールなんです。設計士や工務店・ハウスメーカーどれであっても、家を建てるプロです。家づくりのプロはたくさんいます。その人たちに頼めばかっこいい家・おしゃれな家はできるでしょう。

でもあなた方ご家族に合った暮らしづくりのプロではないんです。ましてやあなた方の“豊かさ”や“幸せ”が何なのかを、解き明かして導いてくれるプロではありません。（本文より）

建設に携わる両親のもと、幼いころから住宅づくりの環境で育ち、現在一級建築士として働いている著者は、「住育の家」（住む人の幸せを育む家）というコンセプトを掲げる。間取りから家を考えるのではなく、自分や家族の「幸せの価値基準」から家をつくっていく。数々の実例とともに、収納のコツ、風水のポイントなども紹介。（税込1760円、224頁）

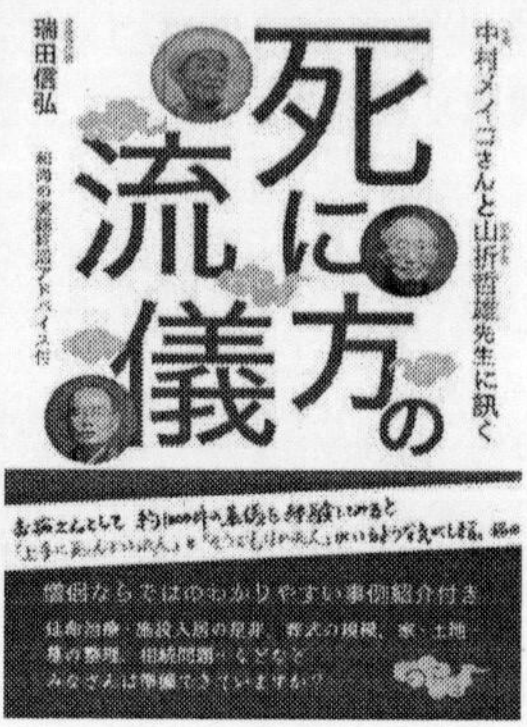

中村メイコさんと山折哲雄先生に訊く
死に方の流儀
和尚の実践終活アドバイス付

瑞田《たまだ》信弘《のぶひろ》

終活の目的は「上手に生きて・上手に死のう」です。終活は、少しテクニックを必要とするところもあります。多分に知識や要領などにも影響されます。受験対策や就職活動対策にも似ているかもしれません。

「上手に生きて・上手に死のう」が実践できたら、本人は心おきなく極楽のお浄土へ行けるでしょうし、残された遺族は心から弔いの気持ちをもって哀悼することができます。

たとえば、葬儀が終わったとたんに相続の争いが表面化したとしたら、哀悼の意どころではなくなってしまいます。死にゆく人とゆっくりとじっくりとお別れして、心から弔いの気持ちや感謝の気持ちを表し、故人の人生を振り返り、偉大であった故人を誇りに思う気持ちを大切にする、そのための雑音を消す作業が終活かもしれません。（「はじめに」より）

ＮＨＫ文化センター高松「初級仏教」の講師であり、終活支援団体の理事長なども務める香川県高松市の住職が、人生の終り方について、女優の中村メイコ氏、宗教学者の山折哲雄氏と対談。延命治療や施設入居の是非、葬式の規模、お墓や相続の問題などに関して、２人の著名人の考えを聞き、そのうえで、それぞれのトピックを僧侶が読者向けにわかりやすく解説する。お坊さんならではの生々しい事例紹介もついており、人生の「仕舞い方」を自然と考えさせられる一冊。（税込1320円、272頁）

いであるとしている。先に紹介したユダヤ議会でのパウロの証言に対してファリサイ派のある者が「霊か天使かが、彼に告げたのかも知れない」と認めたように、パウロの体験は特異な神秘現象であったとみなすことは可能である。しかし、正統派のキリスト教によればイエスの復活はあくまでも肉の復活であり、それは単なる幽霊現象ではないとされている。クリスチャンがそのようにいうのは、たとえば復活に関して次のような記述があるからだという。

こう話していると、イエスが彼らの中にお立ちになった。そして「やすかれ」と言われた。彼らは恐れ驚いて、霊を見ているのだと思った。そこでイエスが言われた、「なぜおじ惑っているのか。どうして心に疑いを起すのか。わたしの手や足を見なさい。まさしくわたしなのだ。さわって見なさい。霊には肉や骨はないが、あなたがたが見るとおり、わたしにはあるのだ」。こう言って、手と足とをお見せになった。彼らは喜びのあまり、まだ信じられないで不思議に思っていると、イエスが「ここに何か食物があるか」と言われた。彼らが焼いた魚の一きれをさしあげると、イエスはそれを取って、みんなの前で食べられた。（ルカ24章36-43節　口語訳）

実はイエスの復活が肉の復活であるとされる聖書記者の確実な言及はこの個所以外にはない（これに似た記述はヨハネ20章25‐29節にもあるが）。他の記述ではイエスは閉じられた部屋の中に突然に現われたり、またそうかと思うと目の前から突然に消えたりするというまさに神出鬼没の出現の仕方であることが分かる。これらの事実から少なくともいえることは、復活のイエスは通常の肉体をまとっていたのではなく、時空を越えた存在であったということである。

これに関連して、ルカ福音書の中ではイエスの肉的復活に矛盾するような奇妙な記述がある。イエスが復活をする前に十字架上で息を引き取る際、イエスと一緒に処刑された二人の強盗がいたことが記されている。そのとき左側の強盗はイエスに対して「キリストなら自分自身を救え」等と悪口をいうのだが、右側の強盗は「おまえは同じ刑を受けながら神をおそれないのか。お互いは自分のやったことのむくいを受けているのだから、こうなったのは当然だ。しかし、この方は何も悪いことをしたのではない」とイエスを弁護した。これに対してイエスは「よく言っておくが、あなたはきょう、わたしと一緒にパラダイスにいるであろう」といわれた（ルカ23章39‐43節）。

つまりイエスは十字架上で息を引き取られたその日に右側の強盗と一緒にパラダイスへ行っているということになる。だとすれば、一旦パラダイスへ行かれたイエスがなぜ再び肉体をまとって復活する必要があったのかという疑問が生じる。またパウロに現われたイエスの幻にしても、そもそもイエスの復活後弟子達と共にすごしたとされる復活期間四十日の間の出来事ではない。パウロに現われたイエスは少なくともイエスの磔刑後二年程後の出来事であり、使徒言行録によると、そのときイエスはすでに雲に乗って天に上げられていたはずである。したがて、パウロが出会ったイエスは聖書の文脈上でも復活のイエスそのものではありえないということになる。このようにイエスの復活の話は聖書の中でもさまざまな矛盾する記述が錯綜しており、事実はこうであったという統一的な解釈はなかなか難しい。

(六)「死」の刑罰からの解放としての復活信仰

先に述べたように死者の復活というのはイエスの生前からファリサイ派等のユダヤ人の間で信じられていた。同時に霊の存在や天使の存在も彼らの間では信じられていた。そもそも死者の復活という概念は古代エジプトのミイラにもみられるように古代人の死生観の中でごく普通に抱かれていた俗信(あるいは迷信)の類のものである。しかしユダヤ人の場合、それは聖書に基づく特異な思想として発展したものと思われる。なぜ死者は復活すると考えられたのか？ それは彼らにとって「死」というものが人間の罪に対する刑罰として課されたと聖書に記されているからである。つまり聖書によれば、創世記のアダムとエバは「それを食べるときっと死ぬ」(創世記2章17節)とされていた善悪を知る樹の実を取って食べたために「死」の刑罰が課されたのだとされている。

　このようなわけで、ひとりの人によって、罪がこの世にはいり、また罪によって死がはいってきたように、こうして、すべての人が罪を犯したので、死が全人類にはいり込んだのである。(中略)すなわち、ひとりの人の不従順によって、多くの人が罪人とされたと同じように、ひとりの従順によって、多くの人が義人とされるのである。律法がはいり込んできたのは、罪過の増し加わるためである。しかし、罪の増し加わったところには、恵みもますます満ちあふれた。それは、罪が死によって支配するに至ったように、恵みもまた義によって支配し、わたしたちの主イエス・キリストにより、永遠のいのちを得させるためである。（ローマの信徒への手紙5章 12-2 節　新共同訳）

右の文章はイエスの復活の証人となったパウロの言葉である。当時のファリサイ派のユダヤ人がすべてこのような見方をしていたのかどうかまでは分からないが、少なくともパウロが、後にイエスの復活をアダム堕罪以後の死の刑罰からの解放であると宣言したのはファリサイ派の伝統的信仰がその背景にあったことは間違いない。

パウロによればイエスの復活は最初の人アダムの堕罪による死の支配からの解放を意味するものであった。すなわち死はひとりの人（アダム）の不従順によってはいったのだから、ひとりの人（イエス）の従順によって永遠の命がわたしたち（罪人）にも与えられるとされたのである。初代教会のイエスの信徒達（少なくともパウロの信者達）はこのパウロの教えを本気で信じていたのだろう。だから彼らは肉体が滅びても、いずれはイエスと同じようによみがえるのだということを信じていた。その救いの恵みこそは最後に賜るべき「永遠のいのち」であると考えられた。しかしながら信者達にとって「永遠のいのち」を賜る前には、必ずイエスが再臨し最後の審判をなさるときがくると信じられていた。したがって、信者の希望はまずイエスの再臨にあった。逆にいえば、イエスの再臨がなければ、信者達の希望である体のよみがえりもないのだとされた。そのような初代教会の信者達の信仰と希望をパウロは次のように記している。

主は、号令と、御使いのかしらの声と、神のラッパの響きのうちに、ご自身天から下って来られます。それからキリストにある死者が、まず初めによみがえり、次に、生き残っている私たちが、たちまち彼らといっしょに雲の中に一挙に引き上げられ、空中で主と会うのです。このようにして、私たちは、いつまでも主とともにいることになります。（テサロニケ一 4章 16-17節　口語訳）

終わりのラッパとともに、たちまち、一瞬のうちにです。ラッパが鳴ると、死者は朽ちないものによみがえり、私たちは変えられるのです。朽ちるものは、必ず朽ちないものを着なければならず、死ぬものは、必ず不死を着なければならないからです。しかし、朽ちるものが朽ちないものを着、死ぬものが不死を着るとき、「死は勝利にのまれた。」としるされている、みことばが実現します。「死よ。おまえの勝利はどこにあるのか。死よ。おまえのとげはどこにあるのか。」（コリント一 15章 52-55節　新共同訳）

ここにあるようにキリストの再臨と同時に死んでいた信者達が墓からよみがえり、そして生き残っている信者はキリストと共に空中に引き上げられて主イエスに出会うという、きわめて幻想的、空想的な信仰があったということが分かる。しかしながら、このような再臨待望は時間の経過と共に希薄になり、それは信者達の切実な希望から、淡くはかない夢のような期待へと徐々に変質してゆく。ヨハネの福音書が書かれた時代には、パウロやペテロ等初代教会の信徒達はすべてこの世の人ではなくなっていた。そしてイエスの直弟子の中で最後まで生き残っていた「イエスの愛弟子」さえもが亡くなり、イエスから再臨の約束を直接聞いていた弟子は一人残らず姿を消していた。

ヨハネ福音書の最後の章では、イエスの第一弟子ペテロがどのような死に方をしたかということまで記されている。ヨハネ福音書の最後に「こういうわけで、この弟子は死ぬことがないといううわさが、「兄弟たちの間にひろまった」と記されている裏には、イエスの再臨待望とその後の死者のよみがえりという復活信仰が最後の生き残りの弟子の死によって、ある意味危機的なほど信者の間に動揺が広まっていたことがみてとれる。あるいはまたヨハネ福音書の成立自体がそのような信仰の危機を乗り越えるために記されたものとみることさえできる。

（七）肉の復活を否定したグノーシス主義者

今日、一般にグノーシス主義として類別されるキリスト教初期の異端派の登場は、このような第二世代の信仰の動揺の広がりと決して無縁ではなかったであろう。グノーシス主義は死者のよみがえりというキリスト教のもっとも基本的なテーゼを否定したグループであるとされている。それはギリシャ思想と密接な関わりがあるともされている。そもそもギリシャではエジプト人やユダヤ人のように死者の復活という思想は存在していなかった。しかし彼らはソクラテスやプラトンの教えにしたがって霊魂不滅という概念を固く信じていた。

興味深いことに、パウロがギリシャ人の多いコリント人への手紙の中で死者の復活を否定する信者が存在することを認め、これを激しく批判した個所がある。

さて、キリストは死人の中からよみがえったのだと宣べ伝えられているのに、あなたがたの中のある者が、死人の復活などはないと言っているのは、どうしたことか。もし死人の復活がないならば、キリストもよみがえらなかったであろう。もしキリストがよみがえらなかったとしたら、わたしたちの宣教はむなしく、あなたがたの信仰もまたむなしい。すると、わたしたちは神にそむく偽証人にさえなるわけだ。なぜなら、万一死人がよみがえらないとしたら、わたしたちは神が実際よみがえらせなかったはずのキリストを、よみがえらせたと言って、神に反するあかしを立てたことになるからである。もし死人がよみがえらないなら、キリストもよみがえらなかったであろう。もしキリストがよみがえらなかったとすれば、あなたがたの信仰は空虚なものとなり、あなたがたは、いまなお罪の中にいることになろう。そうだとすると、キリストにあって眠った者たちは、滅んでしまったのである。（コリント一15章12-18節　口語訳）

ここでパウロが問題にしているのは、イエスの復活を信じない信者がいるということに対してではなく、そもそも死人の復活という思想を受け入れない人々がイエスの信者の中にも多数存在していたということである。ギリシャ哲学の影響を受けた彼らの中には、死人の復活というユダヤ人の（しかも中でもファリサイ派独特の）思想を受け入れられないとする人々が存在したとしても無理からぬことであったと思われる。このパウロの説教を記したコリント書の聖句の中に、すでにグノーシス主義誕生の萌芽があったと認めることができる。

パウロの影響が強く残存したそれらの異邦人教会の中でも、第二世代のクリスチャンの時代になると徐々にその信仰の純粋性は失われざるをえなかったであろう。特にパウロの教えの核心である再臨信仰は深刻な内面的危機に見舞われたであろう。彼らの信仰の唯一の希望であるはずの再臨の遅延がもはや誰の目にも明らかとなり、その結果、体のよみがえりという復活信仰は徐々にではあるが修正を余儀なくされるようになったのではないだろうか。

もちろん、今日の時代でも多くのクリスチャンの間で体のよみがえりという信仰がかたくなに信じられているほどだから、その信仰がすぐに消えてなくなったわけではない。しかし、後の時代に正統派信仰が確立されていく過渡期の期間、すなわち西暦二世紀から四世紀頃にかけて、各地のキリスト教会は何が正しい主イエスの教えであるのかということについて、各々独自の信仰をもっていったものと思われる。

たとえば後に正統派の教義の最大の拠り所とされるようになったヨハネ福音書にしても、当初は非常に独自色の強い教団であったと考えられる。ヨハネ福音書の中には霊的な思想を重んじるギリシャ哲学の影響も強く認められるし、さらにイエスの神格化という点ではグノーシス主義の奔りであるとも考えられるほど極端な神格化がその特徴である。ヨハネ福音書に描かれたイエス像は本来のユダヤ教のメシア像とはまったく異なり、それはユダヤ人パウロの思想ともおそらく相容れないほど急進的なものであった。しかし、ヨハネ福音書は辛うじてパウロの体のよみがえりという信仰を取り込むことによって、後の正統派信仰の確立に重大な影響を及ぼすことになったのである。ただし、もともとのヨハネ福音書がパウロの教義と融和するような性格のものであったのかどうかという点については、若干の疑いをもたざるをえない。それらは後の正統主義の時代に改ざんされた可能性も否定できないからである。

グノーシス主義が一体いつ頃、どこで、どのように起こったのかという問題については正確に突きとめることは難しい。彼らのグループが東方の教会で大きな勢力となり、それに対してパウロの書簡を中心として正統主義が確立されていく過程にあった西方教会から異端扱いを受けるようになったのは、大体二世紀の後半である。その当時ではすでにグノーシス主義は正統主義を奉じる西方の教会にとって無視することのできない勢力として広がっていた。

一方、グノーシス主義者の文献は後の時代の正統主義者によって徹底的な撲滅の対象とされ、その文書はすべて焚書処分とされたので、われわれはその文献を歴史の偶然で残されたナグ・ハマディ文書等の断片によってしか知ることができない。グノーシス主義者の真の実像がそれらの断片で言い表されると考えるのは無謀なことであり、むしろそれらは誤解を生むもとになっている可能性もあると考えるべきだろう。ただし、次のようなことはいえるかもしれない。

今日残されているグノーシス主義の断片的資料によると、その教えの中心にはパウロの影がほとんど見えないということである。パウロの存在は彼らの間ではまったく知られていなかった可能性もある。一方、ペテロの名前がでることはあっても、彼はキリストの忠実な僕であったとは記されていない。むしろグノーシスの文献の中心となっているのは、福音書の中ではあまり記されていないトマスや、あるいはフィリポである。またイエスの兄弟ヤコブも彼らの間では重要な影響を与えた人物として描かれているものもある。そしてなんといっても、グノーシス派の最大の特色は正統派の福音書では罪の女という印象の強いマグダラのマリアが、イエスがもっとも愛した弟子の一人であり、聖女として描かれていることである（非常に面白いことに、グノーシスの文献に頻繁に登場するトマスやフィリポ、そしてマグダラのマリアはヨハネ福音書の中でも登場回数が多く、イエスの弟子の中では準主役級のあつかいをされている）。

いずれにしても、グノーシス主義が勢力を広げていったのは、キリスト教の第二世代から正統主義が確立されるまでの空白の期間であった。グノーシス主義の教えでは体のよみがえりはありえないことだとされている。なぜなら人間の肉体はそもそも悪魔から由来したのであり、人間は死後の霊の世界でこそ永遠の天国へと通じるのだとされたのである。このような信仰が生れた背景にあるのは、もともと霊の世界を信じるギリシャ哲学の影響もあったが、同時に初代教会の十二使徒を含む信者たちが、すべてこの世からいなくなり彼らの亡き骸が墓に葬られているという現実があったからでもあろう。したがってパウロが各地の異邦人教会で説いていた体のよみがえりという信仰が現実の世界では説得力をもたなかったのではないだろうか。もしかすると、彼らの間では秘密裏にタルピオットのイエス一族の墓が知られていた可能性も否定できない。タルピオットの墓所の入り口に記されていた不思議な紋様は彼らにとっての目印として刻まれたのかもしれない。

（八）マグダラのマリアがみた幻

ナグ・ハマディで発見されたグノーシスの文献にはイエスの復活を物語るものは皆無といってもいい。ただし、グノーシスの文献では福音書と同様にマグダラのマリアがイエス復活の証人として、それらしく記されている記録がある。次の記録をわれわれはどのように解釈すればよいであろうか？

「あなたがたに隠されていることを私があなたがたに明かしましょう」彼女はこれらの言葉を彼らに語り始めた。彼女はいった。「私は幻のうちに主をみました。そしてあの方に言いました。『主よ、今日、私は幻のうちにあなたをみました』と。」

「あの方は答えて私にいいました。『あなたに祝福があるように。あなたはわたしをみても動じなかった。叡智のあるところに富もあるのだ。』」

「私はあの方に言いました。『主よ、人は魂をとおして幻をみるのでしょうか。それとも霊を通して幻をみるのでしょうか』」「救い主は答えて言いました。『人が幻をみるのは魂を通してでも、霊を通してでもない。その二つの間にある叡智をとおして、幻をみているのだ』」
（「イエスが愛した聖女」日経ナショナル・ジオグラフィック P58-59）

この文書は「マリアの福音書」と名付けられたグノーシス派の資料の一部である。この言葉をみると、マグダラのマリアがイエスの復活に出会ったとされるのは、一つの幻視であったということになる。正統派の福音書の証言とはあまりにも大きな食い違いがあることが分かる。このマリアの証言をみるとイエスの復活は奇跡でもなんでもなく、単にマリアという女性の頭脳に映じた現象、または一種の幽霊現象ではないかとも思われる。ただし、普通の人間は幽霊をみると（その幽霊がたとえ愛する人であったとしても）必ず恐れを抱き、あわてふためくものであるが、この文書のマリアは「あなたはわたしをみても動じなかった。」とイエスから褒められたように、本当に心から主を愛する叡知があったので、動じなかったのだとされている。

この記録は確かに福音書の復活の記録に比べると奇跡としてのインパクトがなく、伝承としての魅力に乏しい。この記録をみると、誰もイエスを神の子であるとは進んで信じないだろう。しかしながら、本当に起こった事実というのは、むしろこういう控えめな事実ではないのだろうか？　という気もしてくる。

注意すべきことは、ここでペテロや他の弟子たちはマリアの証言を唯一のイエス臨在の証言として受け取っていることである。弟子の中でアンデレとペテロはマリアのこの証言を否定するのであるが、レビという名の弟子によって彼らの不信が諫められるのである。その最後の会話を引用しておこう。

……マリアはそう言うと沈黙した。救い主が彼女に語ったことは、これだけだったからだ。アンデレが答えて兄弟たちに言った。「彼女が言ったことをどう思うか、考えを聞かせてほしい。だが、私は救い主がこんなことを語ったとは信じられない。これらの教えはどうみてもおかしい」ペテロも同調して、他の者たちに、救い主について尋ねた。「あの方は本当に私たちの知らないところで、女と個人的に話をしたのだろうか。私たちはみな考えを改めて、彼女に向き合い、その言葉に耳を傾けるべきなのだろうか。あの方は私たちよりも、彼女を気に入っておられたのだろうか」

マリアは涙を流しながらペテロに言った。「兄弟ペテロよ、あなたはどう思っているのですか。私が自分で話を作りあげたか、救い主について嘘をついているとでも考えているのですか」レビが答えてペテロに言った。「ペテロ、あなたはいつも腹を立てている。いまも、この女を敵のごとくみなして言い争っている。救い主が彼女をふさわしいと認めたなら、彼女を拒むあなたはいったい何者なのか。救い主はまちがいなく、彼女をよくご存じだ。そこで、私たちよりも彼女を愛されたのだ」(「イエスが愛した聖女」日経ナショナル・ジオグラフィック P61-62)

正統派のクリスチャンにとっては、このような弟子たちの会話は唾棄すべきものであるにちがいない。しかし、このような文書が残されていること自体が奇妙に思える。なぜならこのような伝説としての価値に乏しい文書を残す必要がどこにあったのかと考えると、かえって不思議な気がするのだ。ちなみに、この「マリアの福音書」の起源は学者の推定によると、紀元一世紀後半~紀元二世紀の前半に書かれたものではないかという説が有力だという。つまり、この資料はもしかすると四大福音書よりもさらに古い記録である可能性もあるのである。確かに、そのように考えた方が、かえってスッキリとするのではないだろうか。なぜなら、この文書を記した人々は後の正統派福音書の復活物語を知っていたとは到底考えにくいからだ。逆に、このような非常に控えめなマリアの伝承に尾ビレがつけられて、われわれの知る正統派福音書の復活物語が形成されたのではないかと考える方が自然ではないであろうか?

あらためていうまでもないが、現代科学では死者の復活はありえない現象である。また永遠に朽ちることのない肉体という概念も現代の科学ではありえない。人間の肉体を構成する何十兆もの細胞は何度かの細胞分裂を繰り返すと、熱力学の第二法則（エントロピー増大の法則）にしたがって、最終的にはエネルギー準位の低い状態、すなわち〈細胞死〉という分解作用によって単純な元素に還る。そして、一旦元素に還った細胞の生命は二度とよみがえることはない。生物の種類によって細胞の寿命に長短があり、また細胞の中には無限に分裂を繰り返す特異な細胞もあることは事実であるが、地上の生き物で永遠に自存する生命体はありえない。

（九）墓はなぜ空だったのか？

それでもなおイエスの復活は文字通り肉体の復活であったと信じるクリスチャンも多くいることは事実である。彼らのその信仰のよりどころとなっているのは福音書に記されているようにイエスの磔刑から三日後にイエスの墓が空になっていたという記録である。この記録に関しては共観福音書と第四福音書すべてに記されているので、まず間違いのない事実であったとみなす他はないだろう。ただし、その記録は細かく比較してみると、各福音書によってまちまちであることが分かる。

たとえばヨハネ福音書によると最初にイエスの墓が空であったことを発見したのはマグダラのマリア一人であったが、マルコではマグダラのマリアの他にヤコブの母マリアとサロメという女、マタイではマグダラのマリアともう一人のマリア、そしてルカではマグダラのマリアとヤコブの母マリアのほかにヨハナという女が登場する。この他にも空の墓の前で彼女達に現われた天使の記述やその後にイエスの弟子達に伝えに行ったという記述にしてもまちまちである。他にも細かい食い違いが多くあるが、しかしイエスの墓が空であったということと（少なくとも）マグダラのマリアという女がその最初の証人であったという点に関しては全福音書で一致している。

一体、イエスの遺体はどこへ行ったのだろうか？　この疑問は信者たちだけではなく実は反対派にとっても同様だったようだ。その証拠にマタイには次のように記されている。

「女たちが行っている間に番人のうちのある人々が都に帰って、いっさいの出来事を祭司長たちに話した。祭司長たちは長老たちと集まって協議をこらし、兵卒たちにたくさんの金を与えて言った、『弟子たちが夜中にきてわれわれの寝ている間に彼を盗んだ』と言え。万一このことが総督の耳にはいっても、われわれが総督に説いて、あなたがたに迷惑が掛からないようにしよう」。そこで彼らは金を受け取って、教えられたとおりにした。そしてこの話は今日に至るまでユダヤ人の間に広くひろまっている。」(マタイ28章11-15節　口語訳)

ここで「この話は今日に至るまでユダヤ人の間に広くひろまっている」と書かれているのは、祭司長たちや長老たちが兵卒たちに金を与えて虚偽の作り話を広めているという噂のことを意味しているのか、それとも民衆がそれを虚偽の話だとも知らずに受け入れているという意味なのか、どちらかは分からないが、しかし大方のユダヤ人が、その後もイエスの信徒たちに対して敵対的であったことを考えると、ここは後者の説をとるべきだろう。すなわちイエスの死後、墓が空になっていたという信者たちの言動に対して、イエスの弟子たちが夜中に墓から遺体を盗んだのだという噂が一般に流布していたということである。

果たしてその噂のとおり、誰かが夜中にイエスの遺体を墓から盗んで別の場所へ移したのであろうか?もし仮にそうであったとすれば、一九八〇年に発見されたタルピオットの墓は場所としてはエルサレムからほど近い場所にあり、一夜のうちに運び去るには適した場所であることは確かだ。しかしもしそうだとしても、なぜ墓を移動する必要があったのかという問題が解かれなければならない。この問題のヒントは実は福音書の中に書かれている。再度、ヨハネ福音書の箇所を丁寧に読み直し、その前後に隠された文脈を読み取ってみよう。

イエスが十字架にかけられた所には、一つの園があり、そこにはまだだれも葬られたことのない新しい墓があった。その日はユダヤ人の準備の日であったので、その墓が近くにあったため、イエスをそこに納めた。（ヨハネ19章41-42節　口語訳）

ここで「ユダヤ人の準備の日」というのは安息日の前日という意味である。つまりイエスが十字架にかけられた日は金曜日であり、その翌日は土曜日、すなわちユダヤ人の安息日であったので、その準備の日であったという意味である。安息日には遺体を葬るどころか動かすこともできない。しかし当時のユダヤの法律では死体はその日のうちに葬らなければならないと定められていたので、イエスの遺体はとりあえずどこか近くの墓に葬らなければならなかったのである。つまりイエスが葬られた墓は一時しのぎの墓であったということが、このヨハネの記述によっても分かる。

したがってイエスの遺体は安息日が終われば本来の一族の墓に葬られる必要があったのだと考えられる。果たしてタルピオットの墓がその本来の墓であったのかどうか。その墓はあらかじめイエス一族の墓としてあったのか、それともイエスの死後すぐに購入されたものなのか、あるいは急遽空き地に掘られた墓だったのか、それは分からない。しかし、いずれにしても、イエスの遺体はできるだけすみやかに本来の一族の墓に移動する必要があったことは十分に推測できる。しかし、もしそうだとすると、イエスの遺体を運んだのは一体誰だったのかという疑問が当然起こるだろう。仮に弟子達であったとすれば、彼らが遺体を運び去った当事者であることとイエスの復活の証人でもあることが、いかに両立するのかという問題が新たに生じてくる。

今のところ、もっとも考えやすいのは、アリマタヤのヨセフとその使用人によって、イエスの墓が移されたという説である。ヨセフは有力なユダヤの議員であり金持ちであった。彼には当然、使用人が何人かいたはずである。彼はイエスの磔刑後遺体を引き取り、とりあえず園の近くにあった「誰も使用していない墓」に納めた。その墓はもともとヨセフ所有の墓だったのかどうかまでは分からない。しかし、その日は「準備の日」であり、安息日が近づいていたので、ヨセフにとっては、とりあえず死体を一時的に仮埋葬する必要があったのである。

なぜなら安息日には遺体を葬ったり、遺体を別の場所へ移動したりすることはユダヤの律法で禁じられていたからである。つまり逆にいうと、安息日が終わるとイエスの遺体は本来の墓へ移動する必要があったことを意味している。「その日はユダヤ人の準備の日であったので、その墓が近くにあったため、イエスをそこに納めた」と書かれているのは、まさにそのような裏の意味が隠されているのである。

彼らは、おそらく、安息日が終わった早朝にでかけ、イエスの遺体を手早く運び去ったのであろう。

今日発見されたタルピオットの墓は、あらかじめヨセフの所有するもう一つの別の墓だったのかもしれない。そこはエルサレムからほど近く、遺体を移動するにはちょうどよい場所にあった。ヨセフはその一連の行動に関して、少なくともイエスの母マリアには許可をとっていたかもしれないが、マグダラのマリアを初め、イエスの直弟子たちにはその事実を知らされていなかったと考えられる。

同じ日の朝、おそらくヨセフらが遺体を運び去った後に少し遅れてマグダラのマリアと彼女の連れの女性がイエスの遺体に香料を塗るために墓へやってきたところ、墓の前の大きな石が動かされていて遺体がなくなっていたことを知ってマリアらは驚き慌てふためいた。と、同時に、その場で復活したイエスがマリアに現れたという、よく知られた筋書きになる。

（十）復活の奇跡の真相

このような推測が成り立つとすれば、おそらくマリアに現れた復活のイエスは霊的な神秘現象であったと考えられる。死後、肉体を離れたイエスの霊がそのときマリアに幻で現れたのだろう。そして聖書に書かれているごとく、そのマリアの証言はすぐに弟子たちにももたらされ、やがては他の弟子たちにもイエスが霊的に復活して現れたのかもしれない。パウロによると、イエスの復活の証人は五百人にものぼるとされているが、その話がどこまで本当かは測りかねるが、その話を霊的な神秘現象であったとすれば、必ずしもありえない話ではない。事実、今日でもイエスに霊的に出会ったとされるような現象は数多くの証言があるのだから。

尚、その日の早朝にアリマタヤのヨセフらが移したイエスの遺体を納めた本来の墓は、しばらくの間はヨセフとマリアを含むごく一部の近親者以外には伏せられていたであろう。彼らが遺体を移し終わって本埋葬を済ませた頃には、すでにマグダラのマリアの口からイエス復活の証言が弟子たちの間で驚きと希望をもって伝えられていたからである。したがって、その噂を彼ら（ヨセフ達）が、いかに受け取ったにしても、イエスの（肉的）復活はありえないという（彼らの知る）真実を語る必要はないと感じたであろう。

イエスの復活の奇跡は、それがいかなる形であろうと事実起こったのであろう。しかしだからといって、イエスの肉体はその時本当によみがえったのだとまではいえない。つまり後の世に信じられた三位一体論者がいうごとく、イエスは先在の神の子でありアダム堕罪による刑罰としての死を免れた奇跡の人（＝神の子）だという信仰の傍証には必ずしもならない。二〇〇〇年前に実在したイエスはわれわれとまったく同じ人間であったのだと思う。その証拠に彼の遺体を納めた墓とそのシャレコウベを含む遺骨が残されたのである。もちろんタルピオットの墓が本物かどうかという論争に今すぐ決着をつけるのは難しいかもしれない。しかし今の時代になって、新たに解釈されるべき材料が提供されたということは確かな事実である。その発見が、たとえ偶然の出来事にすぎないものであろうと。

補足

イエスの復活現象が特別な現象であったという証拠として聖骸布の証拠をあげる人々もいる。聖骸布が本当に二〇〇〇年前に十字架後のイエスの体を包んだ布であったのかどうかという果てしのない真贋論争があるが、私自身は本物であると確信している。ただし、だからといってそれはイエスの復活の証拠品にはならない。聖骸布の真贋論争の中でもっとも評価できるのは邦訳「イエスのDNA」を著したリン・ピクネット博士の研究である。博士は聖骸布に映った像がイエスの血液や汗、油などを栄養素として、長年月にわたり成長した特殊な細菌類が形作ったものであるということを科学的に論証している。

第三章

ヨハネ福音書とマグダラのマリアの真実

16世紀のイタリアの画家Andrea Solario
によるマグダラのマリア肖像画

（一）五人のマリア

福音書のなかにはマリアという名の女性が少なくとも5名記されている。イエスの母マリアにマルタの姉妹のマリア、ヤコブとヨセフの母マリア（又は小ヤコブとヨセの母マリア）、クロバの妻マリア、そしてマグダラのマリアである。この他にも「使徒言行録」（12章12節）にマルコの母のマリアと「ローマの信徒への手紙」（16章6節）にパウロの弟子のマリアが記されている。ただし、これらのマリアは必ずしも別人物とはかぎらない。マタイ福音書でイエスの十字架を見守っていたヤコブとヨセフの母マリア（マルコでは小ヤコブとヨセの母、ルカでは単にヤコブの母とされている）と記されているのは、おそらくイエスの母マリアと同一人物だと考えられる。なぜなら別の個所でイエスの母マリアの子にヤコブとヨセフ（マルコではヨセ）がいたことが記されているからである。ちなみにヤコブとヨセフの母マリアはマグダラのマリアと一緒にイエスの墓を訪れたとも記されているのだが、ヨハネの福音書ではマグダラのマリアが一人で墓を訪れたということになっている。

興味深いのは、もし仮にヤコブとヨセフの母マリアがイエスの母マリアであるとすれば、なぜイエスの母マリアといわずにヤコブとヨセフの母マリアという言い方をしたのかという問題である。このマタイの記録の源泉はおそらくマルコの記録にあると思われるので、マルコが初めて福音書を記した時になぜイエスの母を小ヤコブとヨセの母マリアと言い換えたのかという問題に帰結する。しかも小ヤコブとヨセの母マリアはイエスの墓を訪れたとき、なぜかマグダラのマリアの後に記されており、あたかも彼女はマグダラのマリアよりも重要性の少ないマリアとして描かれているような印象を受ける。

たしかにマルコ福音書では、イエスの母マリアは別の個所でも好意的に描かれているわけではなく、むしろイエスの行動を妨げる存在でもあるかのように描かれている（マルコ３章31‐35節）ので、少なくともマルコにとってはイエスの母マリアはあまり重要でない存在として映っていたのかもしれない。それに対してマグダラのマリアはすべての福音書で最初に墓を訪れた女性として伝えられ、また十字架上でも最初に名をあげられているのをみても、彼女の重要な位置付けが全福音書で共通していることが分かる（ただし、ルカ福音書では十字架のそばにいたのは「婦人たち」という表現で特定の女性の名は記されていない）。特にヨハネ福音書では、イエスの墓を訪れたのはマグダラのマリア一人であり、そこで彼女はイエスの復活と出会い、復活の証人という決定的な役割を与えられている。

ちなみにクロパの妻マリアという名はヨハネ福音書でイエスの十字架を見守る女性の一人として描かれており、そこにはマグダラのマリアとイエスの母マリア以外にも複数の女性がいたとされている。一方、マルコ福音書とマタイ福音書によると、同じ十字架の場面ではクロパの妻マリアの代わりに、サロメという女性（マルコ）、ゼベタイの母たち（マタイ）とそれぞれ記されており、複数の女性がマグダラのマリアとイエスの母マリア（？）と共にいたとして記されている。

またマルタの姉妹マリアはヨハネ福音書に詳しく紹介されており、ベタニアでイエスに高価な香油を塗った女性として描かれている。この女性はイエスに対して親密な愛情を抱いていた女性として描かれているので、マグダラのマリアと同一人物ではないかという説が昔から根強くある。福音書によるとマグダラのマリアがイエスの墓を訪れた時も没薬と香油を塗る目的があったと記されている。それは亡くなったイエスの死体を腐敗から守るための防腐剤であり、このような風習はおそらく当時のユダヤでは普通に行われていたのだろう。前章でもみたとおり、当時のユダヤでは死者の復活が普通に信じられていたので、死体は土葬されずに洞穴式の墓のベッドに寝かされ、そのうえで防腐処理が施されたのであろう。おそらく、そのような風習はエジプト由来のミイラ信仰とも関係があるかもしれない。ちなみに、マルタの姉妹マリアがイエスに塗った香油も「わたしの（イエス自身の）葬りの日のためにとっておいた」（ヨハネ12章8節）と書かれているように、イエスの十字架死を（マリアが）予感したうえでの行為だったとして称えられている。いずれにしても二人のマリアの行為は、同一人物だと考えた方が確かに自然なような気がする。この問題については、後ほどあらためて整理して考えてみたい。

（二）共観福音書にみるマグダラのマリア

聖書の中では女性の名が記されるのはきわめて稀である。したがって福音書の中に登場するマリアという名の女性は、いずれも彼女たちが特別な女性であったということを物語っている。特にイエスの母マリアとマグダラのマリアの二人は、どの福音書の中でもその名をあげて言及せざるをえないほど重要な人物であったということは間違いがない。しかし、イエスの母マリアは当然のこととして、マグダラのマリアは何故に重要な人物なのであろうか？それはただ単に彼女がイエスの復活の証人であったということに尽きるのであろうか？

福音書の中で彼女の名がでるのは意外と少なく、ほとんどはイエスの十字架後の記述の中で初めて登場するだけなので、それだけをみると彼女の重要性はあまりよく分からない。しかし、イエスが十字架につけられたときに、そのそばにいた数人の女性の中で必ず最初にあげられるのが彼女の名であることをみると、やはり特別な女性であったのだろうということが推察される。たとえばマルコ福音書とマタイ福音書には次のように記されている。

また、婦人たちも遠くから見守っていた。その中には、マグダラのマリア、小ヤコブとヨセの母マリア、そしてサロメがいた。この婦人たちは、イエスがガリラヤにおられたとき、イエスに従って来て世話をしていた人々である。なおそのほかにも、イエスと共にエルサレムへ上って来た婦人たちが大勢いた。既に夕方になった。その日は準備の日、すなわち安息日の前日であったので、アリマタヤ出身で身分の高い議員ヨセフが来て、勇気を出してピラトのところへ行き、イエスの遺体を渡してくれるようにと願い出た。この人も神の国を待ち望んでいたのである。ピラトは、イエスがもう死んでしまったのかと不思議に思い、百人隊長を呼び寄せて、既に死んだかどうかを尋ねた。そして、百人隊長に確かめたうえ、遺体をヨセフに下げ渡した。ヨセフは亜麻布を買い、イエスを十字架から降ろしてその布で巻き、岩を掘って作った墓の中に納め、墓の入り口には石を転がしておいた。マグダラのマリアとヨセの母マリアとは、イエスの遺体を納めた場所を見つめていた。（マルコ15章 40–47節　新共同訳）

またそこでは、大勢の婦人たちが遠くから見守っていた。この婦人たちは、ガリラヤからイエスに従って来て世話をしていた人々である。その中には、マグダラのマリア、ヤコブとヨセフの母マリア、ゼベダイの子らの母がいた。夕方になると、アリマタヤ出身の金持ちでヨセフという人が来た。この人もイエスの弟子であった。この人がピラトのところに行って、イエスの遺体を渡してくれるようにと願い出た。そこでピラトは、渡すようにと命じた。ヨセフはイエスの遺体を受け取ると、きれいな亜麻布に包み、岩に掘った自分の新しい墓の中に納め、墓の入り口には大きな石を転がしておいて立ち去った。マグダラのマリアともう一人のマリアとはそこに残り、墓の方を向いて座っていた。（マタイ27章 55–61節　新共同訳）

十字架の場面でマグダラのマリアの次に記されている小ヤコブとヨセの母マリア（マルコ）とヤコブとヨセフの母マリア（マタイ）は当然同じ女性であり、前にも書いた通り、おそらくはイエスの母マリアのことだと考えられるので、マグダラのマリアが彼女よりも先に記されている点が興味深く思われる。しかもそれに続く墓の場面では、マグダラのマリアの名の次に記された女性は、マルコでは「ヨセの母」と省略され、またマタイでは「もう一人のマリア」としか書かれず、マグダラのマリア以外の「もう一人のマリア」とはいったい誰であったのかということも忘れられているような書き方である。

ただし、別の意味で興味深いのだが、ルカ福音書においては、同じ場面では「婦人たち」としか記されず、特にマグダラの名は記されていない。参考のため対応するルカの記述を引用しておこう。

イエスを知っていたすべての人たちと、ガリラヤから従って来た婦人たちとは遠くに立って、これらのことを見ていた。さて、ヨセフという議員がいたが、善良な正しい人で、同僚の決議や行動には同意しなかった。ユダヤ人の町アリマタヤの出身で、神の国を待ち望んでいたのである。この人がピラトのところに行き、イエスの遺体を渡してくれるようにと願い出て、遺体を十字架から降ろして亜麻布で包み、まだだれも葬られたことのない、岩に掘った墓の中に納めた。その日は準備の日であり、安息日が始まろうとしていた。イエスと一緒にガリラヤから来た婦人たちは、ヨセフの後について行き、墓と、イエスの遺体が納められている有様とを見届け、家に帰って、香料と香油を準備した。婦人たちは、安息日には掟に従って休んだ。
（ルカ23章49–56節　新共同訳）

ところで、それに続く復活の場面ではどのように記されているのか共観福音書の記述をそれぞれ引用しておこう。

安息日が終わると、マグダラのマリア、ヤコブの母マリア、サロメは、イエスに油を塗りに行くために香料を買った。そして、週の初めの日の朝ごく早く、日が出るとすぐ墓に行った。彼女たちは、「だれが墓の入り口からあの石を転がしてくれるでしょうか」と話し合っていた。ところが、目を上げて見ると、石は既にわきへ転がしてあった。石は非常に大きかったのである。墓の中に入ると、白い長い衣を着た若者が右手に座っているのが見えたので、婦人たちはひどく驚いた。若者は言った。「驚くことはない。あなたがたは十字架につけられたナザレのイエスを捜しているが、あの方は復活なさって、ここにはおられない。御覧なさい。お納めした場所である。さあ、行って、弟子たちとペトロに告げなさい。『あの方は、あなたがたより先にガリラヤへ行かれる。かねて言われたとおり、そこでお目にかかれる』と。」婦人たちは墓を出て逃げ去った。震え上がり、正気を失っていた。そして、だれにも何も言わなかった。恐ろしかったからである。〔イエスは週の初めの日の朝早く、復活して、まずマグダラのマリアに御自身を現された。このマリアは、以前イエスに七つの悪霊を追い出していただいた婦人である。マリアは、イエスと一緒にいた人々が泣き悲しんでいるところへ行って、このことを知らせた。しかし彼らは、イエスが生きておられること、そしてマリアがそのイエスを見たことを聞いても、信じなかった。〕（マルコ16章1-11節　新共同訳）

さて、安息日が終わって、週の初めの日の明け方に、マグダラのマリアともう一人のマリアが、墓を見に行った。すると、大きな地震が起こった。主の天使が天から降って近寄り、石をわきへ転がし、その上に座ったのである。その姿は稲妻のように輝き、衣は雪のように白かった。番兵たちは、恐ろしさのあまり震え上がり、死人のようになった。天使は婦人たちに言った。「恐れることはない。十字架につけられたイエスを捜しているのだろうが、あの方は、ここにはおられない。かねて言われていたとおり、復活なさったのだ。さあ、遺体の置いてあった場所を見なさい。それから、急いで行って弟子たちにこう告げなさい。『あの方は死者の中から復活された。そして、あなたがたより先にガリラヤに行かれる。そこでお目にかかれる。』確かに、あなたがたに伝えました。」婦人たちは、恐れながらも大いに喜び、急いで墓を立ち去り、弟子たちに知らせるために走って行った。すると、イエスが行く手に立っていて、「おはよう」と言われたので、婦人たちは近寄り、イエスの足を抱き、その前にひれ伏した。イエスは言われた。「恐れることはない。行って、わたしの兄弟たちにガリラヤへ行くように言いなさい。そこでわたしに会うことになる。」（マタイ28章1-10節　口語訳）

そして、週の初めの日の明け方早く、準備しておいた香料を持って墓に行った。見ると、石が墓のわきに転がしてあり、中に入っても、主イエスの遺体が見当たらなかった。そのため途方に暮れていると、輝く衣を着た二人の人がそばに現れた。婦人たちが恐れて地に顔を伏せると、二人は言った。「なぜ、生きておられる方を死者の中に捜すのか。あの方は、ここにはおられない。復活なさったのだ。まだガリラヤにおられたころ、お話しになったことを思い出しなさい。人の子は必ず、罪人の手に渡され、十字架につけられ、三日目に復活することになっている、と言われたではないか。」そこで、婦人たちはイエスの言葉を思い出した。そして、墓から帰って、十一人とほかの人皆に一部始終を知らせた。それは、マグダラのマリア、ヨハナ、ヤコブの母マリア、そして一緒にいた他の婦人たちであった。婦人たちはこれらのことを使徒たちに話したが、使徒たちは、この話がたわ言のように思われたので、婦人たちを信じなかった。（ルカ24章1-11節　新共同訳）

この復活の場面でも同じようにマグダラのマリアを中心に描かれているのを確認できるが、注意すべきことはマルコの補遺（［　］内）では、イエスが最初にマグダラのマリアに復活して現れたと簡潔に記されて終わっている点である。ところがマタイでは復活物語そのものが非現実的なほど誇張され、いかにも驚くべき奇跡として描かれており、その最初の目撃者がマグダラのマリアともう一人のマリアだったということになっている（ただし、その出会いの仕方はまるで隠れん坊遊びのようになっている）。一方、ルカ福音書になると、マグダラのマリアの名が「ヨハナとヤコブの母マリア、そして他の婦人たち」と一括りででてくるのであるが、実は彼女たちはイエスの復活を目撃したのではなく、天使たちと出会いイエスが復活することを告げられただけという話になっている。ちなみにルカ福音書では、イエスの復活に最初に出会うのはその婦人たちではなく、エマオという村へ向かって歩いていた（氏名不詳の）の二人の弟子だったという話になっている。

いずれにしても共観福音書においてはマグダラのマリアという名の女性がイエスの十字架後に重大な役割を担っていたことを（若干のニュアンスの差はあるにしても）等しく認めていることは間違いない。ただし、彼女の役割というのは本当にそれだけだったのだろうか（?）という疑問がどうしても残る。先のマタイ福音書の引用の中に「この婦人たちは、ガリラヤからイエスに従って来て世話をしていた人々である。」（マタイ27章55節）と記されているように、マグダラのマリアは他の婦人と一緒にイエスと行動を共にしていた女弟子の一人であったと認知されていることが分かる。ここで「世話をしていた」という意味がどういう意味なのか判然とは分からないが、ルカ福音書によると次のように記されている。

すぐその後、イエスは神の国を宣べ伝え、その福音を告げ知らせながら、町や村を巡って旅を続けられた。十二人も一緒だった。悪霊を追い出して病気をいやしていただいた何人かの婦人たち、すなわち、七つの悪霊を追い出していただいたマグダラの女と呼ばれるマリア、ヘロデの家令クザの妻ヨハナ、それにスサンナ、そのほか多くの婦人たちも一緒であった。彼女たちは、自分の持ち物を出し合って、一行に奉仕していた。（ルカ8章1-3節　新共同訳）

すなわち彼女たちは自らの財産を差し出してイエスの一行を経済的に援助していた女性たちであったとされているわけである。尚、この箇所でマグダラと一緒に記されているヨハンナという女性はヘロデの家令とも記されていて身分の高い女性であったということが分かる。それらの記述をみるかぎり、彼女たちはいずれも財産を所有する裕福な階級の出であったとも考えられるが、同時に、なぜか彼女たちは、（イエスによって）「悪霊を追い出して病気をいやしていただいた」女性であったとされている。特にマグダラのマリアの場合は、「七つの悪霊を追い出していただいた」女性とされているのは非常に興味深い事実である。

実はマグダラのマリアがイエスによって七つの悪霊を追い出された女性とされているのは、この箇所と前掲のマルコ福音書（補遺）でマグダラのマリアが最初にイエスの復活に出会ったと記されている個所（マルコ16章9節）だけなのであるが、この二つの記述は「マグダラのマリア＝罪深い女」という後世のイメージを決定づける役割を果たしている。それゆえマグダラのマリアは元娼婦であるとか、その他さまざまな罪名を着せられることもあったが、注意すべきは、そもそもマルコ福音書とルカ福音書の記録自体がそのような後世のイメージ付けを意図した記録ではないかと（学者によっては）指摘されているのである。その理由というのはマルコ福音書及びルカ福音書が記された時代背景の中に、原始教団内で相対立する勢力の葛藤があったのではないかという、かなり信憑性の高い証拠がいくつか存在するからである。その重要な証拠の一つは前の世紀に発見されたグノーシス派のナグ・ハマディ文書の断片的資料によっても窺われるのであるが、その話は後に譲るとして、その前に共観福音書とはまったく趣の異なったヨハネ福音書の記述について調べてみよう。

（三）ヨハネ福音書にみるマグダラのマリア

ヨハネ福音書最大の特徴の一つはマグダラのマリアに関する記述が懇切丁寧に描かれているという点にある。もちろん、だからといってヨハネ福音書に記されたマグダラのマリアは他の共観福音書に明白に矛盾した記述があるというわけではない。ヨハネ福音書においても彼女の登場場面は他の福音書とほぼ同様にイエスの十字架と墓の場面、そして復活の場面に限られる。しかしヨハネ福音書に描かれたマグダラのマリアはマルコ福音書やルカ福音書のように罪の女というイメージはなく、むしろイエスに特別に愛された女弟子という重要な役割を付与されているようにさえみえる複数の箇所がある。特にヨハネ福音書ではイエスの復活の最初の証言者としての決定的な役割が与えられている。これはマルコ福音書（補遺）にも記されている内容に一致しているが、ヨハネ福音書ではその事実をあたかも補足するかのように詳細な事実関係を書き加えている。参考のため、前にも紹介したマルコ福音書とヨハネ福音書の対応個所を比べてみてみよう。

マルコ福音書［墓の場面］

安息日が終わると、マグダラのマリア、ヤコブの母マリア、サロメは、イエスに油を塗りに行くために香料を買った。そして、週の初めの日の朝ごく早く、日が出るとすぐ墓に行った。彼女たちは、「だれが墓の入り口からあの石を転がしてくれるでしょうか」と話し合っていた。ところが、目を上げて見ると、石は既にわきへ転がしてあった。石は非常に大きかったのである。墓の中に入ると、白い長い衣を着た若者が右手に座っているのが見えたので、婦人たちはひどく驚いた。若者は言った。「驚くことはない。あなたがたは十字架につけられたナザレのイエスを捜しているが、あの方は復活なさって、ここにはおられない。御覧なさい。お納めした場所である。さあ、行って、弟子たちとペトロに告げなさい。『あの方は、あなたがたより先にガリラヤへ行かれる。かねて言われたとおり、そこでお目にかかれる』と。」婦人たちは墓を出て逃げ去った。震え上がり、正気を失っていた。そして、だれにも何も言わなかった。恐ろしかったからである。（マルコ16章1-8節　新共同訳）

マルコ福音書補遺［復活の場面］

〔イエスは週の初めの日の朝早く、復活して、まずマグダラのマリアに御自身を現された。このマリアは、以前イエスに七つの悪霊を追い出していただいた婦人である。マリアは、イエスと一緒にいた人々が泣き悲しんでいるところへ行って、このことを知らせた。しかし彼らは、イエスが生きておられること、そしてマリアがそのイエスを見たことを聞いても、信じなかった。（マルコ16章9-11節　新共同訳）

ヨハネ福音書［墓の場面］

週の初めの日、朝早く、まだ暗いうちに、マグダラのマリアは墓に行った。そして、墓から石が取りのけてあるのを見た。そこで、シモン・ペトロのところへ、また、イエスが愛しておられたもう一人の弟子のところへ走って行って彼らに告げた。「主が墓から取り去られました。どこに置かれているのか、わたしたちには分かりません。」そこで、ペトロとそのもう一人の弟子は、外に出て墓へ行った。二人は一緒に走ったが、もう一人の弟子の方が、ペトロより速く走って、先に墓に着いた。身をかがめて中をのぞくと、亜麻布が置いてあった。しかし、彼は中には入らなかった。続いて、シモン・ペトロも着いた。彼は墓に入り、亜麻布が置いてあるのを見た。イエスの頭を包んでいた覆いは、亜麻布と同じ所には置いてなく、離れた所に丸めてあった。それから、先に墓に着いたもう一人の弟子も入って来て、見て、信じた。イエスは必ず死者の中から復活されることになっているという聖書の言葉を、二人はまだ理解していなかったのである。それから、この弟子たちは家に帰って行った。（ヨハネ16章1-10節　新共同訳）

ヨハネ福音書［復活の場面］
マリアは墓の外に立って泣いていた。泣きながら身をかがめて墓の中を見ると、イエスの遺体の置いてあった所に、白い衣を着た二人の天使が見えた。一人は頭の方に、もう一人は足の方に座っていた。天使たちが、「婦人よ、なぜ泣いているのか」と言うと、マリアは言った。「わたしの主が取り去られました。どこに置かれているのか、わたしには分かりません。」こう言いながら後ろを振り向くと、イエスの立っておられるのが見えた。しかし、それがイエスだとは分からなかった。イエスは言われた。「婦人よ、なぜ泣いているのか。だれを捜しているのか。」マリアは、園丁だと思って言った。「あなたがあの方を運び去ったのでしたら、どこに置いたのか教えてください。わたしが、あの方を引き取ります。」イエスが、「マリア」と言われると、彼女は振り向いて、ヘブライ語で、「ラボニ」と言った。「先生」という意味である。イエスは言われた。

「わたしにすがりつくのはよしなさい。まだ父のもとへ上っていないのだから。わたしの兄弟たちのところへ行って、こう言いなさい。『わたしの父であり、あなたがたの父である方、また、わたしの神であり、あなたがたの神である方のところへわたしは上る』と。」マグダラのマリアは弟子たちのところへ行って、「わたしは主を見ました」と告げ、また、主から言われたことを伝えた。（ヨハネ16章11-16節　新共同訳）

念のために両福音書の一致点と相違点を整理しておこう。墓の場面ではヨハネ福音書はマグダラのマリアが一人で行ったことになっているが、マルコ福音書ではヤコブの母マリアとサロメという女性の三人連れで行ったことになっている。さらにマルコ福音書では、その場面で白い長い衣を着た若者（天使？）が現れて、彼女たちにイエスが復活したことを告げて話が一応完結している。しかし、そこには復活物語が描かれていないために、後にマルコ福音書（補遺）が補足され、マグダラのマリアがイエスの復活に最初に出会った人物であるということを簡潔に付け加えている。

一方、ヨハネ福音書では墓に行ったのはマグダラのマリア一人であり、しかもその場面では天使は現れていない。その代わりに彼女は墓の石が動かされているのに驚いてペテロや他の弟子に告げに行ったとある。ペテロともうひとりの弟子が走って墓を見に来たが、その後の状況はまるで事件の現場検証のように詳しく記されている。先に墓に着いたのはもうひとりの弟子であったが、墓の中へ勇んで入ったのは後から来たペテロであった。彼は亜麻布が置いてあるのを確認したが、イエスの顔の覆いの布は別の場所にあったということまで事細かに記されている。その後、二人の弟子は先に帰ってしまうのであるが、一人取り残されたマグダラのマリアが墓の外で泣いていると、突然に二人の男（天使）が現れ「婦人よ、なぜ泣いているのか?」と尋ねられ、そのあと後ろを振り向くとイエスが立っていて、もう一度「婦人よ、なぜ泣いているのか?」と尋ねられる。マリアは最初イエスであることに気付かなかったが、イエスの「マリア」という声で我に返り、「ラボニ（先生）」と言いながら、イエスに抱きつこうとするのである。

両者を比べて言えるのは、マルコ福音書とヨハネ福音書の情報量の大きな違いである。マルコ福音書は事実関係についてあいまいな伝聞に基づくおおまかな情報しかないが、ヨハネ福音書はまるで現場に居合わせた者が直接に証言したと思われるほど具体的であり迫真力もある。もし仮にその通りだとすると、いったいヨハネ福音書を記した人物は誰なのだろうか？という疑問が素朴に起こる。この疑問については、後ほど詳しく検討するつもりであるが、その前にヨハネ福音書と共観福音書のマグダラのマリアに関する記述の違いについて、もう少し調べておこう。

マルコ福音書はマグダラのマリアがイエス復活の最初の証人であったということを認めているが、しかしなぜか「このマリアは、以前イエスに七つの悪霊を追い出していただいた婦人である。」と付け加えている。これを読むと、マグダラのマリアは偶然にイエス復活の証人となっただけであり、彼女の証人としての価値が取るに足らないものであるかのように聞こえる。これはおそらくマルコ（この著者はマルコ福音書とは別人物の可能性が高い）が意図的にそのような響きを計算に入れて、わざわざ七つの悪霊の話を付け加えたのではないかとも想像できる。さらにもっと邪推をすれば、この著者は本当はマグダラのマリアがイエス復活の最初の証人であったということを隠したかったのだが、それでは復活の物語が説得性を失うために、やむをえずマグダラのマリアが復活の証人となったという事実だけを挿入せざるをえなかったのではないかとも想像できる。

そのような事情はおそらくルカ福音書においても同様だったのではあるまいか。ルカ福音書がマグダラのマリアを七つの悪霊を追い出していただいた女性である（ルカ8章2節）と、わざわざ指摘しているのをみても、同様の意図が窺える。ルカ福音書では、マグダラのマリアは十字架の場面では名前さえ記されず、復活の場面でも彼女は天使に出会ったとされるだけで、マルコのように最初のイエス復活の証人という地位も与えられていない。ルカにとって、彼女はイエスによって悪霊を追い出された他の多くの婦人たちの中の一人にすぎず、イエスの墓を訪れたときに天使に出会ったという出来事以外には、特別に記す必要はないというかのようである。

一方、マタイ福音書の場合は若干ニュアンスが異なり、マグダラのマリアをことさら罪の女というイメージを読者に植え付けようとはせず、マルコ福音書の簡潔すぎる復活の記述をより具体的に肉付けするためマグダラのマリアに中心的な役割を担わせることに躊躇していない。ただし、マタイの記述はほとんどが作者によるねつ造のごとき奇想天外の物語となっており、現実感の乏しい記述になっているのは否定できない。

それらに比較すると、先に引用したヨハネ福音書の復活の場面の記述の生々しさには強く印象付けられる。ことによると、ヨハネ福音書が記された目的の一つには、他の福音書には決定的に欠けていた生き証人の記録を遺すためではなかったであろうか？　とも思われる。また他の福音書においてマグダラのマリアが不当にも歪められている事実に対して不満があったのかもしれない。だとすると、ヨハネ福音書はいったい誰が何の目的で書いたのかという問題に発展してくる。

(四) ヨハネ福音書の著者問題

ヨハネ福音書の著者問題は前ローマ法王（ベネディクト一六世）も論文を書いているほどの大問題であるのだが、その問題を複雑にしているのは「イエスの愛弟子」と「もうひとりの弟子」という謎めいた言葉があり、その「愛弟子」（または「もうひとりの弟子」）がヨハネ福音書の著者でもあるという、きわめて謎めいた構成になっているからである。ヨハネ福音書はなぜそのように著者の名をわざわざ伏せる必要があったのだろうか？前ローマ法王の説でもそうであるが、伝統的にはヨハネ福音書の著者はゼベダイの子ヨハネであると考えられているが、そうだとするとなぜわざわざ謎めいた表現を使って、著者の正体を隠そうとしたのか逆に不思議な気がする。参考までヨハネ福音書の最後に明かされている著者についての言及部分を引用しておこう。

食事が終わると、イエスはシモン・ペトロに、「ヨハネの子シモン、この人たち以上にわたしを愛しているか」と言われた。ペトロが、「はい、主よ、わたしがあなたを愛していることは、あなたがご存じです」と言うと、イエスは、「わたしの小羊を飼いなさい」と言われた。二度目にイエスは言われた。「ヨハネの子シモン、わたしを愛しているか。」ペトロが、「はい、主よ、わたしがあなたを愛していることは、あなたがご存じです」と言うと、イエスは、「わたしの羊の世話をしなさい」と言われた。三度目にイエスは言われた。「ヨハネの子シモン、わたしを愛しているか。」ペトロは、イエスが三度目も、「わたしを愛しているか」と言われたので、悲しくなった。そして言った。「主よ、あなたは何もかもご存じです。わたしがあなたを愛していることを、あなたはよく知っておられます。」イエスは言われた。「わたしの羊を飼いなさい。はっきり言っておく。あなたは、若いときは、自分で帯を締めて、行きたいところへ行っていた。しかし、年をとると、両手を伸ばして、他の人に帯を締められ、行きたくないところへ連れて行かれる。」ペトロがどのような死に方で、神の栄光を現すようになるかを示そうとして、イエスはこう言われたのである。このように話してから、ペトロに、「わたしに従いなさい」と言われた。ペトロが振り向くと、イエスの愛しておられた弟子がついて来るのが見えた。この弟子は、あの夕食のとき、イエスの胸もとに寄りかかったまま、「主よ、裏切るのはだれですか」と言った人である。ペトロは彼を見て、「主よ、この人はどうなるのでしょうか」と言った。イエスは言われた。「わたしの来るときまで彼が生きていることを、わたしが望んだとしても、あなたに何の関係があるか。あなたは、わたしに従いなさい。」それで、この弟子は死なないといううわさが兄弟たちの間に広まった。しかし、イエスは、彼は死なないと言われたのではない。ただ、「わたしの来るときまで彼が生きていることを、わたしが望んだとしても、あなたに何の関係があるか」と言われたのである。これらのことについて証しをし、それを書いたのは、この弟子である。わたしたちは、彼の証しが真実であることを知っている。（ヨハネ福音書二十一章 15-24 節　新共同訳）

太文字の箇所の「この弟子はあの夕食のとき、イエスの胸もとに寄りかかったまま、『主よ、裏切るのはだれなのですか』と言った人である」というのは、いうまでもなく最後の晩餐のときにイエスの右隣に座っていた弟子のことである。周知のように、小説「ダヴィンチ・コード」では、この弟子は実は三弟子のヨハネではなくイエスの伴侶であったマグダラのマリアであるとしているわけだが、たしかにそう考えた方が「イエスの胸もとによりかかった」という表現に違和感もない。逆に男性のヨハネがイエスの胸もとによりかかったという図を思い描くと、ちょっと不自然ではないかという気がしないでもない。そもそもイエスの第一弟子であるはずのペテロが自分よりも地位の低いヨハネに対して、「誰が裏切るのかを聞いてくれ」と依頼するという話自体がいささか不自然である。しかし、イエスの伴侶マグダラのマリアに対してペテロが同じ質問をしたとすると不自然ではない。ダ・ヴィンチは最後の晩餐の絵を描くとき、おそらくそのような想像をめぐらしたのだろう。だからこそ、イエスの隣の人物を女性として描いたのではないだろうか？

ただし、このイエスに寄りかかった愛弟子がマグダラのマリアだとすると、ヨハネ福音書の著者は実はマグダラのマリアだったという驚くべき話になってくる。果たしてそのような仮説が可能であろうか？　また仮にそうだとすると、マリアの復活の証言を聞いてペテロと一緒に墓へ駆け付けた「もうひとりの弟子」というのは誰なのか?念のためその箇所をもう一度引用しておこう。

週の初めの日、朝早く、まだ暗いうちに、マグダラのマリアは墓に行った。そして、墓から石が取りのけてあるのを見た。そこで、シモン・ペトロのところへ、また、イエスが愛しておられたもう一人の弟子のところへ走って行って彼らに告げた。「主が墓から取り去られました。どこに置かれているのか、わたしたちには分かりません。」そこで、ペトロとそのもう一人の弟子は、外に出て墓へ行った。二人は一緒に走ったが、もう一人の弟子の方が、ペトロより速く走って、先に墓に着いた。（ヨハネ福音書二十章1-3節　新共同訳）

この場面をみると「イエスが愛しておられたもうひとりの弟子」は当然ながら、マグダラのマリアではありえない。もし最後の晩餐のときイエスの胸によりかかったイエスの愛弟子がマグダラのマリアであったとすると、そのマリアの証言を聞いて墓に駆け付けた「もうひとりの弟子」はマリア以外の誰かである。通常は「イエスの愛弟子」＝「もうひとりの弟子」＝「ヨハネ福音書の著者」という見方が当然だとされているが、「イエスの愛弟子」と「もうひとりの弟子」は、実は別人物であるとみることも可能ではないか？　というのは、ヨハネ福音書の著者はたしかに（最後の晩餐のときにイエスの胸によりかかった）イエスの愛弟子だと明確に記されているが、しかし、その愛弟子と、イエス復活後にペテロと一緒に墓へ駆け付けた「イエスが愛するもうひとりの弟子」が同一人物であるということは決して明らかにされていないのである。むしろ「もうひとりの」という形容詞をわざわざつけて、イエスが特に愛していた弟子が二人いたことを暗示しているとみることも可能である。

（五）「もうひとりの弟子」とは誰か？

ヨハネ福音書最大の謎はイエスの愛弟子とは誰かという問題である。この問題は同時にヨハネ福音書の著者問題に直結している。先にも述べたとおり伝統的には「イエスの愛弟子＝もうひとりの弟子＝ゼベダイの子ヨハネ＝ヨハネ福音書の著者」と解釈されているが、この解釈にはいくつかの問題点がある。たとえばイエスが逮捕されたあとに、イエスの裁判の場に「もうひとりの弟子」がまぎれこんだと記されているが、この「もうひとりの弟子」はなんと「大祭司の知り合い」だともされているのである。

シモン・ペトロともう一人の弟子は、イエスに従った。この弟子は大祭司の知り合いだったので、イエスと一緒に大祭司の屋敷の中庭に入ったが、ペトロは門の外に立っていた。大祭司の知り合いである、そのもう一人の弟子は、出て来て門番の女に話し、ペトロを中に入れた。門番の女中はペトロに言った。「あなたも、あの人の弟子の一人ではありませんか。」ペトロは、「違う」と言った。（ヨハネ18章15-17節　新共同訳）

この「大祭司の知り合い」という指摘とイエスの三弟子ヨハネとは一体どのような接点がありうるだろうか？　イエスの三弟子のヨハネはしばしばゼベダイの子たちとして形容されている。ヨハネの父ゼベダイはガリラヤの漁師であり、彼の二人の子ヤコブとヨハネも漁師であったが、後にイエスの弟子となった。たとえばマルコ福音書には彼らが弟子になった経緯を次のように簡単に記している。

また、少し進んで、ゼベダイの子ヤコブとその兄弟ヨハネが、舟の中で網の手入れをしているのを御覧になると、すぐに彼らをお呼びになった。この二人も父ゼベダイを雇い人たちと一緒に舟に残して、イエスの後について行った。（マルコ1章19–20節　新共同訳）

この対応個所は（マタイ1章17節）でもルカ（5章10節）でもほぼ同じである。ただし、ヨハネ福音書には彼らがイエスの弟子になった経緯は記されていない。共観福音書の記録が信じるに足る記録であるのかどうかはなんともいえないが、少なくともヨハネの父ゼベダイが漁師であったことは確かだろう。ただし、ヨハネの父ゼベダイはただの漁師ではなかったという説もある。先のマルコの引用箇所にもあるとおり、彼は使用人を雇うそれなりに裕福な漁師であったと考えられるからだ。しかし彼がガリラヤの裕福な漁師であったとしても、ユダヤの大祭司との接点は、どう考えても無理がある。

共観福音書によれば、イエスの弟子たちはイエスが逮捕されたとき「弟子たちは皆、イエスを見捨てて逃げてしまった」（マタイ26章56節）とされている。ただし、ペテロだけはイエスの後にひそかについて行こうとしたが、周りの者に、「あなたもガリラヤのイエスと一緒にいた」（マタイ26章69節）といわれて、それを打ち消したと書かれている。この後、ペテロが他人になりすましてイエスの最後を見届けたのかどうかまでは分からないが、ヨハネ福音書によると、このときペテロと一緒に行動をした「もうひとりの弟子」がイエスの裁判から十字架までの一部始終を見届けた可能性はある。なぜなら、イエスが大祭司の前で口答えをしたことなどの詳細を知る人物は他に考えられないからである。

ところで、もしかするとこの人物はマルコ福音書の作者でもある可能性があるということは前にも述べたとおりである。マルコ福音書の作者がイエスの裁判の証人であったと考えれば、福音書執筆の動機が説明できるからである。だとするとヨハネ福音書に記された「もうひとりの弟子」というのは、実は福音書記者のマルコに他ならないという話になる。

これは珍妙な説にみえるかもしれないが、現実にはありうる解釈である。マルコはエルサレムに大邸宅を構える家柄であったということから、大祭司の知り合いであったとしても不思議ではないからだ。ただし、そのように解釈するとマルコは実はヨハネ福音書の記者でもあったという意外な説に発展してしまう。確かに、マルコの本名はヨハネという名のユダヤ人であったので、その可能性がまったくないともいえないのだが…。もし、仮にそうだとすると、マルコ福音書の著者は逆にマルコ以外の別人であったという可能性もでてくる。

そもそもヨハネ福音書の著者は、なぜ、ここで「もうひとりの弟子」という不思議な言葉を使ったのであろうか？それはこの弟子がイエスに愛された存在であったからに他ならない。と同時に、その名はあえて伏せたほうが好ましいと判断されたのだろう。そして、さらに補足すると、「もうひとりの弟子」という言葉にはイエスの十二弟子以外の弟子という意味が込められていたのかもしれない。福音書の中で「イエスの弟子」と表現されているのは、基本的には十二弟子に限られている。もちろん実際には他にもイエスの弟子とされている人物が数多くいた可能性はあるが、少なくとも福音書の中では十二弟子以外に弟子という言葉が使われることはほとんどなかった。

もともとイエスの十二弟子というのは、イスラエルの始祖ヤコブの十二人の息子（あるいは古代イスラエルの十二氏族）に対応して選ばれたのである。すなわちイエスが十二弟子を選んだのは新たにイスラエルを建て直すという意味があったのだと考えられる。したがってイエスの弟子は常に十二人の弟子でなければならなかった。彼らは弟子であると同時に、イエスから神の国の福音伝道をまかされた使徒でもあった。福音書の中でイエスが彼らにユダヤ全土に神の国の福音伝道を命じる個所があるが、その伝道のために選定されたのが、そもそも十二使徒の始まりである。その時から、彼らはまるで血のつながりのある兄弟のように、絶対的な従順さでイエスに付き従った。ただし、イエスがゲッセマネで逮捕されたとき、イスカリオテのユダがイエスを裏切り、その後ユダは自殺したために、代わりにマッテヤが十二使徒に新たに選定された。つまりイエスの十二弟子（使徒）というのは、それほど重要な立場であり、十二という数も彼らにとっては重要な意味のある数であった。

したがって、「もうひとりの弟子」という表現からみえてくるのは、彼（又は彼女）はイエスの十二弟子以外のもうひとりの弟子という意味に受け取った方が自然である。おそらく、その弟子は他の十二弟子からもイエスの弟子として認められた存在であったのではないか。そのように考えると、「もうひとりの弟子」は福音書記者のマルコであったという可能性もあることが分かる。

重ねていうが、この「もうひとりの弟子」は大祭司の知り合いでもあったとされている人物である。ゼベダイの子ヨハネは、共観福音書によると、ガリラヤの漁師であったとされ、そのような人物が大祭司の知り合いでもあるということは地理的にも身分的にも考え難い。さらに共観福音書によると、イエスの弟子たちはイエスが逮捕されたあと、「弟子たちは皆、イエスを見捨てて逃げてしまった」（マルコ14章51節）とされているので、もしゼベダイの子ヨハネが大祭司の知り合いであるという立場を利用してペテロを法廷の場に招き入れた人物でもあるとすると、前後のつじつまが合わない。ヨハネ福音書が彼を大祭司の知り合いであるとしているのは、彼が周囲の人間からイエスの弟子であると疑われるような人物ではなかったことを暗示しているのであり、そのような点からみてもゼベダイの子ヨハネは不適格であると断じざるをえない。

一方、マルコはエルサレムに大邸宅を構える名家の子であったと想像される。その家柄から彼が大祭司の知り合いであったとしても不思議ではない。またマルコ少年はイエスの逮捕の際にひそかに彼らのあとをつけて、イエスの裁判を傍聴していた可能性のある人物である。イエスの逮捕後、マルコ福音書がイエスの弟子たちは皆逃げたと記しているのも、彼がその現場を見ていた可能性が高い。さらに彼は、あえて名前を伏せているが、イエスが逮捕された後、「一人の若者が、素肌に亜麻布をまとってイエスについて来ていた。人々が捕らえようとすると、亜麻布を捨てて裸で逃げてしまった。」（マルコ14章51節）と書いているが、これは福音書記者であるマルコ自身の署名のような一文ではないかと考えられることからも、彼がイエスの逮捕後も彼らのあとをつけて裁判を傍聴していた可能性は高くなる。

そもそもマルコが福音書を思いついたのは、彼がまさにイエスの裁判の生き証人でもあったからだと考えられ、またヨハネ福音書の著者があえて彼の名前を伏せて、「もうひとりの弟子」と書いたのは、彼が十二弟子の一人でもなく、また当時はまだ少年だったからだとも考えられる。さらに「イエスが愛したもうひとりの弟子」という表現には、イエスが特別に愛した弟子（すなわちヨハネ福音書の著者自身）とは別にもうひとりイエスの愛弟子がいたという意味があったものとも考えられる。

（六）「イエスの愛弟子」とは誰か？

ここで浮上してくるのは、イエスの裁判の一部始終を見届けた大祭司の知り合いである「もうひとりの弟子」とヨハネ福音書の記者とされる「イエスの愛弟子」が同一人物ではないという可能性である。いままでこの可能性についてはほとんど顧みられなかったが、はたしてその可能性はゼロであろうか？仮にイエスの愛弟子がゼベダイの子ヨハネではないとすれば、それでは一体誰なのか？

ヨハネ福音書の著者は「イエスの愛弟子」とされる特別な弟子である。この弟子は前にも述べたとおり、最後の晩餐の席でイエスのそばにいた弟子であり、「この弟子は、あの夕食のとき、イエスの胸もとに寄りかかったまま、『主よ、裏切るのはだれですか』と言った人である。」（ヨハネ21章20節）とされている。その「夕食のとき」が、どのように記されているのかもう一度確認しておこう。

イエスはこう話し終えると、心を騒がせ、断言された。「はっきり言っておく。あなたがたのうちの一人がわたしを裏切ろうとしている。」弟子たちは、だれについて言っておられるのか察しかねて、顔を見合わせた。イエスのすぐ隣には、弟子たちの一人で、イエスの愛しておられた者が食事の席に着いていた。シモン・ペトロはこの弟子に、だれについて言っておられるのかと尋ねるように合図した。その弟子が、イエスの胸もとに寄りかかったまま、「主よ、それはだれのことですか」と言うと、イエスは、「わたしがパン切れを浸して与えるのがその人だ」と答えられた。それから、パン切れを浸して取り、イスカリオテのシモンの子ユダにお与えになった。（ヨハネ13章21-26節　新共同訳）

ここで「イエスのすぐ隣には、弟子たちの一人で、イエスの愛しておられた者が食事の席に着いていた」とされる弟子こそがイエスの愛弟子であり、ヨハネ福音書の著者でもあるとされる弟子である。前にも述べたとおり、この人物こそは、（ダヴィンチ・コードの作者がいうとおり）マグダラのマリアに他ならないというのは十分に説得力のある解釈である。さらに、この解釈を支持する非常に有力な他の記述もある。この「愛弟子」は、イエスの十字架の際にもイエスのそばにいた弟子でもあるとされているのである。

イエスの十字架のそばには、その母と母の姉妹、クロパの妻マリアとマグダラのマリアとが立っていた。イエスは、母とそのそばにいる愛する弟子とを見て、母に、「婦人よ、御覧なさい。あなたの子です」と言われた。それから弟子に言われた。「見なさい。あなたの母です。」そのときから、この弟子はイエスの母を自分の家に引き取った。（ヨハネ19章25-27節　新共同訳）

この状況描写をみると、「そのそばにいる愛弟子」というのはマグダラのマリア以外には考え難い。それでもなお伝統的解釈によると、その場には（紹介されてはいないが）ヨハネがいたことになっている。しかし、これは状況的にも考えにくく、ユダヤの伝統的表現法からみても不自然である。なぜならユダヤの伝統的表現法によると、女性の存在は男性の外側に隠される場合が多いが、反対に男性の存在が女性の外側に隠されるということは考えにくいからである。仮に、その場にヨハネがいたとすれば、なぜ著者は自らの存在を隠さなければならないのか説明ができない。

そもそもイエスの直弟子ヨハネが自らの名を隠して福音書を著すということは不自然である。自らの名を隠さなければならないメリットは何一つ考えられないからである。通常のパターンでは偽作者が本モノになりすまして、後世に偽典とされた福音書を書き表した例は事欠かないが、逆に本モノが自らの名を隠すことは新約聖書成立史の文脈の中では考えにくい。もし仮にヨハネ福音書がイエスの直弟子ヨハネの作者（またはその原作者）であったとすれば、彼の名は堂々と表に記されたであろう。逆にいえば、ヨハネの著者がわざわざあいまいな表現にされたのは、別の理由があったということになる。その理由は著者をあいまいにすることによって偽作者がメリットを得る場合か、または他の理由により著者をあいまいにせざるを得ない場合である。そして後者の理由として考えられるのは唯一、著者が女性であったということである。

あと補足すると、イエスの母マリアを「自分の家に引き取った」とある理由を考えると、その愛弟子はイエスと他人の関係ではなく親族の一人であったとするのが自然である。またその愛弟子に対して「見なさい、あなたの母です」とされているのは、イエスとマグダラのマリアが結婚していたからに他ならないと考えられる。この言葉のやり取りから想像できるのは、おそらくその時マグダラのマリアとイエスの母マリアは初対面であったのだと考えられ、イエスは母に対してマグダラのマリアが自分の妻であることを最後の瞬間に明かしたのだと想像できる。また同時に、この描写によって福音書の作者は自分がイエスの妻であったことを言外にほのめかしているのだとも考えられる。

（七）ヨハネ福音書の著者が秘匿された理由

結論としていえるのは、ヨハネ福音書が真正の福音書（実際にイエスに仕えた弟子によるもの）でありながら、なおかつ著者名が隠された唯一の理由は著者が女性であったということしか考えられない。ヨハネ福音書が世に公にされたのは、原著者がすでにこの世にいなくなった後である。したがって、ヨハネ福音書の多くの部分は原著者の作ではなく、別人物によって編集された形跡がある。今日、多くの神学者の共通見解によると、ヨハネ福音書はゼベダイの子とは別人の長老ヨハネによってまとめられたものであり、その多くの部分は長老ヨハネ自身の作品だと考えられている。彼はまたヨハネの手紙の作者でもあり、ヨハネ黙示録も同じ作者の作品だろうと思われている。

ヨハネ福音書が実際に書かれたのは他の共観福音書よりもかなり後の時代であり、おそらくは西暦九〇年～一二〇年の間であったと考えられている。その頃、イエスの神格化が極端に進んでいた時代であり、一部の教団ではイエスをユダヤ教のメシアという存在を超えた神そのものだとする信仰が確立されていた。その教団特有の信仰を明確化するために著されたのがヨハネ福音書だと考えられる。

ただし、ヨハネ福音書はその最終章で明かされているとおり、その資料の多くをイエスの直弟子から直接得たものだと考えられる。その意味ではヨハネの福音書は他の共観福音書よりも資料的にはるかに高い価値を有するものである。特に、その資料的価値の高さは復活現象にまつわる詳細な事実関係やベタニアのマリアにまつわる詳細な記述、あるいはイエスが洗礼者ヨハネとは別に洗礼活動を行っていたという共観福音書には記されていない珍しい記述においても示されている。しかしながら、ヨハネ福音書の編集者兼作者でもある長老ヨハネは原著者が女性であるということを知っていたので、その資料の背景については明確にすることはできなかったのではないかと考えられる。当時の世相では女性が福音書の著者であるということはありえないこととされていたからである。逆に、もし原著者がイエスの直弟子ヨハネであったとすれば、長老ヨハネはその名をあいまいにする理由はなかったはずだ。

ヨハネ福音書が公にされた当時は共観福音書だけではなく、他にもいくつもの出所不明の福音書が出回っていた。より後の時代に書かれたものを含めると、おそらく百を優に超える数の福音書が出回っていた可能性がある。それらの福音書にはめいめい勝手に使徒の名が付けられ、根拠のない権威付けがなされていた。たとえばペテロの福音書やヤコブの福音書、ユダの福音書など、今日では偽典とされる様々な文書が理由のはっきりしない動機によって信者の間に出回っていた。そのような中で四大福音書だけが正統派の聖書として選別された理由は、それなりに資料的な価値があると認められたからである。ただし、四大福音書が今日のように特別な権威が与えられたのは、はるか後の三世紀後のことである。

一世紀から二世紀にかけて、福音書は様々な共同体によって独自に採用され、共同体の信仰の拠り所となっていた。ルカ福音書だけを正統な福音書とする共同体もあれば、マタイ福音書を唯一の正統福音書とする共同体もあった。また四大福音書ではなく、今日では外典の書とされるトマス福音書やフィリポ福音書を信じるグノーシス派のグループもあったと考えられる。そのような中でヨハネ福音書が記された背景を考えると、その本来の資料的価値がいかに重要な要素であったかということが想像できる。

仮にヨハネ福音書がイエスのもっとも愛した弟子＝マグダラのマリアの証言によったものであったとすれば、その資料的価値は計り知れないほど大きなものである。しかしながら、もしヨハネ福音書が女性の作であるということが分かれば、その信用度は極端に貶められたにちがいない。だからヨハネ福音書の編集者はその作者の名をあくまでも秘匿し、イエスの愛弟子（すなわち著者）は男性であるという印象を与える必要があったのではあるまいか。そのような複雑な背景を思慮すると、イエスの愛弟子の表現に「彼」という男性格が与えられているのも、決して不自然ではないということが分かる。

（八）グノーシスの文献にみるマグダラのマリア

マグダラのマリアが罪の女であるというイメージが強く支配しているのは主にローマ・カトリックを中心とする西方教会の伝承によるのであるが、不思議なことに東ローマの正教会ではマグダラのマリアは伝統的に「罪の女」のイメージはなかったとされている。東方教会に伝わるマグダラのマリアの伝承に影響を及ぼしているのは、おそらくグノーシス派の文献ではないだろうか。その証拠にトマス福音書やフィリポ福音書、そしてマグダラのマリアの福音書など、いずれも東方教会を拠点としたグノーシス派の資料によると、マグダラのマリアは男の弟子達よりもむしろ高い地位が与えられていたとも推測される。

グノーシス派の文献は中世の時代までにことごとく焚書処分にされたので、その本来の教えの全貌は分からないが、前の世紀にナグ・ハマディ等で発見された文献によると、マグダラのマリアがイエスの愛弟子であったという複数の表現がみつかっている。たとえば「マリアの福音書」というきわめて珍しいタイトルのグノーシス系の文献がある。通常、異端の書とされるグノーシス系の文書でも女性の名前が冠に使われることはきわめて珍しく、現在発見されているものの中ではこの「マリアの福音書」が女性の名が冠とされた唯一の文献であるといわれる。しかも、この文献はヨハネ福音書が成立した頃とほぼ同じ時期、すなわち一世紀後半から二世紀前半に記されたものだという専門家の見方もある。ということは、この文献は単なる偽典ではなく、マグダラのマリアという女性が実際に語った言葉を残したものという可能性もでているのである。

注目すべきことは、この文献によると、マグダラのマリアは明らかに「イエスがもっとも愛した弟子」とされている点である。残念ながら、多くの部分は失われているが、この文献の中でマリアの証言に対してペテロが不信感をもって反応している部分があるので、以下引用しておこう。

ペテロがマリアに言った。「姉妹よ、救い主が他のどの女よりもあなたを愛したことを私たちは知っています。あなたが覚えている救い主の言葉を私たちに教えてほしい。あなたが知っていて私たちが知らない、私たちの聞いていない言葉を。

「あなたがたに隠されていることを私があなたがたに明かしましょう」彼女はこれらの言葉を彼らに語り始めた。彼女はいった。「私は幻のうちに主をみました。そしてあの方に言いました。『主よ、今日、私は幻のうちにあなたをみました』と。」

「あの方は答えて私にいいました。『あなたに祝福があるように。あなたはわたしをみても動じなかった。叡智のあるところに富もあるのだ。』」

「私はあの方に言いました。『主よ、人は魂をとおして幻をみるのでしょうか。それとも霊を通して幻をみるのでしょうか』」「救い主は答えて言いました。『人が幻をみるのは魂を通してでも、霊を通してでもない。その二つの間にある叡智をとおして、幻をみているのだ』」

（中略）

……マリアはそう言うと沈黙した。救い主が彼女に語ったことは、これだけだったからだ。アンデレが答えて兄弟たちに言った。「彼女が言ったことをどう思うか、考えを聞かせてほしい。だが、私は救い主がこんなことを語ったとは信じられない。これらの教えはどうみてもおかしい」ペテロも同調して、他の者たちに、救い主について尋ねた。「あの方は本当に私たちの知らないところで、女と個人的に話をしたのだろうか。私たちはみな考えを改めて、彼女に向き合い、その言葉に耳を傾けるべきなのだろうか。あの方は私たちよりも、彼女を気に入っておられたのだろうか」

マリアは涙を流しながらペテロに言った。「兄弟ペテロよ、あなたはどう思っているのですか。私が自分で話を作りあげたか、救い主について嘘をついているとでも考えているのですか」レビが答えてペテロに言った。「ペテロ、あなたはいつも腹を立てている。いまも、この女を敵のごとくみなして言い争っている。救い主が彼女をふさわしいと認めたなら、彼女を拒むあなたはいったい何者なのか。救い主はまちがいなく、彼女をよくご存じだ。そこで、私たちよりも彼女を愛されたのだ」（「イエスが愛した聖女」日経ナショナル・ジオグラフィック P58-62）

マグダラのマリアがイエスの愛弟子であったということは、その他のグノーシス系の文書にも同じように記されている。そのいくつかの断片的文章を引用しておこう。

「フィリポの福音書」

[救い主]の伴侶はマグダラのマリアである。[救い主は]彼女を[どの]弟子たちよりも[愛した]。[そして彼は]彼女の[口に]しばしば接吻した。ほかの[弟子たち]・・彼に言った。「なぜあなたは私たちすべてよりも彼女を愛するのですか」救い主は彼らに答えて言った。「なぜ私は、あなたがたを彼女と同じように愛さないのか。盲人と目の見える者は、どちらも闇の中にいるときは同じだ。光が到来するとき、目の見える者はその光を見るだろう。そして、盲人は闇の中に留まるだろう」

「トマス福音書」一一四

シモン・ペテロが彼らに言った。「マリアは私たちのもとから去った方がよい。女たちは命にあたいしないからである。イエスが言った。「見なさい。私は彼女を導くだろう。彼女を男にするために。彼女もまた、あなたがた男たちに似た生ける霊となるように。なぜなら、どの女もまた、自分自身を男にするなら、天の王国に入るだろうから」

「ピスティス・ソフィア」
イエスはこれらのことを弟子たちに語り終えると、彼らに言った。「聞く耳のある者は聞きなさい」そのとき、救い主の語るそれらの言葉に耳を傾けながら、一時間ほど空をみていたマリアが言った。「わが主よ。わたしに率直に話すことをお許しください。」情け深いイエスは答えて、マリアに言った。「幸いなるマリアよ、天の高みのあらゆる神秘において、私はあなたを完全なるものとしよう。率直に話しなさい。あなたの心は、ほかのどの兄弟たちよりも、天の王国に向かっているのだから」

マグダラのマリアがイエスの愛弟子であったということは、これらのグノーシスの資料によっても裏付けられている。それどころか彼女は原始教団のあるグループの中で指導者であったという可能性も否定できない。ところがグノーシスの文献によっても想像されるように、ペテロを信奉するローマを中心とした（後の）正統派教会から、女の指導者を仰いでいる教会に対して厳しい目が注がれるようになったのかもしれない。たとえばパウロの説教の中に女性に対する極端な差別的表現がある。

婦人は、静かに、全く従順に学ぶべきです。婦人が教えたり、男の上に立ったりするのを、わたしは許しません。むしろ、静かにしているべきです。なぜならば、アダムが最初に造られ、それからエバが造られたからです。しかも、アダムはだまされませんでしたが、女はだまされて、罪を犯してしまいました。（テモテ一2章11節　新共同訳）

前後関係からも、この言葉はパウロの真正の言葉ではなく後世に付加された言葉ではないかとする学者たちの見方がある。だとすると、これは当時女性の指導者がいた東方教会に対する批判だったのではないかとも解釈できる。

ところでタルピオットで発見されたイエス一族の墓の中にみつかったマグダラのマリアだと推定される「マリアムネ」と彫られた棺は、実は、「マリアムネ」という表記の前に「マラ」という単語が添えられているのだが、その意味はもともと「師」とか「聖人」いう意味なのである。すなわち、その棺が本物であるとすれば、マグダラのマリアはただのどこにでもいるマリアではなく、師マリアともいわれる存在であったと考えられるのである。事実、マラ・マリアムネと刻まれた棺はギリシャ風の綺麗な装飾が施されていて、同じ墓の中にあったイエスの棺を含む他の棺に比べても、ひときわ異彩を放つ棺であり、そのことからも生前は身分の高い女性として扱われていた証拠と考えられる。当時のユダヤでは女性が師であるとか、聖人であるという冠をつけて呼ばれることはまずありえないということを考えれば、ますますもってタルピオットの墓が重大な真相を隠しているのではないかという可能性が高くなる。

(九) ヨハネ福音書の特殊性

いずれにしても、マグダラのマリアがヨハネ福音書の著者であるという仮説は十分に根拠があるものといってもよいだろう。ヨハネ福音書の最大の特徴は異端のグノーシス主義に通じるようなイエスに対する極端な神格化にある。マルコやマタイでは、イエスはあくまでもユダヤ人が信じる伝統的メシア像の範疇を逸脱するものではないが、ヨハネ福音書になると、もはやイエスはメシアという次元の存在ではなく、神に等しい存在だとされている。特にヨハネ福音書の冒頭の「初めに言があった。言は神と共にあった。言は神であった。この言は、初めに神と共にあった。万物は言によって成った。成ったもので、言によらずに成ったものは何一つなかった。言の内に命があった。命は人間を照らす光であった。光は暗闇の中で輝いている。暗闇は光を理解しなかった。・・・・」という文章は、非常に直観的な表現ではあるが、高い霊性を彷彿させる哲学的にも深みのある言葉である。

マラ・マリアムネと彫られた棺

ヨハネ福音書は他の共観福音書とは異なって、イエスのガリラヤでの活動や癒しの奇跡についてはあまり記されていない。むしろヨハネ福音書では、イエスの活動の記録のほとんどはエルサレムが中心になっている。特にしばしば指摘される明白な違いとして、エルサレムの門の近くでハト売りや両替人の屋台をひっくり返した宮清めといわれる事件が共観福音書とヨハネ福音書ではまったく異なった時系列になっていることである。共観福音書では、その事件はイエスが十字架に架かる一週間ほど前の出来事であったとされているが、ヨハネ福音書ではその事件は十字架の三年ほど前の出来事であり、イエスが公的活動を始めた頃の出来事とされている。その違いはいったいどう解釈すればよいのか、まったくの謎であるが、ヨハネ福音書ではイエスの公的活動中に、少なくとも三回、イエスは過ぎ越し祭りのためにエルサレムに巡礼に来たとされているのに対して、共観福音書では十字架直前の一度しか記載されず、そのあたりの記述の違いも含めて、両者の食い違いには興味深い点がいろいろとある。

資料的な価値でみると、ヨハネ福音書には共観福音書にない一次資料とも思われる非常に貴重な事実らしきものが記されている点が特に評価される。そのひとつは洗礼者ヨハネのイエスに対する啓示を具体的に記していることである。さらに当初、洗礼者ヨハネの弟子であったペテロとアンデレがヨハネの証を聞いてイエスの弟子になった経緯が紹介されている記録には鮮烈な印象がある。また当初イエスの運動は洗礼者ヨハネと同じく洗礼を授ける運動であったということなど、共観福音書ではまったく抜け落ちているイエス初期の運動に関する具体的記述があるのはきわめて資料的価値の高い点である。

ヨハネ福音書の著者がなぜイエスの初期の運動を知り得たのかという点は興味深い問題であろう。もしヨハネ福音書の著者がゼベダイの子のヨハネであったとすれば、たしかにそのような事実について彼が知っていたことは説明できる。しかし、ゼベタイの子ヨハネが著者だとすると、逆になぜイエスのガリラヤでの活動が詳しく紹介されていないのかという疑問が少なからず生じる。その点、もし仮にマグダラのマリアが著者だったとすれば、彼女がイエスの当初の活動について知り得たことは決して不思議ではなく、同時にイエスのガリラヤでの活動に重心が置かれていない点も説明できる。なぜならマグダラのマリアの本拠地はガリラヤではなくエルサレムに近いベタニアにあったとも想像できるからである。

ただし、この説はマグダラのマリアをマルタの姉妹と同一人物とした場合であるが、マグダラという冠をみると、マグダラのマリアはガリラヤの漁港出身（現在ではその地名は存在しない）であるという説も成り立つ。ヨハネ福音書の中ではベタニアのマリアはイエスに高価な香油を塗った女として描かれているが、果たしてその女性はマグダラのマリアと同一人物なのだろうか？ 仮に同一人物であるとすれば、なぜ彼女がマグダラのマリアという名で呼ばれていたのかという疑問は残る。

ヨハネ福音書によると、イエスの十字架の現場には少なくとも三人のマリアがいたとされる。すなわちイエスの母マリアとクロバの妻マリアとそれにマグダラのマリアである。ただし、共観福音書ではもう少し複雑になる。マルコによると、マグダラのマリアと小ヤコブとヨセの母マリア（イエスの母マリアのことだと思われる）とサロメという女性がいたとされ、マタイではマグダラのマリアとヤコブとヨセフの母マリア（これもイエスの母マリアのことだと思われる）と他にゼベダイの子らの母がいたとされる。ちなみにルカ福音書ではイエスの十字架のそばにいた女性の名前は記されていない。

マルタとマリアの話は共観福音書でも取り上げられているが、もっとも詳細に記述されているのはヨハネ福音書である。それはまるで共観福音書のあいまいな記述を補足するかのような具体的記述になっている。マルタとマリアはベタニアに住む姉妹で、イエスはエルサレムへの旅の途中でしばしばその家を訪問していたとされている。特にその話が重要性を帯びるのは、イエスが十字架に架かる直前、エルサレムに入城されるまえにベタニアを訪れ、マルタとマリアの兄弟ラザロを復活させるという奇跡を起こしたという話である。実際にその奇跡が起こったというのは信じられないが、少なくともラザロの病気を治したというような、なんらかの事実がベースになっているのではないか？その話が後の時代にラザロの復活として改ざんされた可能性もある。

仮にヨハネ福音書の原著者がマグダラのマリアであったとしても、実際に福音書が公にされたのは、その原著者がこの世を去ったあとのことであり、それゆえ実際の作者はマリアではありえない。三世紀のエウセピオスの伝承によると、ヨハネ福音書は二世紀前半に長老ヨハネによって記されたとされている。しかし学者たちの見解によると、その長老ヨハネというのは三弟子のヨハネとは何の関係もなく、当時、東方教会で活躍していたヨハネという名の別の指導者のことであったと考えられている。

したがってヨハネ福音書はマグダラのマリアの資料に基づいて長老ヨハネが記した福音書だったと考えるのが妥当ではないかと思う。ヨハネ福音書の独特な文体は長老ヨハネの特異な世界観の反映だと思われる。

（十）イエスは結婚していたのか？

イエスは神の子なのだから結婚する必要はなかったはずだという伝統的神学を別にすれば、三〇歳を超えたイエスが結婚していたという可能性は、当時のユダヤ人の常識の中ではむしろ自然な解釈である。なぜなら当時のユダヤでは結婚して子孫を残すことは義務であるとさえ考えられたからである。結婚しながらも子孫を残さずに夫が亡くなった場合は、その兄弟が寡婦の夫となって子孫を残すべきであるとされていた。ユダヤでは、それほど結婚をして子孫を残すことが（あたかも義務でもあるかのように）重んじられていた。

旧約聖書にルツ記という文書がある。ユダのベツレヘム出身のエリメレクという男にナオミという妻がいた。彼女は二人の息子を生み、異邦の地であるモアブへ行き、そこで二人の息子はモアブの女性オルバとルツと結婚する。ところがナオミの夫エリメレクとナオミの二人の息子が相次いで亡くなり、オルバとルツは子を儲けずに寡婦になる。つまりナオミは自分の子孫を残す道が断たれてしまったのである。傷心のナオミは故郷へ帰ろうとするが、ルツがナオミと行動を共にさせてくださいと懇願してナオミの故郷ベツレヘムへついてくる。そこでルツはボアズというナオミの遠戚の男の下で落ち穂拾いをしながら生計をたてていたが、あるときナオミのすすめでボアズの床へ入り、その後、二人は正式の結婚を果たすという話になる。ボアズはユダヤ人の律法では寡婦であるナオミのために子を儲けるという（法的には）ナオミの息子の代身となったのである。こうしてナオミはボアズとルツを通じて息子達が残せなかった子孫を残すことに成功するという話である。尚、ボアズとルツの間に生まれた子はダビデの祖父にあたるオベデであり、この人物の名はマタイとルカの系図の中にも記されている。

ルツ記が旧約聖書の正典の中に残されているのは、只単にダビデ王の祖父の出生の秘密を記録するためではなく、ルツという異邦人がユダヤ人の律法に溶け込み、彼らの子孫を作るために重要な貢献をなしたということを評価されてのことである。つまりユダヤの考え方では、このルツ記に示されるように、子孫を残すことがもっとも尊いことであるとされているのである。逆にいえば、子孫を残せない男や女は、ユダヤ人としては失格であるとされているのである。

したがって三〇歳を超えたイエスが結婚をしていなかったとすれば、それはむしろ不自然であり、一人前の男としてもユダヤ人としても不適格な人物とみなされただろう。なぜなら、当時では三〇歳という年齢は（学者達の推定によると）結婚適齢期をはるかに越える年齢であると思われるからである。当時のユダヤ人は、通常十四、五歳で男女の許婚が家族間で決められ、男子であれば二十歳ぐらいまでに結婚する（女性の場合は十六歳ぐらい）のが普通であった。実際、イエスよりも年齢が若いと思われるイエスの弟子達の多くは結婚していたと推測されている。ただし、新約聖書の中では彼らに妻がいたとしても、そのことに殊更触れるような記述はみあたらない。しかし、たとえばパウロ書簡の中にペテロや他の使徒達が自分の妻を日常的に連れて歩いていたらしい次のような記述が残されている。

わたしを批判する人たちには、こう弁明します。わたしたちには、食べたり、飲んだりする権利が全くないのですか。わたしたちには、他の使徒たちや主の兄弟たちやケファのように、信者である妻を連れて歩く権利がないのですか。（コリント一9章3-5節　新共同訳）

ここでペテロをはじめとする使徒達に妻がいたらしいことが分かる。彼らはイエスの弟子になる前から妻帯していたのかどうかまでは分からないが、別の個所でパウロは信者が妻帯することを積極的に勧めてはいなかったことを考えれば、ペテロや他の使徒達の妻帯はイエスの弟子になる前か又はパウロを中心とする原始キリスト教誕生以前であった可能性が強い。ちなみにパウロは信者の妻帯に関して次のように述べているのである。

未婚者とやもめに言いますが、皆わたしのように独りでいるのがよいでしょう。（コリント一 7章8節 新共同訳）

兄弟たち、おのおの召されたときの身分のまま、神の前にとどまっていなさい。未婚の人たちについて、わたしは主の指示を受けてはいませんが、主の憐れみにより信任を得ている者として、意見を述べます。今危機が迫っている状態にあるので、こうするのがよいとわたしは考えます。つまり、人は現状にとどまっているのがよいのです。（コリント一 7章24-26節 新共同訳）

パウロがこのように語っているのは、終末が近づいているので今結婚をすることに特別な意味はないという終末信仰のゆえであった。だから独身の者はそのまま独身でいるのがよく、結婚している者はそのまま別れずにいるのがよろしいという教えなのである。「未婚の人たちについて、わたしは主の指示を受けてはいませんが」とパウロ自身が断っている通り、パウロはイエスの指示を受けて、あるいはイエスの教示を受けて「未婚のままでいるのがよい」と言っているわけではなく、あくまでも終末が近づいているために余計なことをせずに、主イエスに仕えなさいということなのである。

このようなパウロの言説をみるかぎり、ペテロを初めとするイエスの使徒たちがイエスの十字架後にそれぞれ自発的に結婚をしたと考えることは難しい。むしろ彼らはイエスに召される前から妻帯していたと考えるほうがより自然であろう。少なくともいえることは、イエスの弟子達が妻帯しているかどうかということは、通常、特に表記される事柄であるとはみなされていないということである。つまり、いちいちペテロの妻は誰であるとか、ヨハネの妻が誰であるとかいうことは記される必要はないこととされている。したがって、イエスに仮に妻がいたとしても、その妻の名が特に表記されていないとしても別段怪しむべきことでもないのである。

（十一）マグダラのマリアと原始グノーシス主義

ところで「マラ（師）・マリアムネ」と彫られたギリシャ風の棺がタルピオットの墓に残されていたことを考えると、マグダラのマリアはおそらくキリストの使徒としてエルサレム教会から離れた周辺地で活躍していたものと想像される。当時ギリシャの影響が残っていたシリアや小アジアのあたりで、活躍していたのではないだろうか。彼女はおそらくパウロやペテロに並ぶキリストの使徒の一人とみなされていたであろう。しかしながら、彼女の世界観はパウロやペテロとは異質なものであり、エルサレム教会のヤコブの教えとも異なった独自の世界観があったという可能性がぬぐえない。

マグダラのマリアすなわちマリアムネは、グノーシス主義の文献に頻繁に現れることから、彼女の教えが原始グノーシス主義の集団になんらかの影響を与えたことは十分に考えられる。ところで原始グノーシス主義の最大の特徴はイエスの肉の復活を認めなかった点にある。彼らはイエスの復活を認めたが、それはあくまでも霊の復活であるとみなしていた。もしかすると、彼らの教えの原点にはマグダラのマリアの私信があったのかもしれない。

一方、パウロやペテロを指導者とするローマを中心とした西方教会は、イエスの復活を霊の復活はなく、あくまでも肉の復活であるとしていた。もちろん実際にはパウロが出会った復活のイエスはある種の幻、すなわち霊的な復活現象にすぎず、ペテロが見たかもしれない復活のイエスもおそらくは霊的な現象にすぎなかったのであるが、彼らはイエスの復活をあくまでも肉の復活であるとして譲らなかった。それは前にも述べたように、死者の復活という信仰がもともとファリサイ派をはじめとする、ユダヤ人の信仰の中に強くあったからである。

二世紀に入り使徒たちがほとんど死に絶えた後、パウロの教えを中心とする原始キリスト教団が異邦人伝道で圧倒的な成功をおさめたとき、マグダラのマリアを指導者と仰いでいた原始グノーシス教会も小アジアやギリシャ、コプト（エジプト）に勢力を広めていたと思われる。その当時に数多くの原始グノーシス主義者の文献が執筆されたのであろう。しかしパウロを中心とする教えが唯一の正統であるとみなされる時代になると、もはやグノーシス主義者は異端の烙印を押されるしかなかった。

その後、約2、3世紀かけて両者の対立は続いたが、やがてはグノーシス主義者が残した膨大な資料は、ほとんどすべてが焚書処分とされたのである。このことはキリスト教正統派の発展にとっては必要な処分であったかもしれないが、しかし後世の人々にとっては歴史の真相を闇に葬るという暴挙だったとしかいいようがない。 一九四六年、 エジプト・ナイル川のはるか南方に位置するナグ・ハマディで偶然に発見されたグノーシス主義者の文献は、 その発見された場所やその文書が入ってい た異様な壷が、 まさにそれが隠された時代の恐るべき弾圧の事実を物語っている。

原始キリスト教や原始グノーシス主義が盛んだった紀元一世紀~三世紀頃、人類の文明の中でもっとも光り輝く知的隆盛を極めた時代であった。当時、 地中海世界で栄えていた都市の一つアレクサンドリアの図書館には七十万冊ともいわれる蔵書があったとされ、 その中にはおそらくグノーシス主義の文献もいくつか所蔵されていた可能性がある。

しかし、原始グノーシス主義教団は最初に書かれたマルコ福音書の原典を知る機会がなかったのかもしれない。仮にその存在を知っていたとしても、 口伝としてしか伝わっていなかったという可能性が高い。 したがって、 彼らにはイエスが具体的にどのような行動をしていたのかという教団の成り立ちやその歴史については、 あまり関心を持とうとしなかったのではないか。むしろ彼らが関心をもっていたのはイエスの教えの中心が何であったのかという問題に尽きていた。彼らにとってイエスは復活という現象を通して、 この世的でないものの存在を教えようとしたのであるとされた。すなわちこの世的なものは肉の世界であり物質の世界であるが、 そのようなものはもともと穢れたものであり、悪魔から由来しているのだと彼らは考えた。

このような考え方は、当時としても独特な世界観である。死後の世界や霊的世界という信仰は、ギリシャ人やエジプト人にもあったが、しかし物質の世界は悪魔が作った世界であるという考え方はいままで誰にも考えられなかった新奇な教えである。この考え方には明らかに聖書的な世界観とギリシャ的な世界観の融合があった。もともと、聖書的な世界観では、悪の由来は善悪を知る樹の実を人類始祖（アダム・エバ）が食べたことによって説明されている。それによって人類は楽園から追放され、男（アダム）には汗を流して地を耕す罰と女（エバ）には生みの苦しみの罰を与えられ、そして最終的な刑罰として肉体の寿命、すなわち「老化と死」というすべての人間のもつ恐怖と絶望を「原罪」という根本的原因によって説明していた。

しかしながら、グノーシス主義者は「死」という問題をそれによって説明できるとは考えなかったようだ。なぜなら、イエスでさえも肉体の死を免れることはできなかったからである。彼らはイエスの復活を認めてはいたが、それはしかし肉体の復活ではありえないということを信じるようになった。だから、彼らはイエスの復活というものをこの世のものではなく、霊的世界の存在証明であると考えた。したがって、イエスの説いていた天国もこの世のものではなく、霊的世界にしかないと考えられた。それゆえグノーシス主義者にとって、イエスの教えを信じるということは、この世の汚れからできるだけ遠ざかるという生き方を意味していた。

われわれはグノーシス主義者が実際にどのような考えをもち、どのような生活をしていたのかということを残念ながらそれ以上詳しく知ることはできない。彼らの思想や彼らの生活を知るための資料は、ことごとく焚書にされ消し去られたのである。今日、われわれに残されている資料は、そのごく断片かまたは正統派によって極端にゆがめられたものでしかない。そもそもグノーシス主義の存在が知られるようになったのは、正統派の教父たちが彼らの教勢とその教えの深甚さと影響力に恐れをなしていたからである。一世紀から二世紀にかけて、グノーシス主義者と正統派の勢力はかなり拮抗していた。最終的に正統派が勝利したのは、福音書とパウロの手紙等の文書資料が彼らの理論的正当性を証言するものと考えられたからである。初期の弟子達がこの世に存在しない時代になると、正典とされた文書のみが彼らの信仰の唯一の拠りどころとなったのである。

補遺　マグダラのマリアとマルコが母子関係であった可能性についての若干の考察

マグダラのマリアとマルコが母子関係であった可能性について若干の補足的考察をしておきたい。前にも紹介したが、使徒言行録の中でペテロが逮捕されたあとに、天使の助けで牢獄から逃げ出したあと、マルコと呼ばれているヨハネの母マリアの家に入ったというくだりがある。

その時、ペトロは我に返って言った。「今、初めて本当のことが分かった。主が天使を遣わして、ヘロデの手から、またユダヤ民衆のあらゆるもくろみから、私を救い出してくださったのだ。そうと分かると、ペトロ

は、マルコと呼ばれていたヨハネの母マリアの家に行った。そこには、大勢の人が集まって祈っていた。彼が門の戸を叩くと、ロデと言う召し使いの女が取り次ぎに出て来た。ペトロの声だと分かると、喜びのあまり、門を開けもしないで家に駆け込み、ペトロが門の前に立っていると知らせた。人々は、「あなたは気が変になっているのだ」と言ったが、ロデは、本当だと言い張った。彼らは、「それはペトロを守る天使だろう」と言った。しかし、ペトロは戸を叩き続けた。彼らが開けてみると、ペトロがいたので驚いた。ペトロは手で制して彼らを静かにさせ、主が牢から連れ出してくださった次第を説明し、「このことをヤコブときょうだいたちに伝えなさい」と言った。そして、そこを出てほかの所へ行った。（使徒言行録 12 章 11-17 節　新共同訳）

このマルコの母マリアの家が当時の原始エルサレム教会の集会所として使われていて、伝説ではこの家はイエスの最後の晩餐時にも使われた部屋のある家だとされている。だとすると、マルコの母マリアとはマグダラのマリアと同一人物の可能性もあることが否定できない。もしそう解釈できれば、聖書の中の多くの謎が一挙に解決されるからだ。最も大きな謎は最後の晩餐時にイエスの隣にいた「主の愛弟子」がマグダラのマリアに他ならないとすれば、彼女はこの家のオーナーでもあったという話になり、ヨハネ福音書が描いた最後の晩餐時の状況はよりリアルな説得力をもつ。

さらに第一章で展開したように、そもそもマルコ福音書の著者自身がエルサレムの大邸宅に住むというだけではなく、大祭司とも知り合いであったという可能性のある人物であり、このことからもマグダラのマリアがマルコの母であったとする仮説はうまく繋がる。

というのは、ルカ福音書に描かれた「七つの悪霊を追い出してもらった罪の女」（ルカ8章1節）という描写が、実はマリアがエルサレムの権力者に近い大金持ちの女であったということに対する軽蔑の念から由来している可能性があることを示唆しており、これは同じ個所で紹介されているイエスに仕えた女性の一人ヘロデの家令クザの妻ヨハンナ（ルカ8章2-3節）と同様に、彼女たちが金持ちであったと考えられることも併せて考えると興味深い。

尚、十三世紀のヤコブス・デ・ウォラギネにより纏められた「聖人伝説」の中の「マグダラの聖女マリア」編では、彼女は王族の出であったとされており、またヨハネ福音書に描かれたベタニア村でイエスに高価な香油を塗ったマリアとも同一人物であり、姉がマルタ、弟は復活したラザロとされている。彼女の地所はベタニア村だけではなく、エルサレムとガリラヤ湖近くのマグダラにも地所をもっていたとされているが、彼女の名はそのガリラヤにあった自分の地所に由来しているとしている。但し、エルサレムの地所がマルコの母が所有していた集会所であったとは記されていない。

あとこれも別の伝説であるが、マグダラのマリアはイエスの三弟子の一人ヨハネと共に余生を過ごしていたという伝説があるが、もしこの話をマルコと呼ばれたヨハネと共に過ごしていたという親子の話を取り違えた伝説であるとするなら、これは十分にあり得る話であり、もしそうだとすればヨハネの福音書伝説のヨハネとはまさにマルコと呼ばれたヨハネ伝説であったと考えることもできる。

ウォラギネの伝説では、マグダラのマリアはフランスのマルセイユで伝道活動をしており、その後、同地の洞穴で約三〇年もの間、天使の庇護下で暮らし昇天したという物語になっているが、タルピオットで発見されたイエス一族の墓が本物であるとすれば、事実はエルサレム近郊にイエスの母マリアらと共に余生を過ごし、死後はイエスと同じ墓に葬られたとみられる。

尚、同書（「黄金伝説2」）の聖マルコ伝説によれば、マルコ自身はペテロと行動を供にしながらも、晩年はエジプトのアレクサンドリア教会で過ごし、その地に遺体もあったが、皇帝レオの時代（四六九年）に遺体がベニスに移され、その墓の上にサン・マルコ大聖堂が建立され、以後聖マルコの保護都市として栄えたと記される。

いずれにしても、このような仮説が成り立つと、ヨハネ福音書の「愛弟子」と「もうひとりの弟子」と形容された不思議な二人の（？）人物が実はヨハネ福音書記者でもあるマグダラのマリアとマルコ福音書の記者でもある彼女の息子マルコを指す言葉であったと考えられるのである。すなわちマルコ福音書とヨハネ福音書は親子の作であったとも考えられるのである。この仮説に立つとヨハネ福音書はマルコ福音書の改訂版であったとも考えることもできる。少々、大胆すぎるかもしれないが、今後の検討に値するのではないだろうか?

第四章

ルカ福音書とイエス出生の真実

レオナルド・ダ・ヴィンチ作　「岩窟の聖母」
マリアとエリザベツと二人の子供を描いた作品

（一）福音書にみる処女降誕

従来、イエスの処女降誕は復活の奇跡と並んでキリスト教のもっとも重要な奇跡であるとされてきた。しかしながら聖書をつぶさにみてみると、実はどこを探してもイエスの処女降誕を裏付けるような記述はみあたらない。この事実はキリスト教の名だたる神学者にも、今まであまり顧みられることもなく、処女降誕の奇跡がそもそも信じられるのかどうかという論議にばかり終始してきたような経緯がある。つまり処女降誕は科学的にありえるのかどうかという議論によって肯定派と否定派に分かれ、処女降誕を否定する神学者はそれが科学的にはありえないのだから、処女降誕というのは原始教団の創作にすぎないとみなし、肯定派はたとえそれが科学的にありえないとしても神の奇跡として信じるべきであるとしてきた。

しかしながら、そもそも原始教団が処女降誕の奇跡を信じてはいなかったとしたら、どうなるのか？いままで誰もそのような仮説に基づいて詳しく検討しようとした者はいない。実際、イエスの処女降誕の信仰は原始教団の間で共有されていたというこれといった形跡は見当たらないのである。パウロやヨハネ、ペテロ他の弟子たちの手紙にも一行たりとも処女降誕についてふれた箇所はなく、四福音書の中にも処女降誕の信仰を裏付けるような記述は実は見当たらない。これはなんとも意外な事実であるといわねばならないだろう。処女降誕の信仰というのは、実は（聖母マリアの信仰がそうであったように）後世のクリスチャンの思い込みと独断によって一人歩きしてきた俗信に過ぎないものというのが、もっとも真実に近いのかもしれない。

もちろんルカ福音書やマタイ福音書にはイエスの処女降誕に関する暗示めいた記録があることは事実である。しかしその事実の裏には決して明確には語られなかったなんらかの事情があったのではないだろうか。なぜならば、ルカやマタイで語られる処女降誕の物語は聖書の中で「不当にも」といってもよいほど、些少な扱いをされているようにみえるからだ。

もしも処女降誕の信仰が原始教団の間で共有されていたのであれば、なぜ、マルコやヨハネの福音書にそれが記されなかったのかという疑問が一方で強く残る。さらにはパウロやヨハネ、ペテロ、ヤコブらの手紙の中にも、なぜ一度たりとも処女降誕に関する出来事が言及されることがなかったのであろうか？また、処女降誕の信仰が原始教団の間で共有されていたのであれば、なぜ聖母マリアは原始教団の間で偶像化されてはいないのかというさらなる疑問が残る。

イエスの母マリアは新約全巻の中で、重要な地位が与えられていたとは記されていない。彼女はイエスの磔刑以前にはイエスに付き随っていたとも考えられていない。マリアが成人後のイエスの活動に対して具体的な支えになっていたという記録はどこにもみあたらない。それどころかイエスと母マリアの関係は他人の関係のように冷えきっていたと思われる記録がある。たとえばヨハネ福音書によると、ガリラヤのカナでの婚宴の席でイエスと母マリアの険悪とも受け取られる次のような会話が記されている。

三日目に、ガリラヤのカナで婚礼があって、イエスの母がそこにいた。イエスも弟子たちも、その婚礼に招

かれた。ぶどう酒が足りなくなったので、母がイエスに、「ぶどう酒がなくなりました」と言った。「ぶどう酒がなくなってしまいました」。イエスは母に言われた。「婦人よ、わたしとどんなかかわりがあるのです。わたしの時はまだ来ていません。」(ヨハネ2章 1-4節　口語訳)

この場面はヨハネ福音書に記された七つの奇跡の中でイエスが最初に起こした「水をぶどう酒に変えた」奇跡伝説に関する出だしの個所である。この話は、まだイエスがキリストとしての本格的な伝道活動に入る前のさして重要とも思えない挿話であるが、この場面でマリアは婚宴の席に来た客に出すぶどう酒がありませんとイエスに伝えると、イエスは水甕の中の水をぶどう酒に変えるという手品師のような奇跡を起こしたというのである。

しかしこの話が奇妙なのは、イエスが起こした奇跡よりもイエスと母マリアの会話の不自然さにある。イエスは「ぶどう酒がありません」という母に対して「婦人よ、わたしとどんなかかわりがあるのです」と、まるで母の言葉をたしなめるような口のきき方をしているのである。それは「ぶどう酒とわたしが何の関係があるのですか?」という意味なのか、それとも「お母さん、わたしはあなたにとって何者なのですか?」という意味なのか、前後関係からどちらとも判断できないが、少なくともイエスと母マリアの関係は他人の関係のように冷え切っているような印象を与える会話である。ちなみにヨハネ福音書にはマリアという名はどこにも記されず、「イエスの母」という仮の名称で登場するだけで、イエスを処女降誕させたはずのマリアに対する尊崇の念がどの場面にもあまり感じられない。

イエスの公生涯とされる約三年の間、イエスの母マリアはいったいどこで何をしていたのであろうか？福音書の告げるところによれば、イエスは自らが選んだ十二使徒やあるいは他の婦人達と共に行動していたということは確かに分かるが、イエスの母マリアやあるいはイエスの兄弟姉妹達と行動を共にしていたという記録はほとんどない。むしろ母マリアやイエスの兄弟姉妹達は当初イエスの活動を妨害しようとしていたのではないかという解釈さえ成り立つ。たとえばマルコ福音書には次のように記されている。

イエスがまだ群衆に話しておられるとき、その母と兄弟たちとが、イエスに話そうと思って外に立っていた。それで、ある人がイエスに言った、「ごらんなさい。あなたの母上と兄弟がたが、あなたに話そうと思って、外に立っておられます」。イエスは知らせてくれた者に答えて言われた、「わたしの母とは、だれのことか。わたしの兄弟とは、だれのことか」。そして、弟子たちの方に手をさし伸べて言われた、「ごらんなさい。ここにわたしの母、わたしの兄弟がいる。天にいますわたしの父のみこころを行う者はだれでも、わたしの兄弟、また姉妹、また母なのである」。（マタイ一二章 46-50 節　口語訳　対応個所・・マルコ三章 1-15 節　ルカ八章 19-21 節）

この個所が暗示しているのは、イエスの母とその家族がイエスの活動に対して無理解であっただけではなく、むしろその目立つような活動を家族の一員として恥じていたのか、または（イエスに対して）世間のよからぬ噂が立つことに対して心配をしていたのではないかという憶測さえできる。そうでなければ彼らがイエスに直接会って話をすることもできず、やむなく群衆の外で「イエスに話がある」ということを（他人である弟子たちに）取り次いでもらわなければならないというのは、どう考えても不自然である。普通に想像を働かせば、このときマリアはイエスに活動をやめて家に戻るように説得に来たのではないかと考えられる。だからこそ、イエスは「わたしの母とは、だれのことか。わたしの兄弟とは、だれのことか」という、彼らを突き放すような、一見、冷淡にみえる言葉を発したのではないか？

また、このような記録が福音書の中に残されているということの裏には、後にイエスの熱心な信者となり、原始教団の間でそれなりの地位を与えられた母マリアや兄弟ヤコブやユダらの当初のイエスに対する見方が間違いであったという彼らに対する批判が暗に込められているのかもしれない。イエスの家族たちはイエス磔刑後にはまるで人が変わったかのように熱心なイエスの信者となり、特にイエスの弟ヤコブは原始教団を代表するほどの指導者にもなるのであるが、このマルコの記述をみるかぎり、イエスの家族にたいする尊敬の念がまったく感じられないのはいったいどうしてだろうか？

イエスの母マリアとその家族たちとイエス御自身との接触は先の個所の記録がわざわざ残されていることからも分かるように、おそらくはほとんどなかったのであろう。おそらくイエスは洗礼者ヨハネと出会い、その後自らの宣教を開始しはじめた頃には家に帰ることさえなくなったのであろう。だから家族がイエスを心配して、家に帰るように説得に来たのではなかろうか。それに対してイエスは最も身近なはずの家族からも誤解されるという不本意な立場に追い込まれたのではないか。「わたしの母とは、だれのことか。わたしの兄弟とは、だれのことか」という言葉の裏には、そのようなイエスの心理状態が透けて見えてくるかのようである。少なくともそのような言葉を発せざるをえないイエスは、心中穏やかではなかったのではないか。

またイエスの活動が彼自身の故郷では極めて不評であったということもマリアらの行動に影響を与えていただろう。イエスが弟子たちを引き連れて故郷に戻ってきたときの様子がマルコ福音書に以下の通り記されている。

イエスはそこを去って、郷里に行かれたが、弟子たちも従って行った。そして、安息日になったので、会堂で教えはじめられた。それを聞いた多くの人々は、驚いて言った、「この人は、これらのことをどこで習ってきたのか。また、この人の授かった知恵はどうだろう。このような力あるわざがその手で行われているのは、どうしてか。この人は大工ではないか。マリアのむすこで、ヤコブ、ヨセ、ユダ、シモンの兄弟ではないか。またその姉妹たちも、ここにわたしたちと一緒にいるではないか」。こうして彼らはイエスにつまずいた。イエスは言われた、「預言者は、自分の郷里、親族、家以外では、どこでも敬われないことはない」。そして、そこでは力あるわざを一つもすることができず、ただ少数の病人に手をおいていやされただけであった。そして、彼らの不信仰を驚き怪しまれた。それからイエスは、附近の村々を巡りあるいて教えられた。

（マルコ6章1-16節　口語訳）

この個所でも分かることであるが、その当時イエスの父ヨセフはすでに他界していたものと思われる。だから近所の人々もイエスを「ヨセフの子」とはいわずに「マリアの子」と呼んだのであろう。あるいはイエスは私生児ではないかという噂もあったようであるから、「マリアの子」という表現にはそのような侮蔑の意味も込められていたかもしれない。そして、おそらくマリア自身も周囲の人々の冷たい視線に抗し切れず、イエスの行動について計りかねていたのではないか。

しかし、もしそうだとすれば彼女がイエスを生んだときの天使のお告げは一体本当だったのかという話になる。ルカ福音書には彼女に次のような天使のお告げがあったとされている。

御使がマリアのところにきて言った、「恵まれた女よ、おめでとう、主があなたと共におられます」。この言葉にマリアはひどく胸騒ぎがして、このあいさつはなんの事であろうかと、思いめぐらしていた。すると御使が言った、「恐れるな、マリアよ、あなたは神から恵みをいただいているのです。見よ、あなたはみごもって男の子を産むでしょう。その子をイエスと名づけなさい。彼は大いなる者となり、いと高き者の子と、となえられるでしょう。そして、主なる神は彼に父ダビデの王座をお与えになり、彼はとこしえにヤコブの家を支配し、その支配は限りなく続くでしょう」。そこでマリアは御使に言った、「どうして、そんな事があり得ましょうか。わたしにはまだ夫がありませんのに」。御使が答えて言った、「聖霊があなたに臨み、いと高き者の力があなたをおおうでしょう。それゆえに、生れ出る子は聖なるものであり、神の子と、となえられるでしょう。あなたの親族エリサベツも老年ながら子を宿しています。不妊の女といわれていたのに、はや六か月になっています。神には、なんでもできないことはありません」。そこでマリアが言った、「わたしは主のはしためです。お言葉どおりこの身に成りますように」。そして御使は彼女から離れて行った。（ルカ1章 28-38 節　口語訳）

もしこの話が本当であれば、イエスの母マリアがイエスの成人後の活動に対して不信感をもつということは考えにくいことである。それとも母マリアは天使のお告げをすっかり忘れてしまったのであろうか？もちろん、そんなことはありえない。ただし、彼女がそのお告げを忘れてはいなかったとしても、イエスの活動があまりにも異常であり、このままでは我が子が反対する者達によって殺されるかもしれないという普通の親としての心配を心に強く抱いていただろうということは容易に想像できる。彼女がイエスに会いに来たのは、おそらくその心配のためではなかったであろうか。

（二）十字架の傍での不思議な会話

事実、母の心配はまさにその通りになってしまったのである。イエスの十字架の現場に居合わせた何人かの婦人達の中の一人にイエスの母マリアがいたという事実が四つの福音書すべてに暗示されている。中でもヨハネ福音書によれば、イエスが十字架上から母マリアに対して直接次のような言葉を投げかけたという興味深い記述がある。

さて、イエスの十字架のそばには、イエスの母と、母の姉妹と、クロパの妻マリアと、マグダラのマリアとが、たたずんでいた。イエスは、その母と愛弟子とがそばに立っているのをごらんになって、母にいわれた、「婦人よ、ごらんなさい。これはあなたの子です」。それからこの弟子に言われた、「ごらんなさい。これはあなたの母です」。そのとき以来、この弟子はイエスの母を自分の家に引きとった。（ヨハネ19章25-27節　口語訳）

ここでもイエスが母に対して「お母さん」というような親しげな言葉を使わず「婦人よ」という他人行儀の言葉を使っているということは一見奇妙にみえる。ここで母に向かって「これはあなたの子です」と紹介しているのは、イエスの愛する弟子＝ヨハネであると解釈する説もあるが、すでに述べたように、この解釈には無理がありすぎるだろう。その解釈によると、実はイエスの愛弟子ヨハネは母マリアの私生児であったという話にもとれるが、マリアにそんな子がいたとは到底考えられない。この個所の前後の文脈では、前にも述べたとおり、十字架の傍にいたイエスの愛弟子とはマグダラのマリアに他ならず、したがって、「ごらんなさい。これはあなたの母です」という表現は、母マリアに対してマグダラのマリアを自身の妻として紹介した言葉であると解釈できる。すなわち、その場面で偶然に居合わせたマグダラとイエスの母は、初対面だったと想定されるのである。

仮にそうだとすると、その前の「婦人よ、ごらんなさい。これはあなたの子です」という言葉は何を意味しているのであろうか？　「イエスの王朝」の著者J．D．テイバーによると、その場面で母に紹介した「子」というのはマグダラのマリアの連れ子のことであり、その子というのは実はイエスとマリアの間に生まれた「イエスの子」でもあるので、ここで母に対して「これはあなたの子（＝孫）です」と言ったのだと解釈されている。この解釈にも無理があるように思われるが、仮に二人の間に子がいたとすれば、そのような状況描写もまったくありえない想定ではない。

ちなみに、タルピオットの墓に安置されていた一〇個の棺の中には「イエスの子　ユダ」と刻まれている小さな子供用の棺があった。ダヴィンチ・コードの作者もそのような仮説に基づいて、イエスとマグダラのマリアの血脈の子孫がその後も存続していたという話になっているが、これは根拠のない作り話である。実際、タルピオットの墓の一つが事実イエスとマグダラのマリアの間に生まれた子であったとしても、彼の棺の小ささから想像すると、おそらく彼は幼少期に亡くなったものと考えられるので、イエスの血脈がその後も生き続けたというダヴィンチ・コードの作者の仮説は成り立たない。

実は、この個所の解釈として、もっとも無難な解釈は次のようなものである。ここでイエスが「これはあなたの子です」と母に対して語ったというのは、その場にいた誰かの「子」を母に紹介した言葉ではなく、イエス自身が母に対して「今まさに、あなたの子がこのような不当な刑に服しています」という言外の意味を含んだ言葉であったと考えれば、それで説明がつくのである。

だが、いずれにしても、この個所（ヨハネ19章25－27節）ではっきりしていることは、イエスの母マリアがイエス磔刑以前の活動にはほとんど関わりをもっていなかったという事実である。なぜならイエスがそのとき紹介するまでは、母マリアはイエスの愛弟子（＝マグダラのマリア）の存在を知らなかったのである。おそらく母マリアはイエスが十字架につけられるという悲劇に接して、初めてわが子に対する切実な愛情が沸き起こったのであろう。そしていたたまれなくもその現場に居合わせることになったのであろう。

このような聖書の証言をみると、やはりイエスの母マリアは当初はイエスの運動のよき理解者であったとは考えにくい。先にも述べた通り、彼女が処女であるにもかかわらず天使のお告げを受けてイエスを生んだのだとすれば、彼女は息子イエスに重要な使命があることを悟っていてもよかったはずである。そして、もしそうであればマリアは少なくともイエスの運動のよき理解者でなければならなかったはずである。しかし、そんな夢のような（過去の）出来事よりも、母としての（将来の）心配がなによりも優先したのであろう。

（三）マリアとヨセフの信仰

ただし、イエスの母マリアは自分の身に起こった奇跡をまったく忘れてしまうほどに不信者でもなかったということは確かであろう。聖書の記録によると、彼女は決してユダヤ教の教えを軽んじる不信者ではなかったことが分かる。ルカ福音書によると、イエスが十二歳のときヨセフとマリアの両親が少年イエスを連れて過ぎ越しの祭りのためにエルサレムへ出かけたという挿話がある。そのとき少年イエスが迷子になり、三日間も探したあげくエルサレムの神殿の中で教師たちに質問している姿を発見したという話である。その話のあとにマリアはそれらの出来事を記憶に留めていたと書かれている。その挿話の書き出しには次のように記されている。

さて、イエスの両親は、過越の祭には毎年エルサレムへ上っていた。イエスが十二歳になった時も、慣例に従って祭のために上京した。（ルカ２章41-42節　口語訳）

イエスの両親はエルサレムから遠く離れたガリラヤ地方にあるナザレ村という小さな村に住んでいた。そこから過ぎ越しの祭りのときには毎年エルサレムへはるばると上京していたというのである。これはよほどの信仰心がなければできないことである。おそらくヨセフとマリアの両親は模範的といってもよいほど立派な信仰者だったのだろう。しかもヨセフはダビデの家系であった。マタイ福音書に記されるとおりダビデの血を引く家系図を後生大事にもっていたということは、彼らが立派な信仰者であるというだけではなく、ユダヤの誉れ高き血筋としての誇りを常に抱きながら生きていたということの証である。

実は、「ナザレ」という言葉にはもともと「枝」という意味がある。そしておそらくは、「ナザレ＝枝」という意味の中には「ダビデの枝」という意味が込められていたに違いない。ということは、つまりナザレ村にはヨセフ以外にもダビデの末裔が密かに集まりすんでいた可能性もある。マタイ福音書には出典不明であるが「これは（彼らがナザレに住んだのは）預言者たちによって彼がナザレ人と呼ばれるためである」（マタイ２章23節）という言葉が記されている。ナザレは一般のユダヤ人にとっては、あまりなじみのない小さな村であったが、彼らの多くはダビデの子孫として誇り高く生きていたのかもしれない。そしてマリアもまたその小さな村の中でダビデ家の末裔としての誇り高い信仰を抱きながら生きていたにちがいない。

いうまでもなく「ダビデの枝」というのは、旧約聖書の数々の預言によってダビデの子孫から将来のメシア（王の王）が生まれるという約束された血筋であった。当然ながら、ヨセフとマリアはその預言を知っており、もしかすると自分の子供がそうなのかもしれないという期待をさえ抱いただろう。ましてや、生誕時に天使のお告げが本当にあったのだとすれば、彼らはそのことをむしろ確信しつつ日々を過ごしてきたにちがいない。

マタイ福音書には最初ヨセフに対して天使のお告げが降りたとされる。事の次第は次のように記される。

イエス・キリストの誕生の次第はこうであった。母マリアはヨセフと婚約していたが、まだ一緒にならない前に、聖霊によって身重になった。夫ヨセフは正しい人であったので、彼女のことが公けになることを好まず、ひそかに離縁しようと決心した。彼がこのことを思いめぐらしていたとき、主の使が夢に現れて言った、「ダビデの子ヨセフよ、心配しないでマリアを妻として迎えるがよい。その胎内に宿っているものは聖霊によるのである。彼女は男の子を産むであろう。その名をイエスと名づけなさい。彼は、おのれの民をそのもろもろの罪から救う者となるからである」。すべてこれらのことが起ったのは、主が預言者によって言われたことの成就するためである。すなわち、「見よ、おとめがみごもって男の子を産むであろう。その名はインマヌエルと呼ばれるであろう」。これは、「神われらと共にいます」という意味である。ヨセフは眠りからさめた後に、主の使が命じたとおりに、マリアを妻に迎えた。しかし、子が生れるまでは、彼女を知ることはなかった。そして、その子をイエスと名づけた。（マタイ1章18-25節　口語訳）

こんな話は作り話に決まっているじゃないかという人がいるかもしれない。しかし少なくともマリアがヨセフと性の交渉をもつ前に身重になったという事実は疑いようがなく、またヨセフは確かに神の前に正しい人であったと思われる。だとすればヨセフはマリアと離縁する他に道はなかったはずなのだ。なぜなら、ユダヤの律法では、正式の結婚をする前に身重になるなんてもっての他であり、たとえそうでなくとも不倫の女は最大の罪人と定められている。律法によれば、不倫の女は石打ちの刑によって殺されなければならないとまでされている罪なのである。したがって神の前に正しいヨセフならば、もし天使のお告げがなければマリアと離縁するどころか彼女を石打の刑で殺していたかもしれないような事件である。したがって、ヨセフに天使のお告げがあったという話は、やはりそのとおりに信じなければ、前後の辻褄があわないのである。

一方、マリアの方はどうなのか？マタイ福音書ではヨセフに対する天使のお告げについては書かれているが、マリアに対しては何も書かれていない。これは故意に省略されているのか、あるいはマリアに降りたお告げについてマタイ伝の著者が知らなかっただけということなのかもしれない。では一体、マタイは誰からヨセフに降りたお告げについて知ったというのだろうか？この話題については、いずれまた後でふれることにする。その前にマタイ福音書とは逆にヨセフに降りたお告げについては何も書かれていないが、マリアに降りたお告げについては詳しく紹介されたルカ福音書について考えてみることにしよう。

（四）ルカは秘密を知っていた？

ルカ福音書は四大福音書の中で、五W一H（すなわち誰がいつ、どこで・・・）についてもっとも分かりやすい記録である。ルカ以外は、実は本当の作者さえ分かっていないが、ルカ福音書だけはルカという具体的人物が作者であるという可能性が高いとされる。ただし、ルカ福音書にルカという作者の名が記されているわけではなく、二世紀前半の伝承によって作者はルカであると特定されたといわれる。ルカは福音書と同時にその続編として使徒言行録を残した作者であり、また彼はパウロの同労者であり職業は医者であったとされる（コロサイ4章14節）。

ルカ福音書の作者は福音書と同時にその続編としての使徒言行録をテオフィロ閣下という名の高位にある人物にあてて書いている。このことがすなわちルカ福音書の書かれた動機でもあるということがよく分かる。ただし、使徒言行録の場合はその大半の資料がルカが直接に仕えたパウロの活動を中心としたものであり、書き手はその話のネタを身近に見聞きしていた事実、あるいは自らもまたそのストーリーの一員であったという可能性もあることから、使徒言行録の記録は具体的であり史実的にも信憑性の高い書物となっている。一方、福音書の方はおそらくルカは生前のイエスに接したこともなく、そのほとんどの記録は口伝か又はルカ以前に書かれたマルコ伝やその他の資料を参考にしてまとめられたものであり、（使徒言行録に比べて）時間的生起の正確さや史実性も乏しいものであることは論を俟たない。もちろんそのことは四大福音書すべてについていえることであるが、ただひとつ、ルカ福音書には書かれているが、他の福音書には書かれていないきわめて貴重な情報が存在している。それは他でもないマリアに関する情報である。

ルカ福音書には他の福音書にない重要なマリア資料がいくつか含まれているのである。その一つが前にも紹介した十二歳の頃のイエスのエピソードであり、またマリアに告知された天使のお告げである。またルカ福音書にはイエス誕生のときにベツレヘムにいた何人かの羊飼いに天使が現れて救い主の誕生を教えたとされるエピソードや、またシメオンやアンナという預言者がイエスの誕生時に啓示を受けて幼子を拝みに来たという話が記されている（ただし、マタイ福音書に書かれている東方の三博士の訪問については記されていない）。それらが史実であるのかどうかはもちろん今となっては分からないが、少なくともそのような話が（十二歳のときのイエスのエピソードと同じく）マリア以外にはおそらく誰も知りようのない話のネタであることは確かであろう（でなければそれらの話はルカの勝手な創作にすぎない）。

しかしルカ福音書には実はそれらのエピソードよりも、さらに重大なマリア情報が書かれている。しかも、それはルカ伝の書き出しからいきなり始まるのである。ルカ伝は最初にテオフィロ閣下への献呈の言葉の後に、次のような書き出しで始まる。

ユダヤの王ヘロデの時代、アビヤ組の祭司にザカリアという人がいた。その妻はアロン家の娘の一人で、名をエリサベトといった。二人とも神の前に正しい人で、主の掟と定めをすべて守り、非のうちどころがなかった。しかし、エリサベトは不妊の女だったので、彼らには、子供がなく、二人とも既に年をとっていた。
（ルカ1章 5-7節　新共同訳）

このあとの話を簡単に要約すると、祭司をしていたザカリアがクジにあたって聖所へはいったときに主の使いが突然現れ、不妊の女であったはずの妻エリザベツが身ごもることを伝えられる。しかしザカリアは「妻も私も老いています」といい、その話を信じようとしなかったので彼はおしになってしまう。そののちエリザベツは天使のお告げの通りにみごもる。そしてこの導入部のあとに、一転して、今度は前にも紹介したマリアに対する天使のお告げが伝えられる。もう一度、その部分を引用してみよう。

六か月目に、天使ガブリエルは、ナザレというガリラヤの町に神から遣わされた。ダビデ家のヨセフという人のいいなづけであるおとめのところに遣わされたのである。そのおとめの名はマリアといった。天使は、彼女のところに来て言った。「おめでとう、恵まれた方。主があなたと共におられる。」マリアはこの言葉

に戸惑い、いったいこの挨拶は何のことかと考え込んだ。すると、天使は言った。「マリア、恐れることはない。あなたは神から恵みをいただいた。あなたは身ごもって男の子を産むが、その子をイエスと名付けなさい。その子は偉大な人になり、いと高き方の子と言われる。神である主は、彼に父ダビデの王座をくださる。彼は永遠にヤコブの家を治め、その支配は終わることがない。」マリアは天使に言った。「どうして、そのようなことがありえましょうか。わたしは男の人を知りませんのに。」天使は答えた。「聖霊があなたに降り、いと高き方の力があなたを包む。だから、生まれる子は聖なる者、神の子と呼ばれる。あなたの親類のエリサベトも、年をとっているが、男の子を身ごもっている。不妊の女と言われていたのに、もう六か月になっている。神にできないことは何一つない。」マリアは言った。「わたしは主のはしためです。お言葉どおり、この身に成りますように。」そこで、天使は去って行った。（ルカ1章25-37節　新共同訳）

ここで六ヶ月目と書かれているのは、実は聖所でザカリアに天使ガブリエルが現れてから六ヵ月後という意味である。つまりザカリアに現れた天使がその六ヵ月後にマリアにも現れたという意味なのである。

一体、ルカはなぜマリアへの受胎告知の前にザカリアへの告知を先に書かなければならなかったのだろう？このような疑問は、おそらくいままで誰にも省みられることもなかった種類の疑問であろう。ザカリアは洗礼者ヨハネの父である。洗礼者ヨハネは確かに重要人物に違いない。しかしマリアに対する処女降誕のお告げの前になぜザカリアへのお告げを書かなければならなかったのであろうか？この疑問はルカ福音書の冒頭の記述を読めば解けるのかもしれない。ルカは冒頭でテオフィロ閣下へ宛てた次のような献呈文を書いているのである。

わたしたちの間で実現した事柄について、最初から目撃して御言葉のために働いた人々がわたしたちに伝えたとおりに、物語を書き連ねようと、多くの人々が既に手を着けています。そこで、敬愛するテオフィロさま、わたしもすべての事を初めから詳しく調べていますので、順序正しく書いてあなたに献呈するのがよいと思いました。（ルカ1章 1-3節　新共同訳）

ルカ福音書はマルコ福音書やマタイ福音書と同じく、共観福音書といわれている。それはその三つの福音書はイエスの活動についてほぼ一致した時間的生起の順序で並べられているという見方に拠っている。しかしながら、ルカの導入部からいきなり始まるザカリアの話やマリアの受胎告知の話は他の福音書の中ではまったく記載されていないのである。したがって、この一連の話のネタに関する限り、ルカの記録はきわめて独創的であり、そしてそれは確かに「すべての事を初めから詳しく調べていますので、順序正しく書いてあなたに献呈するのがよいと思いました」という通り、ルカは他の福音書の記録にはなかった（＝欠如していた）イエス誕生の物語からその成長の記録までも含む「順序正しい記録」を事実書こうとしたのであるとみなすことができる。

ただし、ここで疑問とされるのは、ルカがその独自の資料をどこで知りえたのかという問題である。

もしそれらの物語が単なるルカの創作ではないとすれば、その出所は当然マリア本人から聞いた話という結論になるだろう。もちろんルカがマリアの話を直接聞く機会があったかどうかは分からない。イエスの母マリアはヨハネ福音書の最後の方に記されている通り、主の愛弟子の下に引き取られ、そこで余生を過ごしたものと思われる。その愛弟子とは一般にはイエスの三弟子の一人のヨハネであるとされるが、何度も述べた通り、ダヴィンチ・コードの作者のストーリーではその愛弟子はマグダラのマリアであり、したがってイエスの母マリアはマグダラのマリアの下に引き取られたというような話になる。

ごく常識的に考えれば、イエスの母マリアはイエスの磔刑後もイエスの兄弟たち（すなわちマリアの子供たち）と共に生活をしていたと考えるべきだろう。特にイエスの兄弟のヤコブやユダはそれぞれ聖書の手紙の作者（「ヤコブの手紙」「ユダの手紙」）でもあるという解釈が有力であることからも、彼ら家族は年老いたマリアを囲んで信仰生活をしていたと想像される。もしかすると、そこにマグダラのマリアがいたという可能性もあるが。いずれにしても、前に戻ってタルピオットの墓にイエスと母マリア、それにヤコブ、ユダ、ヨセらの兄弟、そしてマグダラのマリアとイエスの子を含む一族の棺が残されていたという話が真実であるとすれば、彼らは死ぬまで共同生活圏内にいたのではないかと推測される。

一方、パウロと同労の弟子として生きたルカの経歴をみると、もともとはシリア出身の非ユダヤ人であるという説があり、マリアやイエスの兄弟ヤコブらとの接点はあまりないように思われる。しかし、にもかかわらずルカとイエスの母マリアの接点はどこかにあったはずだというのが私の推測である。でなければ、そもそもルカは福音書を書こうと思い立つことさえなかったのではないだろうか？もちろんルカが福音書を書こうと思い立ったのは確かにテオフィロ閣下に一連の物語を献呈するためであった。しかし、ルカはその一連の物語に自分しか知らないある話のネタを付け加えたかったのではないか？

あるいは、少なくとも次のようには言えるだろう。ルカは、数多くのイエス伝があるにもかかわらず（これはルカ伝の冒頭で言及されている）、それらの話の中に欠如している部分をぜひとも補足したいと思っていた。それこそイエスの母マリアに降りたお告げやその話題にも関連する（ルカが新しく知りえた）話のネタである。ルカがそれをどのように知りえたのかということは、まったく謎に包まれてはいるが、しかし少なくともルカはその話をぜひとも挿入する必要を感じたのであろう。しかもそれをできるだけ「順序正しく」説明する必要があったのであろう。

ルカ福音書の冒頭で唐突にもザカリアの話がでてくるのはザカリアが重大な使命を帯びた人物であるということをルカが知っていたからに他ならない。でなければ、この物語がザカリアの話題で始まる必然性はないだろう。もしザカリアが只単に洗礼者ヨハネの父親であるということだけを意味するならば、ルカはザカリアの存在を無視してもよかったはずである。マルコにしてもマタイにしてもヨハネにしても、洗礼者ヨハネが偉大な人物であったということに言及はするものの、彼の存在がイエスに並ぶほど偉大であるとはどこにも書かれていない。

彼はイエスの先駆者ではあったが、「わたしの後から来る方は、わたしよりも優れておられる。わたしは、その履物をお脱がせする値打ちもない」(マタイ3章11節)とまでいわせるほど、洗礼者ヨハネはイエスに比べて卑小であるとされている。であれば、ことさらに洗礼者ヨハネの伝説を拵えてそのカリスマ性を肥大化させる必要は(少なくともイエスを信じる者の集団にとっては)なかったであろう。そうでなくともヘロデ王に楯突いたために首をはねられた洗礼者ヨハネは、当時のユダヤでは或る意味でイエス以上に英雄的な人物として祭りあげられていたのであり、そのカリスマ性はイエスを信じる集団にとっても無視できないものであった。この問題については次章以下で詳しく述べるつもりであるが、洗礼者ヨハネがヘロデに首をはねられた後にも彼の信者は解散することもなく、むしろイエスの信者と互いに勢力を競い合うという状況がしばらく続いていた。そのような状況の中でイエスの信者が洗礼者ヨハネとイエスを不必要に結びつけるメリットはどこにもなかったであろう。

だとすればルカがイエスの物語の発端にザカリアの話を持ってきた理由は洗礼者ヨハネの出生の秘密をそこで語るためではなく、他の理由があったのだと考えなければならない。結論を先に言うと、実はルカが本当に語ろうとしたのは、洗礼者ヨハネではなくむしろイエスご自身の出生の秘密に関することであった。そうでなければルカはザカリアの話を挿入する必要を感じなかったであろう。では何ゆえにザカリアの話がイエスの出生の秘密に関係するといえるのかを以下に考察してみよう。

（五）ザカリアとマリアの秘密

ルカは冒頭でテオピロ閣下に「順序正しく」という言葉でことわりながら、いきなりイエスには何の関係もなさそうなザカリアに降りたお告げについて語り始める。それは確かに洗礼者ヨハネの出生の秘密に関する内容ではあるが、一通りその話が終わると今度はマリアに降りた受胎告知のお告げについてルカは話を転換しようとする。ところが、そうしながらも再度そこへザカリアの話が割って入ってくるのである。前に紹介したマリアの受胎告知のあと、話は次のように急展開する。

そのころ、マリアは出かけて、急いで山里に向かい、ユダの町に行った。そして、ザカリアの家に入ってエリサベトに挨拶した。マリアの挨拶をエリサベトが聞いたとき、その胎内の子がおどった。エリサベトは聖霊に満たされて、声高らかに言った。「あなたは女の中で祝福された方です。胎内のお子さまも祝福されています。わたしの主のお母さまがわたしのところに来てくださるとは、どういうわけでしょう。あなたの挨拶のお声をわたしが耳にしたとき、胎内の子は喜んでおどりました。主がおっしゃったことは必ず実現すると信じた方は、なんと幸いでしょう。」そこで、マリアは言った。「わたしの魂は主をあがめ、わたしの霊は救い主である神を喜びたたえます。身分の低い、この主のはしためにも目を留めてくださったからです。今から後、いつの世の人もわたしを幸いな者と言うでしょう、力ある方が、わたしに偉大なことをなさいましたから。その御名は尊く、その憐れみは代々に限りなく、主を畏れる者に及びます。主はその腕で力を振るい、思い上がる者を打ち散らし、権力ある者をその座から引き降ろし、身分の低い者を高く上げ、飢えた人を良い物で満たし、富める者を空腹のまま追い返されます。その僕イスラエルを受け入れて、憐れみをお忘れになりません、わたしたちの先祖におっしゃったとおり、アブラハムとその子孫に対してとこしえに。」マリアは、三か月ほどエリサベトのところに滞在してから、自分の家に帰った。

（ルカ1章 38-55節　新共同訳）

この話はマリアへの天使ガブリエルの受胎告知のあとに続く物語である。まことに驚くべきことに、マリアは天使のお告げを聞いた後、すぐにザカリアの妻であるエリザベツの下へと訪ねて行き、しかもそこで何と三ヶ月もの間、滞在するというのである。一体、この話は何を意味しているのであろうか？不埒な想像であろうとなかろうと、この話の裏には何かが隠されていると感じざるをえない。実は、マリアはエリザベツに会いに行ったのではなく、ザカリアに会いに行ったのではないか？ルカはおそらくこの一連の物語の裏でそのことを暗に語っているのではないか？つまりルカが本当に言いたかったのは実はイエスの真の父親はザカリアであるということではないか？

しかし、それは語りたくても語れない内容であった。だからこそルカはこの大事な真実を隠しながらも、外側の事実関係だけを順序正しく伝える必要と責任を感じたのであろう。その真実を知っているものは他ならぬマリア自身であった。おそらくマリアは天使ガブリエルの啓示を受けてザカリアの下へと向かったのであろう。そうでなければ、その訪問はマリアの勝手な思いつきということになるが、そんなことはちょっと想像すればありえない話である。

確かにマリアとエリザベツは親族であった。しかしマリアの親族は他にもいたはずだし、ましてやマリアはうら若い未婚の女性であり、一方、エリザベツはおそらく五〇歳を越えた程の年齢の年老いた女性である。ふだんから頻繁な付き合いがあったとしても、わざわざ一人でエリザベツの下へ行かなければならない理由はみあたらない。同じように天使のお告げを受けたことを確かめに行ったのだとしても、そこで三ヶ月もの間滞在するというのは尋常ではない。

おそらくマリアは天使の導きにしたがってエリザベツに会いに行ったのである。否、実はエリザベツではなくザカリアに会いに行ったというべきなのだろう。ルカは省略しているが、天使ガブリエルはおそらく次のような言葉をマリアに伝えたのではあるまいか。

「あなたはすぐにエリザベツのところへ行きなさい。そしてエリザベツの夫ザカリアに身をゆだねなさい。彼は聖なる男性です。あなたはザカリアによって子を宿すでしょう。その子をイエスと名づけなさい。その子はいと高き者となり世々限りなく続く救い主となるでしょう」

ルカはこの一連の話をマリアから直接に聞いたのか、又はマリアの周辺にいた信者の間で語り継がれた話をまとめたのだろう。ただし、彼はこの話をそのまま書くことはできないと感じたのであろう。なぜならマリアの行為はユダヤの律法で禁じられた姦淫の罪に相当するからである。だからルカはその裏の真実を隠しながらも、事実関係だけを初めから順序正しく書き残して、後世の判断にゆだねることにしたのであろう。あるいは次のように解釈することもできる。
この一連の話はマリアの周辺だけではなく、実は多くの原始キリスト教信者の間で共有されていたのかもしれない。なぜならマリアの行為は神の目からみて決して恥ずべきことではないからである。むしろマリアは神に選ばれたのであり、そしてザカリアもまた神に選ばれたのである。したがってその子は初めから聖霊によって聖別された子であった。マリアに降りた受胎告知のお告げをそのような文脈で受け取れば、**「聖霊があなたに降り、いと高き方の力があなたを包む。だから、生まれる子は聖なる者、神の子と呼ばれる」**（ルカ1章35節）という言葉は必ずしも処女降誕を意味しないことが理解されるだろう。天使ガブリエルがマリアへ伝えた「聖霊によって身ごもる」という言葉は、実はエリザベツがヨハネを身ごもるさいにも伝えられた言葉であることに注意する必要がある。

「彼は主の御前に偉大な人になり、ぶどう酒や強い酒を飲まず、既に母の胎にいるときから聖霊に満たされていて、イスラエルの多くの子らをその神である主のもとに立ち帰らせる。」（ルカ1章15節　新共同訳）

したがってルカはマリアに臨んだお告げを処女降誕の意味で記したのではないということが明らかである。そうでなければマリアと同じく聖霊によって身ごもったとされるエリザベツの子ヨハネもまた処女降誕の子になってしまうという奇妙なことになる。もしルカがイエスの出生をあくまでも処女降誕という奇跡に帰させることを初めから目的としていたのならば、エリザベツも同じように聖霊によって身ごもっていたというルカの記述は矛盾をはらむ余計な言葉になる。逆にいうと、ルカの頭の中には初めから処女降誕というような考えはなかったのだといわねばならない。ルカはただマリアの父親が誰であるかということを明確に語ることをせずに、その子が聖霊によって生まれるということを記しているだけであり、その結果は必ずしも処女降誕の奇跡を暗示するものではなかったのである。むしろルカが暗示しようとしていたのは、実はザカリアこそがイエスの真の父親であるということであり、そしてそれこそが真の神の働きであるということを示すことであった。

ただし、その話をそのままの形で明かすことは救い主のイメージに傷がつくのではないかと考えたとしても不思議はない。したがってルカはその話を知りつつも、できるだけ公にはしない方が得策だと思っただろう。そしてその秘密はおそらくルカだけではなく、パウロやペテロ、ヨハネ、ヤコブ、マルコら原始教団の一部の信者の間で知られた公然の秘密でもあったのかもしれない。だからこそマルコ福音書もヨハネ福音書もイエスの出生に関しては一言も触れなかったのではなかろうか。マタイ福音書でもその点は同様であるが(マタイでは)マリアの受胎告知に関してはむしろ沈黙を守りながら、夫ヨセフが受けた天使のお告げのみを紹介することで、あえて真実を二重のベールで包もうとしたのではないか。したがってマタイだけを読むと、処女降誕説を認めない限りイエスの真の父親は誰なのかまったく分からなくなってしまうのである。現代の神学者においても、イエスの真の父親は実はローマ兵ではないかというような卑俗な話にすぐになるほどだから、イエスの父親問題は当時としても重大な問題の一つではあっただろう。したがってこの問題にけりをつけようとして書かれたのがルカ福音書だったのかもしれない。

しかしながらルカの記述ではイエスの真の父がザカリアであるということを暗示しつつも、それを明確に語ることを避けているので、読むものはさらに誤解をするという結果になる。ルカの本意は決して処女降誕という空想話を作り上げることではなく、むしろイエスの真の父がザカリアであるということを知ってもらうことにあったが、後世になるとルカの話はいつの間にか処女降誕という伝説に変質してしまったのではないか。ただし、そのことはルカの本意ではなかったとしても、けっして呪うべきことでもなかった。いずれにしてもイエスはキリストであり、彼の出生の秘密が何であろうと、それ自体は本質的問題ではなかったのである。

現代の神学者が想定するとおり、ルカ福音書はおそらく原マルコ伝を参考に書き上げたものであると考えられる。事実、その傍証となるような記録がテモテ第二の手紙に記されている。

ルカだけがわたしのところにいます。マルコを連れて来てください。彼はわたしの務めをよく助けてくれるからです。わたしはティキコをエフェソに遣わしました。あなたが来るときには、わたしがトロアスのカルポのところに置いてきた外套を持って来てください。また書物、特に羊皮紙のものを持って来てください。(テモテ第二4章11～13節　新共同訳)

ここでルカとマルコの接点が明らかに分かるだけでなく、「羊皮紙の書物」という記録から、これはマルコが著した原マルコ伝ではないかという説もある。ルカはパウロの弟子としてパウロの伝道に付き随っていたと考えられている。そしてマルコもまたパウロの周辺にいた人物であったということがこの記録でも分かる。マルコは自らが見聞きしたイエス伝を最初にまとまった形にして残した人物だと考えられる。しかしマルコ福音書には一部のイエスの活動の記録のみが記され、その出生から成長に至る記録がいっさい語られず、さらにもっとも大事なイエス磔刑後の復活の証言さえもが欠けていた。したがってルカはマルコ伝を補足し、新たに書き加える必要があると感じたのであろう。

(六) マタイの記録の秘密

一方、マタイ福音書はおそらくルカ福音書とはその成立の動機も場所も違っていたものと考えられる。確かに多くの学者が想定する通り、マタイ福音書もルカ福音書と同様、原マルコ伝を参考にして書き加えられたのであろう。しかし、マタイの場合はルカのような独自のマリア資料はみあたらない。マタイ福音書の独自性は伝統的なユダヤ教の教えにできるだけ忠実に書かれようとした点にあると考えられる。そのためマタイはイエスの行動やその出生の秘密をできるだけ旧約聖書の預言に照らして明らかにしようと試みている。

しかしマタイ福音書もまた(ルカ福音書と同様)イエスの出生に関して処女降誕という架空の物語をでっちあげようとしたのではなかったのである。なぜなら、そもそも処女降誕というような概念は旧約聖書のどこを探してもないからである。旧約聖書の預言に照らしてイエスが約束のメシアであるということを明かそうとしたのがマタイの一貫した目的であった。したがって彼の頭の中にも（ルカ同様）初めから処女降誕という旧約聖書の中に存在しない概念を物語る必要はまったくなかったのである。

マタイ福音書はいきなりヨセフの系図から書き起こしている。そしてそれが一通りおわると、「イエスの誕生の次第はこうであった・・・」と書き始め、次にヨセフに臨んだ夢のお告げについてふれる。ヨセフはそのお告げによって、まだ一緒になる前に身重になっていたマリアと離縁せずに結婚することを決意したと書かれている。そしてこのことを主が預言者によって語られた次の言葉の成就であるとしている。

「見よ、おとめが身ごもって男の子を産む。その名はインマヌエルと呼ばれる。」この名は、「神は我々と共におられる」という意味である。（マタイ1章23節　新共同訳）

しかしながら、ここで「おとめが身ごもって」とあるのは実は後世の誤訳であるということが今では判明している。もともとは「女が身ごもって」という訳が正しい訳であるが、ギリシャ語に翻訳されるときに、意図的にかまたは単なるミステイクで「おとめが身ごもって」という内容にすりかえられたのだと考えられている。したがってマタイは、この個所で必ずしもイエスが処女マリアから生まれたということを意味していたとはいえない。なぜなら、もともとユダヤには処女の女から子が生まれるというような概念は存在していないからである。

福音書記者マタイが言わんとしたことは、イエスがダビデの血統を引く者であるということであったし、また本来ならば、それだけでも十分だったはずなのだ。しかしイエスが本当はヨセフの子ではないということは信者の間では暗黙の常識であり、信者でない者の間でもそのように噂されていたものと思われる。したがってマタイはあえて嘘をついてイエスの父親がヨセフであったということもできないので、ヨセフの系図を紹介しヨセフがダビデの血筋であることを物語りながら、そのヨセフの子ではありえないイエスがヨセフの婚約者のマリアの胎から生まれたという複雑な背景を、そのまま預言の成就であるとして書かざるをえないのである。

したがって「見よ、おとめが身ごもって男の子を産む・・・」という一節は、ある意味でマタイの苦し紛れの弁明であるともいえる。なぜならユダヤ人の間ではメシアが乙女から生まれるというような信仰はもともと存在していないのであり、そのようにいうことがイエスのメシア性に箔がつくものであるとも思えないからである。

しかしながらマタイはイエスの出生にまつわる周囲のよからぬ噂に対して、そして同時にイエスの出生に関する自らの矛盾にみちた説明に対して予防線をはる意味なのか、実に奇妙な仕掛けをほどこしていることに気付く。それはヨセフの系図の中に書かれた四人の女性に関する記述である。

アブラハムの子ダビデの子、イエス・キリストの系図。アブラハムはイサクをもうけ、イサクはヤコブを、ヤコブはユダとその兄弟たちを、ユダはタマルによってペレツとゼラを、ペレツはヘツロンを、ヘツロンはアラムを、アラムはアミナダブを、アミナダブはナフションを、ナフションはサルモンを、サルモンはラハブによってボアズを、ボアズはルツによってオベドを、オベドはエッサイを、エッサイはダビデ王をもうけた。ダビデはウリヤの妻によってソロモンをもうけ、ソロモンはレハブアムを、レハブアムはアビヤを、アビヤはアサを、アサはヨシャファトを、ヨシャファトはヨラムを、ヨラムはウジヤを、ウジヤはヨタムを、ヨタムはアハズを、アハズはヒゼキヤを、ヒゼキヤはマナセを、マナセはアモスを、アモスはヨシヤを、ヨシヤは、バビロンへ移住させられたころ、エコンヤとその兄弟たちをもうけた。バビロンへ移住させられた後、エコンヤはシャルティエルをもうけ、シャルティエルはゼルバベルを、ゼルバベルはアビウドを、アビウドはエリアキムを、エリアキムはアゾルを、アゾルはサドクを、サドクはアキムを、アキムはエリウドを、エリウドはエレアザルを、エレアザルはマタンを、マタンはヤコブを、ヤコブはマリアの夫ヨセフをもうけた。このマリアからメシアと呼ばれるイエスがお生まれになった。（マタイ1章 1-16 節　新共同訳）

マタイ福音書に書かれたヨセフの系図の中には本来記す必要もないはずの四人の女性（傍点の個所）が記されていることが分かる。その四人とはタマル、ラハズ、ルツ、ウリヤの妻（ベテシバ）の四人であるが、彼女たちはいずれも不倫やいわく因縁のある女性である。旧約聖書ではなぜかそれらの女性に関する話がイスラエルの父祖達の尊い伝説の中に差し挟まれているのである。

たとえばタマルという女性はヤコブの十二人の子供の一人ユダ（後のユダヤ民族の先祖にあたる）の子エルの妻であったが、エルが亡くなり、しかもその後にユダから与えられた次の夫も亡くなったために子をもたない寡婦として叔父ユダと同居していたが、あるときタマルは遊女に扮してユダと一夜を過ごすことで双子の子供を産むという話である。一見、非常に汚らわしいような話であるが、聖書では子を持たずに夫に先立たれた寡婦はその夫の兄弟や親族と結婚してでも子を残すことが義務として定められているので、必ずしもタマルの行為を恥ずべきものとすることはできない。

ウリヤの妻（べテシバ）というのは、もともとダビデ王の部下の妻であったが、ダビデ王はその女に一目ぼれをしてなんとか自分のものとするために部下のウリヤを戦場の最前線へ送り込み死亡させ、そのあげくにべテシバを自分の妻にしてしまうという、なんとも卑劣な犯罪的ともいえる王の行動を記した話である。後にダビデ王はその恥ずべき行動のために神から預言者を通して厳しい叱責を受けるが、やがてバテシバはダビデ王の正式の妻となりダビデの第二子で王の世継ぎとなるソロモンを生むことになる。

ルツはもともとモアブの地の異邦人でナオミという女の息子の嫁になるが、不幸にもナオミの夫も（ナオミの子であった）ルツの夫も亡くなり、二人は跡継ぎを失くしたまま未亡人として取り残される。その後ルツは姑のナオミに連れ立ってナオミの故郷に戻り、そこでボアズというナオミの親族の下で落ち穂拾いをしていたところ、ナオミがルツにボアズの寝所へ入りなさいという奨めにしたがって、ボアズと結ばれるという話である。ナオミもルツも世継ぎを失っていたが、ボアズによって新たな子を残すことができ、その子からダビデの父エッサイが生まれたという話になっている。

ラハズという女はもともとエリコの遊女をしていたが、モーセの死後そのあとを受け継いだヨシュアの軍勢がエリコ城を攻め落とす前に斥候をやったときに彼らをもてなし、また匿ったとされる。そしてラハズから後にルツの夫となったボアズが生まれるという話である。


さて話を元に戻すと、マタイ福音書はこれらのいずれも不倫のような行為をした女たちの名前をわざわざ記すことによって、イスラエルの偉大な英雄ダビデ王の血統の中に不倫の女たちがいたということを読者にわざわざ想起させようとしているのだということが分かる。つまり、マタイが本当に言いたいのは、おそらく次のようなことであったと思われる。

われわれの偉大なダビデの血統には不倫の女によって生まれた子がいるのだ。タマルによるユダの子ペレツとゼラがそうであり、ラハズによるサルモンの子ボアズがそうであり、ルツによるボアズの子オベデ（ダビデの祖父）がそうであり、そしてウリヤの妻によるダビデの子ソロモンがそうであった。それらの話はいずれも聖書の中に大事に語り伝えられた話であり、決して単なる不倫の話ではなく神の導きの賜物なのである。なぜなら神はその血統の中からメシアが生まれることを約束されたからである。そして事実、救世主なるキリスト・イエスがこのダビデの聖なる血統からマリアという女を介して生まれたのである、と。

もしかすると、マタイ伝の作者もまた（ルカと同様）イエスの真の父親がザカリアであるということを知っていたのかもしれない。しかし、ザカリアの名を出すことは姦淫の罪を認めることになり、伝統的なユダヤ教の忠実な信奉者であったマタイにとっては、それを暗示することさえも憚られると考えたのかもしれない。

第五章

洗礼者ヨハネの真実

レオナルド・ダ・ヴィンチ作　洗礼者ヨハネ

（一）イエスの先駆けとしての洗礼者ヨハネ

洗礼者ヨハネは、どの福音書の中でも重要な使命を帯びた人物として描かれている。その使命というのは、いうまでもなくメシアの先駆けとしての使命である。マルコ福音書はいきなり洗礼者ヨハネの衝撃的な登場によって次のように幕を切って落としている。

神の子イエス・キリストの福音の初め。預言者イザヤの書にこう書いてある。「見よ、わたしはあなたより先に使者を遣わし、あなたの道を準備させよう。荒れ野で叫ぶ者の声がする。『主の道を整え、その道筋をまっすぐにせよ。』」そのとおり、洗礼者ヨハネが荒れ野に現れて、罪の赦しを得させるために悔い改めの洗礼を宣べ伝えた。ユダヤの全地方とエルサレムの住民は皆、ヨハネのもとに来て、罪を告白し、ヨルダン川で彼から洗礼を受けた。ヨハネはらくだの毛衣を着、腰に革の帯を締め、いなごと野蜜を食べていた。

（マルコ1章 1-4 節　新共同訳）

マルコ福音書は明らかに洗礼者ヨハネの出現が、この物語の始まりとしてふさわしいと考えたわけである。この発想はヨハネ福音書においても同様であるが、ただし、ヨハネ福音書においては、幕開け前の口上よろしく「初めに言葉があった・・・」という有名なロゴス論を展開していて、いかにももってまわった書き出しになっている。また、マタイ福音書とルカ福音書においては、明らかにマルコ福音書を参考としながらも、独自の資料に基づくイエスの系図と神の子イエス誕生の由来を洗礼者ヨハネの出現前に挿入することによって、物語に厚みを加えているといえる。

いずれにしても、洗礼者ヨハネはイエスの先駆けとして重要な使命をもった人物であったということは福音書記者が一致して証するところである。どの福音書も洗礼者ヨハネによるイエスの受洗とその瞬間にイエスの頭上に降りた鳩のような聖霊と、そして同時に「これはわたしの愛する子。わたしの心にかなう者である」（マタイ3章17節）という天の声が聞こえたとされている。この二人の運命的出会いからイエスの受難物語が始まったのだとされる。洗礼者ヨハネというのは、イエス・キリストが舞台に登場する前のいわば「露払い」のような役回りを引き受けさせられている。

しかしながら、逆にいうと洗礼者ヨハネの役割というのは、果たしてそれだけでしかなかったのであろうか、という素朴な疑問が残る。福音書記者によると、洗礼者ヨハネはあたかも、はじめからその役割しかなかったかのように描かれており、その役割を果たした後はご用済みとでもいわんばかりの扱いになっている。その後、洗礼者ヨハネが再登場するのはヘロデ王の近親結婚に対する非難によって逮捕されたあげくに首を刎ねられるというあっけない結末の場面のみである。

当時のユダヤの政治情勢の中では、イエスと同様、洗礼者ヨハネも危険人物とみなされるのはやむをえないことではあった。しかし、過ぎ越しの祭りの最中にエルサレムの神殿前で商売をしていた両替商や鳩売りの台をひっくりかえして大暴れをするという目立つ行動をしたイエスでさえも、死刑にするためにはローマ総督ピラトの判定にゆだねなければならなかった。すなわちユダヤ人の法律では、通常死刑という刑罰が科されることはないので、イエスを亡き者にしようとしたユダヤ人達は彼がメシア（ユダヤ人の王）を自称しているとして、ローマの支配に対する反逆罪をイエスにかぶせたうえでピラトに必要な処遇を求めざるをえなかったのである。

確かに、当時のユダヤはローマの属州として位置づけられ、事実上圧倒的なローマの軍事力によって支配されていた。しかしながら、ローマの統治方は必ずしも力ずくによるものではなかった。ローマはユダヤ人たちが特異な唯一神信仰を持ち続ける暴れ馬のように御しにくい民であることを熟知していた。だから彼らは民衆の世論の動向に何よりも気を使わざるをえなかった。その手綱を誤ると時としては反乱につながることを彼らは自らの歴史において学んでいた。

事実、ローマの統治下においてユダヤ人は幾度かの反乱を繰り返している。聖書によるとユダヤ人は長い歴史の中で真の独立を享受していた時代というのは、ごく限られた期間でしかない。ダビデやソロモンの時代を別にすれば、彼らは常により強大なる周辺諸国の属国としてしか生きることができなかった。すなわちアッシリア、バビロン、ペルシャ、ギリシャ、シリア、そしてローマという強大な帝国が常に彼らを取り巻き、その国々の力関係の中でのみ生きることが許されていた。

しかしながら、彼らはダビデやソロモンの栄光の時代がいつの日か復活することを信じてきた。なぜなら自らの出自を神の選民として信じて生きてきた彼らは、必ずや神の介入によってダビデの栄光を復活させる使命をもった約束のメシアが送られるはずだと信じたからである。それゆえユダヤの歴史には「我こそはメシアだ」という者が現れては反乱を起こすという歴史が幾度も繰り返されている。

（二）洗礼者ヨハネとは誰か？

洗礼者ヨハネは、メシアが熱烈に待望されていた異様な空気が支配するその時代に、突然ヨルダン川の荒野に現れた。通説によると、洗礼者ヨハネは死海文書等を残したとされるエッセネ派の分派に属していたのではないかとされる。彼らは罪を清める儀式として日常的に洗礼を施していたことが発見された死海文書の資料からも分かっている。ただし、死海教団の洗礼儀式は彼らのグループの間でのみ行われたが、洗礼者ヨハネはそれをすべてのユダヤ民衆のために行おうとしたところに革命的な意味があったと思われている。そのころ洗礼者ヨハネの噂を聞いて、ユダヤの各地から続々と人々が集まってきた。その中には後にイエスに敵対するファリサイ派やサドカイ派の者たちも多くいたことが福音書の記録からも分かる。

> ヨハネは、ファリサイ派やサドカイ派の人々が大勢、洗礼を受けに来たのを見て、こう言った。「蝮の子らよ、差し迫った神の怒りを免れると、だれが教えたのか。悔い改めにふさわしい実を結べ。（マタイ3章7-8節　新共同訳）

ただし、ファリサイ派やサドカイ派に対してヨハネが悪し様にいったという記録は他の福音書においてはみられない。明らかにマタイには彼らを悪者だという先入観を読者に与えようという意図が、この記録の中にかいまみえる。ところがヨハネ福音書をみると、ファリサイ派やサドカイ派の人々は悪意からではなく、むしろ洗礼者ヨハネに対する真剣な関心から来ていたのだということが分かる。

さて、ヨハネの証しはこうである。エルサレムのユダヤ人たちが、祭司やレビ人たちをヨハネのもとへ遣わして、「あなたは、どなたですか」と質問させたとき、彼は公言して隠さず、「わたしはメシアではない」と言い表した。彼らがまた、「では何ですか。あなたはエリヤですか」と尋ねると、ヨハネは、「違う」と言った。更に、「あなたは、あの預言者なのですか」と尋ねると、「そうではない」と答えた。そこで、彼らは言った。「それではいったい、だれなのです。わたしたちを遣わした人々に返事をしなければなりません。あなたは自分を何だと言うのですか。」ヨハネは、預言者イザヤの言葉を用いて言った。「わたしは荒れ野で叫ぶ声である。『主の道をまっすぐにせよ』と。」遣わされた人たちはファリサイ派に属していた。（ヨハネ1章19-24節　新共同訳）

当時のユダヤ人の中でとりわけファリサイ派はメシア待望の信仰が強かったものと思われる。だから、彼らはもしかすると洗礼者ヨハネこその人ではないかと期待したのだろう。しかしながら、ヨハネは彼らの問いに対して、そっけない答え方をしていた。このやり取りの中で注目すべきは、次の個所である。

「あなたは、どなたですか」と質問させたとき、彼は公言して隠さず、「わたしはメシアではない」と言い表した。彼らがまた、「では何ですか。あなたはエリヤですか」と尋ねると、ヨハネは、「違う」と言った。（ヨハネ1章 19-21 節　新共同訳）

つまり、ヨハネは自分で「メシアではない」というとともに「エリヤでもない」といっていたとされている。一体、ファリサイ派の使いが尋ねた「あなたはエリヤですか」という問いは、どのような意味合いでなされたのであろうか？エリヤというのは、偶像崇拝のバアルの預言者を滅ぼしたイスラエルの英雄的な預言者であり、その最後は神によって天に引き上げられたとされている。そしてエリヤは旧約聖書の最後を飾るマラキの預言書によって、終わりの日に再来するとされていた。

見よ、わたしは大いなる恐るべき主の日が来る前に預言者エリヤをあなたたちに遣わす。彼は父の心を子に子の心を父に向けさせる。わたしが来て、破滅をもってこの地を撃つことがないように。（マラキ4章 23-24 節　新共同訳）

当時のユダヤ人達は、多くの預言書が終末の日の預言を残していることを知っていた。とりわけマラキ書は彼らにとっては最後に残された預言書の直近の言葉であった。逆にいうとマラキ書以後に神の託宣は下されていないので、マラキ書のこの最後の預言が彼らにとってはもっとも差し迫った預言であると考えられていた。したがって、ファリサイ派の使いが洗礼者ヨハネに対して「あなたはエリヤですか」と問わせたのは、「あなたはマラキに預言されていた方ですか?」という意味があり、それはすなわち、大いなる恐るべき主の日の先駆けの使命をもった神の使者ですか?という問いと同様であった。もしも洗礼者ヨハネがエリヤであるということを彼らに告げていたならば、彼らはついにその日が来たと悟ったのかもしれない。しかし、洗礼者ヨハネは「メシアではない」ばかりか「エリヤでもない」と答えることによって、彼らを失望させたのではないだろうか。

ヨハネ福音書の記述がもし事実であったとすれば、このやり取りの中にはイエスの十字架の伏線として重要な意味を帯びていることが分かる。なぜなら、洗礼者ヨハネがエリヤであると認められていたならば、メシアの到来が近いということをそれは意味しているので、その後に来たイエスは自らメシアを宣言しなくとも約束のメシアとして認知される条件が整うからである。

洗礼者ヨハネはこの後、ほとんど活躍の場も与えられずに、突然、ヘロデ王に逮捕されたあげくに首を刎ねられるという悲劇的結末があったことを告げられ、その一生を終わる。しかし、その前に獄中の洗礼者ヨハネから送られたヨハネの弟子達が、わざわざイエスに会いに来て一見不可解なやり取りをしていたことが記されている。

ヨハネの弟子たちが、これらすべてのことについてヨハネに知らせた。そこで、ヨハネは弟子の中から二人を呼んで、主のもとに送り、こう言わせた。「来るべき方は、あなたでしょうか。それとも、ほかの方を待たなければなりませんか。」二人はイエスのもとに来て言った。「わたしたちは洗礼者ヨハネからの使いの者ですが、『来るべき方は、あなたでしょうか。それとも、ほかの方を待たなければなりませんか』とお尋ねするようにとのことです。」そのとき、イエスは病気や苦しみや悪霊に悩んでいる多くの人々をいやし、大勢の盲人を見えるようにしておられた。それで、二人にこうお答えになった。「行って、見聞きしたことをヨハネに伝えなさい。目の見えない人は見え、足の不自由な人は歩き、重い皮膚病を患っている人は清くなり、耳の聞こえない人は聞こえ、死者は生き返り、貧しい人は福音を告げ知らされている。わたしにつまずかない人は幸いである。」（ルカ7章18-23節　新共同訳）

このやり取りの記録が暗に示しているのは、洗礼者ヨハネの中でイエスに対するある種の疑念があったことである。洗礼者ヨハネとイエスの最初の劇的出会いの記録が正しいとすれば、洗礼者ヨハネは「この人こそ来るべき方である」ということを神の啓示によって知らされていたはずであった。だから、たとえ獄中の人となって、イエスの噂や行動を知ることができなくなったとしても、洗礼者ヨハネはイエスに対して「来るべき方は、あなたでしょうか。それとも、ほかの方を待たなければなりませんか」と問うことは、福音書の文脈上も不自然に聞こえる。このやり取りのあと、イエスは自分の弟子達に洗礼者ヨハネについて次のような不思議な言葉を残したとされている。

ヨハネの使いが去ってから、イエスは群衆に向かってヨハネについて話し始められた。「あなたがたは何を見に荒れ野へ行ったのか。風にそよぐ葦か。では、何を見に行ったのか。しなやかな服を着た人か。華やかな衣を着て、ぜいたくに暮らす人なら宮殿にいる。では、何を見に行ったのか。預言者か。そうだ、言っておく。預言者以上の者である。『見よ、わたしはあなたより先に使者を遣わし、あなたの前に道を準備させよう』と書いてあるのは、この人のことだ。言っておくが、およそ女から生まれた者のうち、ヨハネより偉大な者はいない。しかし、神の国で最も小さな者でも、彼よりは偉大である。」(ルカ7章 24-28 節 新共同訳)

この一連の問答は何を意味しているのであろうか? 特に、最後の「およそ女から生まれた者のうち、ヨハネより偉大な者はいない。しかし、神の国で最も小さな者でも、彼よりは偉大である」というイエスの言葉はほとんど意味不明な言葉である。弟子達がその言葉を聞いたとき、彼らの中でそれが何を意味するのかを理解できる者はいなかったであろう。そしてこの言葉を記した福音書記者も、それが何を意味しているのかを理解していたとは言いがたい。

とりようによれば、この個所は洗礼者ヨハネに対するイエスの率直な批判であったとも考えられる。そもそも獄中の洗礼者ヨハネは何故に自分の弟子をイエスに送って、そのような質問をさせたのであろうか？それは洗礼者ヨハネとイエスの間に二人以外には分からない特別な関係があったからである。先の「およそ女から生まれた者のうち、ヨハネより偉大な者はいない。しかし、神の国で最も小さな者でも、彼よりは偉大である」という言葉の意味が誰にも分からないのは、その奥にイエスと洗礼者ヨハネ以外には知りえない秘密があったからではないだろうか。

（三）イエスと洗礼者ヨハネの特別な関係とは

洗礼者ヨハネはかつてイエスに洗礼を施したときにイエスの頭上に鳩のような聖霊が降りるのをみると同時に、**「これはわたしの愛する子。わたしの心にかなう者である」**（マタイ3章17節）という啓示の言葉を聞いたのだとされている。この話自体は一見胡散臭い話である。そもそも、その話を一体誰が証言したというのであろうか？当然ながら、その証言者は洗礼者ヨハネ以外には考えられない。なぜならイエスが自分自身の目で自分の頭上に降りた鳩のような聖霊をみることはできなかったはずだ。しかし、そのような素朴な疑問にあっさりと答えるかのような記録がヨハネ福音書の中にみられる。

その翌日、ヨハネは、自分の方へイエスが来られるのを見て言った。「見よ、世の罪を取り除く神の小羊だ。『わたしの後から一人の人が来られる。その方はわたしにまさる。わたしよりも先におられたからであ

る』とわたしが言ったのは、この方のことである。わたしはこの方を知らなかった。しかし、この方がイスラエルに現れるために、わたしは、水で洗礼を授けに来た。」そしてヨハネは証しした。「わたしは、〝霊〟が鳩のように天から降って、この方の上にとどまるのを見た。わたしはこの方を知らなかった。しかし、水で洗礼を授けるためにわたしをお遣わしになった方が、『〝霊〟が降って、ある人にとどまるのを見たら、その人が、聖霊によって洗礼を授ける人である』とわたしに言われた。わたしはそれを見た。だから、この方こそ神の子であると証ししたのである。」その翌日、また、ヨハネは二人の弟子と一緒にいた。そして、歩いておられるイエスを見つめて、「見よ、神の小羊だ」と言った。二人の弟子はそれを聞いて、イエスに従った。（中略）ヨハネの言葉を聞いて、イエスに従った二人のうちの一人は、シモン・ペトロの兄弟アンデレであった。彼は、まず自分の兄弟シモンに会って、「わたしたちはメシア『油を注がれた者』という意味――に出会った」と言った。（ヨハネ1章 29-41 節　新共同訳）

つまり洗礼者ヨハネは自分に降りた啓示を弟子達に教え、それを聞いたヨハネの弟子が後にイエスの弟子になったというのである。その弟子の名はアンデレとその兄弟シモン（ペテロ）であったとヨハネ福音書は記している。つまりアンデレとシモンはもともと洗礼者ヨハネの弟子であったが、師がイエスを証しするのを聞いて、イエスの弟子に転向したというのである。

この話は仮に作り話だとしても非常によくできた話である。むしろ疑問が起こるのは、なぜこのようなよくできた話がヨハネ福音書以外には触れられなかったのかということであろう。最初に書かれた福音書だと考えられているマルコ福音書ではアンデレとシモンの兄弟が弟子になった経緯について、次のような簡単な記録でしかない。

イエスは、ガリラヤ湖のほとりを歩いておられたとき、シモンとシモンの兄弟アンデレが湖で網を打っているのを御覧になった。彼らは漁師だった。イエスは、「わたしについて来なさい。人間をとる漁師にしよう」と言われた。二人はすぐに網を捨てて従った。（マルコ1章 16-17節　新共同訳）

この個所に関してはマタイ福音書とルカ福音書においても、基本的にはマルコのコピーでしかない。マルコ福音書は確かに最も古い福音書であった可能性があるが、しかしその著者は、おそらく生前のイエスの活動を伝聞でしか知らなかったのだということを、この個所の記録が証明している。マルコ福音書の著者はイエスがどのように弟子を集めたかということに関しては何の資料もなく、やむをえずそのような書き方しかできなかったのであろう。

ましてや、後にマルコ福音書を下敷きにして書かれたと思われるマタイ福音書やルカ福音書においては、ほとんどの記録は二次資料以下の資料で書かれたものと考えられる。ところが、奇妙にも四福音書の中ではもっとも後代に記されたと思われるヨハネ福音書には（共観福音書にはない）一次資料に基づいて書かれた可能性のあるいくつかの記録がみられるのである。特にヨハネ福音書において、もっとも顕著に認められるのが、この洗礼者ヨハネに関する記録なのである。

洗礼者ヨハネの弟子シモンとアンデレがイエスの弟子になった経緯の説明のあとも、ヨハネ福音書は他の共観福音書にはないヨハネ情報を記している。

その後、イエスは弟子たちとユダヤ地方に行って、そこに一緒に滞在し、洗礼を授けておられた。他方、ヨハネは、サリムの近くのアイノンで洗礼を授けていた。そこは水が豊かであったからである。人々は来て、洗礼を受けていた。ヨハネはまだ投獄されていなかったのである。（ヨハネ3章22-30節　新共同訳）

ちなみに、最古の福音書とされるマルコ福音書においては、洗礼者ヨハネは冒頭で紹介されたあと、すぐに同じ章でヘロデに首を刎ねられたと告げ、その後にイエスの伝道活動が始まったのだと記されている。要するにマルコ福音書の記者は、イエスが公的な活動を始める前の事柄については、およそ無知であっただけでなく無関心でもあった。マルコ福音書の記者にとって、洗礼者ヨハネはイエスの露払い以上の意味はもともとなかったのである。

そのことはマタイ福音書とルカ福音書においても同様である。われわれは、これらの共観福音書の記録によって洗礼者ヨハネとイエスの関係についてある種の先入観をもってしまう。まるで二人の接点はヨルダン川の出会いが最初で最後でもあるかのように、その前後の経緯は初めから関心の外に置かれており、そのことに対して読者も特に疑問をもつ必要もないと思わされてしまうのである。

ところが、ヨハネ福音書の記録をみると、そのような先入観が誤りであるということが分かる。共観福音書のイメージでは、イエスが洗礼者ヨハネから洗礼を受けたあと、イエス自ら師ヨハネの真似事をするかのように洗礼を授けていたというヨハネの記録は、ほとんど作り話としか思えないほど違和感のある話に聞こえるが、仮にイエスが洗礼者ヨハネと同じく死海教団に属していたとすれば、この話はむしろリアリティのある話だということが分かる。

イエスと洗礼者ヨハネはもともと親戚の関係があった。イエスの母マリアとヨハネの母エリザベツは年こそ離れていたが古くから付き合いがあった。マリアが天使の受胎告知を受けたあと、エリザベツの家へ訪れ三ヶ月もの間エリザベツの家に滞在したという話が作り話ではないとすれば、おそらくイエスとヨハネが生まれたあとも両家の付き合いがあったと考えられる。すなわちイエスとヨハネは子供のときから幼馴染であったと考えられる。それどころか前章でもみたとおり、二人の関係は実の兄弟の血縁があったとも考えられるのである。

想像をたくましくすれば、若い頃に二人は揃ってユダヤ教の修道院（死海教団？）に入り、そこで共に修行生活を送っていた可能性もある。そして、あるときヨハネはイエスに先駆けて神の啓示を受け、ヨルダン川で独自の洗礼活動をするようになったのかもしれない。

わたしはこの方を知らなかった。しかし、水で洗礼を授けるためにわたしをお遣わしになった方が、『霊が降って、ある人にとどまるのを見たら、その人が、聖霊によって洗礼を授ける人である』とわたしに言われた。わたしはそれを見た。だから、この方こそ神の子であると証ししたのである。」（ヨハネ1章 33-34節 新共同訳）

ここで、「わたしはこの方を知らなかった」という意味は、イエスという人物を知らなかったという意味ではなく、幼馴染のイエスがまさかヨハネが啓示で「聖霊によって洗礼を授けるべき人」であるということを知らなかったという意味にとるほうが、二人の驚くべき関係を物語るにふさわしい。

（四）エリヤの再来としての洗礼者ヨハネ

イエスと洗礼者ヨハネは二人とも神が支配する御国を来たらせるための共通の使命感を抱いていた。そしてイエスは従兄弟のヨハネが自らの使命感に燃えて立ち上がったことに対して感動と尊敬の念をもって、ヨハネの運動に加わろうとしたのかもしれない。しかしながら、イエスは自らが洗礼者ヨハネ以上の使命があるという事実を、他でもなくヨハネ自身から告げ知らされるのである。福音書の表面上では、少なくともそのような文脈を漠然とではあるが読み取ることができる。

しかしながら、イエスが約束のメシアだとすれば、密かに神からの啓示を自らもまた受けていたはずである。ただし、イエスは、一人ではメシアとしての活動を開始することができないということを分かっていたであろう。なぜなら約束のメシアが現れる前にエリヤの使命をもったメシアの証人が現れなければならないことを、イエス自身がよく知っていたからである。したがって、その使命を果たすべく遣わされたのが洗礼者ヨハネであることもまたイエスは熟知していたはずである。その傍証であるのかどうかさえも分からないが、マタイ福音書によると、イエスが洗礼者ヨハネから受洗したのが、あたかも自らの使命を自覚していたイエス自身の自発的行為であったということを示す次のような記録がある。

そのとき、イエスが、ガリラヤからヨルダン川のヨハネのところへ来られた。彼から洗礼を受けるためである。ところが、ヨハネは、それを思いとどまらせようとして言った。「わたしこそ、あなたから洗礼を受けるべきなのに、あなたが、わたしのところへ来られたのですか。」しかし、イエスはお答えになった。「今は、止めないでほしい。正しいことをすべて行うのは、我々にふさわしいことです。」そこで、ヨハネはイエスの言われるとおりにした。（マタイ3章13-15節　新共同訳）

この個所のマタイ福音書の表現は、おそらく超人的なイエス像をことさらに印象付けるべく補足された内容であろう。ただし、この通りではないとしても、イエスが受洗前に自らの使命を知りながらも、あえて洗礼者ヨハネの洗礼を受けることによって、エリヤの使命をもった彼の証言を得ることが、自らのメシアとしての活動を開始するために必要であると知っておられたという可能性はある。そして、仮にそのような仮説が立てられるとすれば、イエスが獄中の洗礼者ヨハネの使いから尋ねられた先の問いに対して、あたかも彼を批判するかのような答えをしたということは、イエスのその時の立場から考えると、むしろしっくりと来る答えであることが分かるのである。先の問答に続いて、イエスが洗礼者ヨハネこそエリヤであると断言した次の記録をみると、事の重大性がより鮮明になる。

はっきり言っておく。およそ女から生まれた者のうち、洗礼者ヨハネより偉大な者は現れなかった。しかし、天の国で最も小さな者でも、彼よりは偉大である。彼が活動し始めたときから今に至るまで、天の国は力ずくで襲われており、激しく襲う者がそれを奪い取ろうとしている。すべての預言者と律法が預言したのは、ヨハネの時までである。あなたがたが認めようとすれば分かることだが、実は、彼は現れるはずのエリヤである。（マタイ11章11-14節　新共同訳）

先にも記したように、洗礼者ヨハネは、決してユダヤ人に対して自らがエリヤの使命をもって洗礼を授けているとはあかさなかった。しかし、福音書によると、洗礼者ヨハネは明らかにエリヤの使命をもって来たのだということをイエスが弟子達に語っていたとされている。そのことは、つまりイエス＝約束のメシアであるということを意味していた。これは一見、まわりくどいような暗示的表現である。しかし、イエスはおそらく弟子達にも、自らが約束のメシアであるということを直接にはあかすことができなかったのであろう。

イエスが自らの弟子の中から初めて十二使徒を選び出し、彼らにユダヤ全土に神の国の伝道を命じる福音書の記録がある。イエスは彼らに「サマリア人の地へ入るな」とか、「下着は二枚以上もつな」とか、「わたしがあなたがたを遣わすのは羊を狼の中に送るようなものである。だから蛇のように賢く、鳩のように素直になりなさい」とか、「一つの町で迫害されたなら他の町へ逃げなさい」とか、さまざまな注意を与えられた後、最後に次のような不可思議な言葉を残したのだとされている。

はっきり言っておく。あなたがたがイスラエルの町を回り終わらないうちに、人の子は来る。（マタイ10章23節　新共同訳）

ここでイエスが「人の子」といっているのは、旧約聖書のエゼキエル書で預言された約束のメシアを暗喩した表現であった。弟子達には、その表現がメシアの暗喩であるということを果たして理解していたのかどうか分からない。しかし、少なくともイエスは自らのメシア性を弟子達にさえも直接には語らず、わざわざ「人の子」という暗喩を使っていたということは十分考えられる。それは語りたくても語れないほどの内容だったのかもしれない。

しかしながら、福音書はその十二使徒の伝道派遣の後日談として次のようなイエスと弟子達との対話があったことを記している。

イエスがひとりで祈っておられたとき、弟子たちは共にいた。そこでイエスは、「群衆は、わたしのことを何者だと言っているか」とお尋ねになった。弟子たちは答えた。「『洗礼者ヨハネだ』と言っています。ほかに、『エリヤだ』と言う人も、『だれか昔の預言者が生き返ったのだ』と言う人もいます。」イエスが言われた。「それでは、あなたがたはわたしを何者だと言うのか。」ペトロが答えた。「神からのメシアです。」イエスは弟子たちを戒め、このことをだれにも話さないように命じて、次のように言われた。「人の子は必ず多くの苦しみを受け、長老、祭司長、律法学者たちから排斥されて殺され、三日目に復活することになっている。」(ルカ9章 18-22節 新共同訳)

この弟子達との対話の中で、イエスは初めて自らがメシアであるというペテロの告白を引き出すことに成功したのだとされる。このペテロの告白の場面はルカ福音書の中では、十二使徒の伝道派遣のすぐ後に置かれていて、文脈的には先の「あなたがたがイスラエルの町を回り終わらないうちに、人の子は来る」という言葉にも相関する福音書の中でも特に重要な一節である。すなわち福音書記者が語るところによると、イエスはこの時まで自らのメシア性を弟子達にも隠していたのだといわざるをえないのである。しかも、その告白の時期は(弟子達の記憶によれば)受難が差し迫った最後の週に間近い頃であった。

この後、過ぎ越しの祭りの最後の週にエルサレムへ入城する前に、イエスは三弟子を連れてある山に登ったところ、そこにモーセとエリヤの霊が現れたという不思議な話が挿入されている。そのとき弟子達は「なぜ、律法学者は、まずエリヤが来るはずだと言っているのでしょうか」とイエスに尋ねる。その質問に対してイエスは次のように答えている。

イエスはお答えになった。「確かにエリヤが来て、すべてを元どおりにする。言っておくが、エリヤは既に来たのだ。人々は彼を認めず、好きなようにあしらったのである。人の子も、そのように人々から苦しめられることになる。」そのとき、弟子たちは、イエスが洗礼者ヨハネのことを言われたのだと悟った。（マタイ17章10-13節　新共同訳）

このとき弟子達は、はじめてイエスから洗礼者ヨハネこそエリヤの再来であったという事実をはっきり知らされたのだという。ということは、逆にいうと、彼らはイエスが誰であるかということを、それまで何も分からずに付き随っていたのだということになる。イエスの弟子達は聖書の最後を飾るマラキの預言で「見よ、わたしは／大いなる恐るべき主の日が来る前に、預言者エリヤをあなたたちに遣わす」と記されていることさえ知らなかったのである。しかし、ユダヤの律法学者やファリサイ派が「まずエリヤが来るはずだ」といっているという事実だけは彼らも聞き知っていたらしい。

ところが、人々は洗礼者ヨハネこそが来るべきエリヤであるという肝心な事実を（イエス以外の）誰も知らなかったのだということになる。しかも奇妙なことに、福音書の記録によると、その事実は洗礼者ヨハネ自身によっても否定されていたというのである。その結果、誰も時の徴（しるし）を知らなかったということになる。すなわち、約束のメシアが現れる前に必ずエリヤが遣わされるはずだという聖書に記された約束事が、誰にも認められることもなく、時だけがいたずらに過ぎ去っていたということになる。無論のこと、このような状況がイエスにとって好ましいはずはなかった。洗礼者ヨハネがその真の使命を果たすことなく無残に殺されるという状況の中では、もはや誰もイエスをメシアとして証することのできる者はこの世に存在していなかったからである。

そのときイエスに残されていた道は、唯一、イザヤ書五三章の「苦難の僕」の預言の通り、十字架の苦難を引き受けざるをえないという過酷な運命を認めることだけであった。しかし、その過酷な運命は実はイエス一人の運命ではなく、ユダヤ人全体の運命でもあるということを、イエスは誰よりも知っていたはずである。なぜなら、イエスにとってメシアという存在は、神の選民たるユダヤ人にのみ与えられた特別な恩寵であるということが分かっていたからである。その恩寵を受けるべく神に導かれた民が、自らそれを排除してしまうという最悪の行動をとったとすれば、その民は自らの存在理由を自分自身で否定したことになる。その結果がいかなるものになるのかは、イエスにとって明らかであった。すなわち紀元七十年のユダヤ戦争でエルサレムの神殿が完璧に破壊されるという、当時の誰にも予想しえなかった惨状を、イエス一人が予想していたとしても決して不思議ではないことが分かる。ただし、この問題に深入りする前に、イエスの十字架への道を運命付けたものがそもそも何であったかということを、もうしばらく前にもどって考えてみることにしよう。

（五）イエスと洗礼者ヨハネの間に生まれた距離

洗礼者ヨハネは、かつての幼馴染であった親類の子イエスを「この方がイスラエルに現れるために、わたしは、水で洗礼を授けに来た」とまでいうほど、あるいは「わたしはその方に比べると靴の紐をぬがせてあげる値打ちもない」とまでいわねばならないほど、イエスを偉大なる存在であると証した。しかしながら、もしそうだとすれば、洗礼者ヨハネは自ら申し出てイエスの弟子になるべきではなかったのかという素朴な疑問が逆に起こる。ところが福音書をみると洗礼者ヨハネがイエスの弟子になったとは書かれていない。洗礼者ヨハネはイエスを証した後も、自らの弟子を持ち続けて独自の洗礼活動を続けていたと思われる。確かに、洗礼者ヨハネの弟子の中には、アンデレとシモン（ペテロ）のように、イエスの弟子に転向した者もいたが、そのような弟子の動きはごく一部であり、その証言をきっかけとしてヨハネの教団がイエスの教団に吸収合併されたわけでもなかった。

ヨハネ福音書によると、イエスは洗礼者ヨハネの洗礼を授ける活動に加わり、一時期は行動を共にしていたと解釈することもできる。しかしながら、二人は同じ場所で洗礼を授けていたのではなく、まるで棲み分けでもするかのように互いに離れた場所で洗礼を授けていたようである。この間の二人の関係がどのようなものであったのか知る由はないが、少なくともいえることは洗礼者ヨハネとイエスの活動は、その後、地理的な距離だけではなく、その行動の間にも（わずかな時の間に）大きな距離が生まれていたということである。

ヨハネ福音書によると、イエスの洗礼活動は洗礼者ヨハネよりも人気を集めるようになり、その結果、二人の間には何かしら溝のようなものが生まれたとも読める次のような記録がある。

ところがヨハネの弟子たちと、あるユダヤ人との間で、清めのことで論争が起こった。彼らはヨハネのもとに来て言った。「ラビ、ヨルダン川の向こう側であなたと一緒にいた人、あなたが証しされたあの人が、洗礼を授けています。みんながあの人の方へ行っています。」ヨハネは答えて言った。「天から与えられなければ、人は何も受けることができない。わたしは、『自分はメシアではない』と言い、『自分はあの方の前に遣わされた者だ』と言ったが、そのことについては、あなたたち自身が証ししてくれる。花嫁を迎えるのは花婿だ。花婿の介添え人はそばに立って耳を傾け、花婿の声が聞こえると大いに喜ぶ。だから、わたしは喜びで満たされている。あの方は栄え、わたしは衰えねばならない。」(ヨハネ3章 26-30節　新共同訳)

ここでヨハネ福音書は、洗礼者ヨハネに「あの方は栄え、わたしは衰える」といわせることによって、イエスを証することだけが自らの使命であるということを、彼自身理解していたのだと読者に印象付けようとしているが、しかしもしそうであるなら、何ゆえに洗礼者ヨハネはイエスと行動を共にしなかったのかという疑問が起こるのである。

この後、洗礼者ヨハネはヘロデに捕らえられて獄中の人となるが、獄中でイエスの活動の噂を聞き及んで、自分の弟子をわざわざイエスに送って、前に紹介したような問題の質問をイエスにさせている。洗礼者ヨハネは、確かに、かつてイエスを「この方こそ神の子（メシア）である」と証言したのであるが、しかし、その個所をみると、洗礼者ヨハネは自分に降りた神の啓示に対して疑心暗鬼になっていたのではないかという見方もできる。

ヨハネ福音書によると、洗礼者ヨハネがヨルダン川で洗礼を授ける活動を始めるようになったきっかけは、自分よりも後から来る方を「神の子（＝メシア）」として証するためであった。「霊が降って、ある人にとどまるのを見たら、その人が、聖霊によって洗礼を授ける人である」という神の啓示を受けて、ヨハネはその方が来るのを待っていた。するとイエスという旧知の間柄の人物がその方であるということを（啓示によって）知らされたのである。それはヨハネにとっても驚きであったに違いない。まさか幼馴染のあのイエスが約束のメシアだったとは、思いもよらないことであった。

もちろんイエスとヨハネはその瞬間に神の大いなる計画を知って、互いの使命を受け入れたであろう。神の計画の中では、ヨハネはイエスをメシアとして証する最後の預言者であった。イエスがヨハネについて「およそ女から生まれた者のうち、ヨハネより偉大な者はいない」と語ったとされるのは、約束のメシアを預言してきた代々の預言者の中で、そのメシアを直接目の前にして証する預言者が、いかに大きな使命を与えられているのかということをいわんとしている。しかし、その後に「神の国で最も小さな者でも、彼よりは偉大である。」とイエスが付け加えたのは、いったいどういう意味があったのか？

前後の文脈の中で考えてもその意味は分からない。おそらく福音書記者もそれが何を意味するのかを知らずに記したのであろう。福音書というのは、最初はマルコ福音書の記者によってイエスの伝聞録をつなぎ合わせてキリストの受難物語としてまとめたられたものと考えられている。しかしマルコ福音書の後に生まれたマタイ福音書やルカ福音書は別の伝承資料によってマルコ福音書を補足しようとしたものと考えられる。それらの資料の存在は分かってはいないが、「Q資料」という仮の名を与えられて存在したものと仮定されている。実は、先のイエスの洗礼者ヨハネに対する言及は、マルコ福音書にはなくマタイとルカ福音書にのみ記されていることから、その話の資料はQ資料にあったのだろうと考えられている。

ちなみにQ資料というのは、イエスの言行録を書き記したものと考えられている。それはマルコ福音書のように、物語形式ではなく歴史的経緯を追った資料とも考えられない。たとえばマタイ福音書やルカ福音書にあるイエスの山上の垂訓の話は、Q資料の中に記されていたイエスの言行録が挿入されたもので、その話がもともといつ頃どのような状況の中で語られた話なのかということまでは分からない。同様に、先のイエスと洗礼者ヨハネの弟子との問答もQ資料の話だと考えられるので、その意味は前後の文脈から切り離して推理する他にないのである。

今までみてきたように、洗礼者ヨハネはイエスを「この方こそ神の子（＝メシア）である」と一度は証したものの、その後の二人は互いに別行動を取るようになったと考えられる。その証拠に洗礼者ヨハネは依然として自分の弟子をもちながら、独自の活動を続けていたのである。ヨハネ福音書の「わたしは衰え彼は栄える」といったとされる記録も、むしろ二人が別行動をとっていたことを暗示している。確かに洗礼者ヨハネは、不運にもヘロデに逮捕されてしまうが、しかし洗礼者ヨハネの教団は決してそれによって歴史から消滅したわけではない。

福音書を注意深く読んでみると、洗礼者ヨハネの教団は新興のイエスの教団と互いに教勢を張り合うほど相拮抗していたとみるほうがむしろ正しいだろう。たとえば、共観福音書にはヨハネの弟子とイエスの弟子との間で断食のことで言い争いがあったことが記されている。

ヨハネの弟子たちとファリサイ派の人々は、断食していた。そこで、人々はイエスのところに来て言った。「ヨハネの弟子たちとファリサイ派の弟子たちは断食しているのに、なぜ、あなたの弟子たちは断食しないのですか。」（マルコ2章18節　新共同訳）

この記録から、洗礼者ヨハネの弟子達は師の逮捕後も数多くいて、彼らはファリサイ派やイエスの弟子達とも勢力を争うほどであったということが分かる。

（六）洗礼者ヨハネとクムラン教団

一九四七年、クムランの洞穴で発見された死海文書は、ヨセフスやフィロンによって証言されたエッセネ派の存在とあらゆる点で符号が一致するとみなされてきた。彼らは身の穢れを清めるための沐浴を日常的に行い、個人の財産をもたずに共同生活を送り、女性の入会を許さず、独身主義を通し、独特な終末観をもち、終わりの日の神の審判が近いことを固く信じていた。このような特徴は原始クリスチャンにも通じるので、一説にはクムラン教団＝原始クリスチャンではないかという学者もいるが、厳格な入会規則や極端な禁欲主義からイメージ的にはむしろ洗礼者ヨハネの教団に近いと思われる。

死海文書を残した謎の教団はエッセネ派であるという説が一般的ではあるが、しかし福音書の中には何故かエッセネ派について一切触れられていない。先ほどのヨハネの弟子に関する記録をみても、「ヨハネの弟子たちとファリサイ派の弟子たちは断食しているのに」と書かれているのをみると、少なくとも福音書記者にとってエッセネ派という存在は知られていなかった可能性が高い。なぜなら、死海文書の資料によると、彼ら（クムラン教団）もまた好んで断食をする集団であることが知られているからである。

そもそも「クムラン教団＝エッセネ派」説は死海文書発見時に関わったヘブライ大学教授のスケーニクやクムランの遺跡調査に深く関わったドゥ・ヴォー（カトリック系神学者）らによって、以後長きにわたって定説とされてきたのであるが、彼らが「クムラン教団＝エッセネ派」説を唱えた理由は、フィロンやヨセフスとほぼ同時代（紀元七〇年頃）のローマの地誌学者プリニウスという人物が残した次のような記録に依拠している。

死海の西側で、岸の有害な蒸気の達しない所に、エッセネ派の孤立した部族が住んでいる。それは世界中の他のすべての部族が及びもしない驚嘆すべき部族である。女性をいれず、性欲を断ち切り、金をもたず、棕櫚だけを伴侶としているからである。来る日も来る日も〔人生の試練から〕逃れた者たちの群れが受け入れられ、それらと同じ数の、人生に疲れ、彼らの生き方に倣うために運命の大波によってそこに追いやられた者たちが受け入れられている。こうして何千年もの間、そこにおいて誰も生まれない種族が永遠にいき続けている。（邦訳「死海文書のすべて」青土社 J.C.ヴァンダーカム P144）

この記録の著者プリニウスはローマ人であり、実際に彼らがそこで生活しているのを見たわけではなく、死海の近くにエッセネ派という異様な集団が生活しているらしいという当時の噂話を聞いて、記録したものと思われる。エッセネ派については同時代のユダヤ人フィロンやヨセフスにも詳しく紹介されていることからみても、その噂は当時の世界に相当幅広く知られていたものと考えられる。しかしながら、奇妙なのはプリニウスが指摘した死海沿岸のエッセネ派集団とフィロンやヨセフスが紹介しているエッセネ派はそのイメージが明らかに異なっていることである。ちなみにヨセフスがユダヤ戦記に残したエッセネ派に関する記述と先のプリニウスの記述を照らしあわせてみよう。

エッセネ人は富を蔑視する。彼らの間での財産の共有制は驚くべきものである。他よりも多くのものを所有する者を彼らの間に見いだすことはできない。というのも、この宗団に入るのを志願する者たちは、自分たちの所有物を宗団のために全員のものにする規定があり、その結果、彼らの間ではどこにも貧困ゆえの屈辱はなく、また傑出した富者もなく、各人の所有物は一緒にされてひとつとなり、すべてが兄弟たちの共有財産となる。（中略）エッセネ人は（ある特定の）ひとつの町に住んでいるのではない。どの町にもおおぜいの者がやってきて住んでいる。この派の者たちは他所からやってきても、彼らの所にあるすべてのものを自分たちの所有物のようにして使うことができる。彼らは一度も会ったことのない者たちのもとへ、親しい者のように出入りする。（「ユダヤ戦記」P276-277）

両者を照らし合わせるとそのイメージに大きな開きがあることが分かる。中でもヨセフスによると、エッセネ派は（ある特定の）ひとつの町に住んでいるのではなく、どこの町にもいるとされているのだが、プリニウスによると、彼らは人里離れた死海西岸の厳しい環境下でまったく孤立して生活しているとされているのである。プリニウスによれば、彼らは「女性をいれず、性欲を断ち切り、金をもたず、棕櫚（しゅろ）だけを伴侶としている」というのであるが、ヨセフスが描いたエッセネ人は財産を分け合って共同生活を送っているだけであり、必ずしも異常な禁欲生活を送っているとは書かれていない。またヨセフスの紹介したエッセネ人は女性が入れられないということはなく、独身主義が守られているとも書かれていない。

両者を比較して非常に興味深く思われるのは、ヨセフスが紹介したエッセネ派はイエスの信者のイメージに近く、一方、プリニウスの紹介したエッセネ派は洗礼者ヨハネのイメージに近いということである。福音書記者によると、洗礼者ヨハネは荒野で蝗（いなご）と野蜜を食して生きていたとされている。実際、もし死海沿岸の生き物も植物も何もない環境で生きようとすると、そのような過酷な生活を強いられるのではないだろうか？　そんなところで、何千年もの間、棕櫚だけを伴侶に永遠に生き続けているというプリニウスの記述はありえない空想であろう。

しかし福音書の記述を拠り所とすれば、少なくとも洗礼者ヨハネを師と仰ぐ集団が過酷なその環境下で共同生活をしていたという可能性は十分に考えられる。棕櫚を伴侶にというのは彼らが野蜜を頼りに生きていたことから広まった噂なのかもしれない。つまりプリニウスが記述したエッセネ派はヨセフスが記述したエッセネ派と同じではなく、もしかすると洗礼者ヨハネの教団ではないのだろうかと思われる。もし謎のクムラン教団を洗礼者ヨハネの教団だと仮定すれば、多くの事実関係が矛盾なく説明され、福音書の記述と考古学の発見が見事に一致することが分かるのである。むしろ、なぜ学者たちはこの整然とした仮説に思い至らないのか不思議でならない。

実は死海文書を専門に研究している数ある現代の学者の中で、バーバラ・スィーリング（Barbara Thiering）が単純明快な仮説を展開しているので紹介しておこう。スィーリングによれば、クムラン教団の信仰の中心とされる「義の教師」は洗礼者ヨハネに他ならず、そして義の教師に敵対し、彼を裏切った「偽りの教師」（又は「悪しき祭司」）はイエスに他ならないというのである。スィーリングの本からその衝撃的な推理の核心部分を引用しておこう。

義の教師があらゆる点において（メッセージ、活動の場、実践と協議、名前の意味においてすら）洗礼者ヨハネに正確に対応する人物だと理解されたなら、そしてあの異端的教師─悪しき祭司─の行為のほとんどは、イエスが彼の敵たちに非難されていたことだと理解されたならば、「一見しただけで明白なケース」が浮かび上がってくる。つまり義の教師はヨハネであり、最初「教師」と共にいたが、律法についてもっと緩い見方を採用して別れていったライバルの指導者というのはイエスであったということである。（「イエスのミステリー」NHK 出版 P36）

スィーリングによれば洗礼者ヨハネの教団にとってもっとも敵対していたのは、意外なことにイエスその人であったというのである。なぜならイエスは、もともと、洗礼者ヨハネに勧誘された仲間だったはずだと彼らは理解していたからである。にもかかわらず、福音書にも書かれているとおり、洗礼者ヨハネの弟子であったはずのアンデレとシモンがイエスの信者に改宗し、その他にも（福音書には書かれていないが）何人もの改宗者がいたかもしれない。そして何よりも許せないのは、イエスの集団が律法を守らず、取税人や売春婦などを連れて歩いていたと思われていたことである。イエスは偽りの教師であり、そしてもっと悪いことには彼は裏切りの教師であった。

だが義の教師は、ある点では深く苦しんでいるように思われる。信奉者のほとんどが彼を見捨て他の教師に付いたのだ。ライバルは、義の教師と多くの同じ教義や考えをもっている─彼もまた洗礼を授け、新しいエルサレムを待望していた―が、儀礼的律法については義の教師と考えを共にしていなかった。実際、ライバルは「全（会衆）の直中で律法を嘲笑った」のである。「偽り者とともに、神の口から義の教師（によって受け取られた言葉を聞か）なかった不忠実な者らにかかわる。彼らは神の契約を信じなかった・・・。」そのライバルの教師は、律法についてはるかに厳しさを欠いていた。そして彼と交わっていた者たちは、「滑らかなことを追い求める者ども」、つまり、厳格で禁欲的な義の教師の訓練よりも、だらけた生活を選んだ者たち、と呼ばれていた。

（「イエスのミステリー」P26）※「」内は死海文書の中の一節。

福音書を注意深く読めば、スィーリングのこの仮想的再現は福音書の記述と必ずしも矛盾していないことが分かる。確かに福音書記者たちは洗礼者ヨハネを偉大な人物であると賞賛しており、なによりもイエスの先駆けの預言者として評価しているのは事実であるが、にもかかわらず、ヨハネの信者はイエスの信者に対して好意をもっていなかったということは、福音書の中の数少ない行間からも伝わってくるような気がする。ヨハネの信者はその後もイエスの信者を非難しながら、クムランの洞穴の中に閉じこもったのであろうか？

興味深いことは洗礼者ヨハネの教団は歴史上にも脈々と生き続けた教団であり、その存在は今日においてもイランやイラクあたりに拠点をもつマンダ教という名の秘教教団として知られている。彼らの教えは謎に包まれているが、洗礼者ヨハネを最大の預言者と仰ぎ、その反対にイエスを偽預言者とみなしているといわれている。かつては異端のグノーシス主義との交流も指摘され、原始キリスト教徒にも影響を与えた教団であるという説まである。

第六章 原始イエス教団の真実

13世紀の画家Master of Saint Francis
による主の兄弟ヤコブの肖像画

（一）謎の原始イエス教団

イエスの十字架後、残された十二弟子を中心とする原始イエス教団はいったいどのように始まり発展したのだろうか？残念ながら、その確かな資料になるものはほとんど残されていない。ちなみに一般に原始キリスト教と呼ばれる教団と私がいう原始イエス教団は同じものではない。確かに原始キリスト教の発展についてはルカが記した使徒言行録やパウロの手紙等によっておおよその経緯は把握できる。

しかしイエスの死後に残された直弟子たちやマリアたちがどうしていたのかという事実経緯については何一つ詳しく記されていない。使徒言行録とパウロの手紙によって分かるのは、すでに地中海周辺に広がった異邦人を中心とした原始キリスト教会の発展に関するものであって、それ以前に存在した原始イエス教団についてはほとんど知ることができない。

もちろん使徒言行録には、その前半部で原始イエス教団の誕生についてのいくつかの断片的な事実らしきものが紹介されているのだが、ルカの記録はイエスの十字架後少なくとも五十年程後に記されたものであり、すでに確立されたパウロ流の教義が色濃く反映しているために、原始イエス教団についての正確な資料であるとは到底いえない。

しかし、いずれにしても使徒言行録は原始イエス教団について記されたほとんど唯一の資料であるということは確かであり、われわれはそこから歴史的な真実を最大限に汲み取っていくしかないのである。使徒言行録の著者は、ギリシャ人（又はギリシャ語を話すデアスポラのユダヤ人）であり、彼はイエスを直接に見聞きしていたわけではない。彼はおそらくパウロに伝道されて、イエスの福音を信じるようになったのだろう。したがって彼はパウロ以前の歴史については伝聞でしか知らなかったにちがいない。しかも、その伝聞の多くはパウロから直接に教えられたものである可能性が高い。もちろん彼はルカ福音書の著者でもあるので、多くの事実を（ペテロを含む）イエスの直弟子から聞いていた可能性もあるが、彼の知識の多くの部分がパウロによって歪められたものになっている可能性もあることは注意しなければならない。

使徒言行録の中で特に注目すべき点は、パウロ流の教えと原始イエス教団の教えが乖離していたことを示す複数の証拠がみられることである。パウロは以前熱心なファリサイ派としてイエスの信者を徹底的に迫害する立場であったが、あるときダマスコへの途上で天からのイエスの声を聞いて劇的にイエスの信者に回心し、以後は主に異邦人伝道のリーダーとして十二使徒に並ぶ特別使徒として活躍するようになったと記されている。

当初、イエスの十二使徒たちはほとんどがエルサレムを中心とするユダヤで活動していたと思われるが、パウロは（啓示に従い）自ら率先して異邦人伝道に尽くすようになる。ただし、その過程でモーセの律法の問題に関するいろいろな問題が発生したらしいことが使徒言行録に紹介されている。中でも大きな問題は異邦人の信者に割礼を強制すべきであるかどうかという問題であった。ユダヤ教では男子は生後八日目に割礼を施さなければならないとされていて、これはユダヤ人としての義務であると同時にモーセ以来のもっとも重要な宗教的意味をもつ儀式であるとされている。ところがパウロが異邦人を伝道する際に割礼はもはや必要ではないという独自の判断をもって異邦人の入会を許すことにしたので、これが大きな問題になったわけである。イエスの十字架後約十五年を経た紀元四十八年ごろ、そのためにエルサレムで使徒会議が開かれることになり、その模様が使徒言行録に以下の通り記録されている。

ある人々がユダヤから下って来て、「モーセの慣習に従って割礼を受けなければ、あなたがたは救われない」と兄弟たちに教えていた。それで、パウロやバルナバとその人たちとの間に、激しい意見の対立と論争が生じた。この件について使徒や長老たちと協議するために、パウロとバルナバ、そのほか数名の者がエルサレムへ上ることに決まった。さて、一行は教会の人々から送り出されて、フェニキアとサマリア地方を通り、道すがら、兄弟たちに異邦人が改宗した次第を詳しく伝え、皆を大いに喜ばせた。エルサレムに到着すると、彼らは教会の人々、使徒たち、長老たちに歓迎され、神が自分たちと共にいて行われたことを、ことごとく報告した。ところが、ファリサイ派から信者になった人が数名立って、「異邦人にも割礼を受けさせて、モーセの律法を守るように命じるべきだ」と言った。そこで、使徒たちと長老たちは、この問題について協議するために集まった。議論を重ねた後、ペトロが立って彼らに言った。「兄弟たち、ご存じのとおり、ずっと以前に、神はあなたがたの間でわたしをお選びになりました。それは、異邦人が、わたしの口から福音の言葉を聞いて信じるようになるためです。人の心をお見通しになる神は、わたしたちに与えてくださったように異邦人にも聖霊を与えて、彼らをも受け入れられたことを証明なさったのです。

また、彼らの心を信仰によって清め、わたしたちと彼らとの間に何の差別をもなさいませんでした。それなのに、なぜ今あなたがたは、先祖もわたしたちも負いきれなかった軛（くびき）を、あの弟子たちの首に懸けて、神を試みようとするのですか。わたしたちは、主イエスの恵みによって救われると信じているのですが、これは、彼ら異邦人も同じことです。」すると全会衆は静かになり、バルナバとパウロが、自分たちを通して神が異邦人の間で行われた、あらゆるしるしと不思議な業について話すのを聞いていた。二人が話を終えると、ヤコブが答えた。「兄弟たち、聞いてください。神が初めに心を配られ、異邦人の中から御自分の名を信じる民を選び出そうとなさった次第については、シメオンが話してくれました。預言者たちの言ったことも、これと一致しています。次のように書いてあるとおりです。『「その後、わたしは戻って来て、倒れたダビデの幕屋を建て直す。その破壊された所を建て直して、元どおりにする。それは、人々のうちの残った者や、わたしの名で呼ばれる異邦人が皆、主を求めるようになるためだ。」昔から知らされていたことを行う主は、こう言われる。』それで、わたしはこう判断します。神に立ち帰る異邦人を悩ませてはなりません。ただ、偶像に供えて汚れた肉と、みだらな行いと、絞め殺した動物の肉と、血とを避けるようにと、手紙を書くべきです。モーセの律法は、昔からどの町にも告げ知らせる人がいて、安息日ごとに会堂で読まれているからです。」（使徒言行録十五章 1–21 節　新共同訳）

ちなみに、この会議の最後に発言したヤコブこそイエスの兄弟といわれるヤコブである。ヤコブという名はイエスの十二使徒でイエスの三弟子の一人でもあった（ヨハネの兄弟の）ヤコブも有名であるが、しかし彼は西暦四四年頃にヘロデ・アグリッパ王に捕えられ剣で首をはねられ殉教している（使徒12・1）。したがって、当該個所のヤコブはすでに殉教していた三弟子のヤコブではなく、イエスの兄弟のヤコブであったということは明らかである。ヤコブはイエスの十二使徒の一人であったとも考えられ、原始イエス教団の中では特別な存在であったことがよくわかる箇所である※。少なくとも彼はエルサレム教会のみならず原始イエス教団の最高の意思決定にかかわる人物でもあったことが分かる。事実上、この会議によって異邦人に割礼を強制する必要はないという決定がなされたわけであるが、その最終決定を認めた人物はパウロでもペテロでもなく、他ならぬヤコブであった。つまりパウロやペテロよりもヤコブこそが原始イエス教団の最高指導者であったということが推察されるのである。

※福音書に書かれている十二使徒の一人アルファイの子ヤコブは大ヤコブとも称されるゼベダイの子のヤコブと区別され、「小ヤコブ」といわれていた。マタイ福音書によるとイエスの十字架の時にいた女性の中で「小ヤコブとヨセフの母マリア」とも記されており、この記述からも小ヤコブはイエスの母マリアの子、すなわち主の兄弟のヤコブであるという見方が一般的である。「イエスの王朝」の作者J.D.テイバーによると、そもそもイエスの十二使徒の中にはイエスの弟ヤコブ以外にもユダという名のイエスの兄弟が含まれていたとみなしている。ちなみにマルコ福音書にある十二使徒は以下の通り。

「こうして、この十二人をお立てになった。そしてシモンにペテロという名をつけ、またゼベダイの子ヤコブと、ヤコブの兄弟ヨハネ、彼らにはボアネルゲ、すなわち、雷の子という名をつけられた。つぎにアンデレ、ピリポ、バルトロマイ、マタイ、トマス、アルパヨの子ヤコブ、タダイ、熱心党のシモン、それからイスカリオテのユダ。このユダがイエスを裏切ったのである。（マルコ3章 16-19節　新共同訳）」

（二）原始イエス教団の指導者ヤコブ

福音書や使徒言行録をただ漠然と読んでいるだけではイエスの弟ヤコブの重要性は分からない。なぜなら福音書や使徒言行録は、いずれもイエスの十字架から四十年～六十年後に書かれた書物であり、当時はすでに確立されていたパウロの教義に基づく異邦人の教会が主流になっていた時代である。それ以前に存在していた原始イエス教団は紀元六七年～七三年のユダヤ戦争後、ほとんど跡形もなく姿を消していたのである。したがって原始イエス教団は彼らにとっては忘却のかなたの存在か、さもなければ一つの伝承としてのみ語り継がれた存在に他ならなかった。したがって原始イエス教団の指導者であったヤコブについては、彼ら自身ほとんど正確な知識はなく、ただイエスの兄弟として語り継がれた伝説的な存在でしかなかったであろう。

しかしながら、少なくともイエスの兄弟ヤコブがかつての原始イエス教団の中心的存在であったということは、おそらくヤコブに直接接した経験のなかった使徒言行録の著者でさえも知り得た事実であったのだろう。だから彼はパウロの弟子でありながらも、ヤコブがエルサレムの使徒会議で重要な発言をしたという（師パウロから耳にした）事実をそのまま記録に残す必要があると感じたのであろう。少なくとも第一世代のクリスチャンにとってイエスの兄弟ヤコブは、それがたとえ伝承のみの知識であったとしても、大きな存在であったということは想像できる。

ただし、ヤコブの存在は彼らにとってある意味では煙たい存在であり、そしてできることなら否定したい存在であったかもしれない。なぜならパウロにとってもっとも目障りな存在がヤコブに他ならなかったからである。だからこそ、福音書や使徒言行録の中でのヤコブの扱いは実際よりも意図的に小さくみえるように紹介されている可能性がある。マルコ福音書で「小ヤコブ」という呼称になっている理由はそのあたりにもあったのかもしれないが、年齢的にはヤコブはイエスの十二使徒やパウロに比べても若かったのではないかと想像されるので、「大ヤコブ」すなわちイエスの三弟子のヤコブに比べると「年少のヤコブ」という意味もあったのかもしれない。

だが福音書や使徒言行録の著者のヤコブの扱いがたとえ不当に小さくみえたとしても、ヤコブが偉大な存在であったということは新約聖書という後世に特別な権威を与えられた書物以外の中でも残されている。たとえばイエスの兄弟ヤコブが原始イエス教団の中で間違いなく重要な立場にあったという事実は、一世紀の教父クレメンスの伝承によっても以下の通り記されているのである。

救い主が天にあげられた後、ペテロとヤコブとヨハネは、救い主からすでに名誉を与えられていたので、その栄誉を争うようなことはせず、義人ヤコブをエルサレムの監督に選んだ。（エウセピオス「教会史」講談社文庫上 P89）

クレメンスが直接ヤコブを知っていた可能性は少ないが、少なくとも彼は福音書や使徒言行録の著者に比べてより後の世代であるとはいえない。むしろクレメンスの証言は福音書や使徒言行録の権威がまだ確立されていない時代のものであるだけ余計に、その証言には重みがあるといえるだろう。ヤコブが初代エルサレム教会の監督だったという事実は、福音書や使徒言行録の中に直接には記されていないが、しかし、先に紹介した使徒言行録の記録以外にも、いくつかの断片的資料の中に推察することができる。たとえばパウロが記したとされるガラテヤ書にも次のような記録が残されている。

また、エルサレムに上って、わたしより先に使徒として召された人たちのもとに行くこともせず、アラビアに退いて、そこから再びダマスコに戻ったのでした。それから三年後、ケファ（ペテロ）と知り合いになろうとしてエルサレムに上り、十五日間彼のもとに滞在しましたが、ほかの使徒にはだれにも会わず、ただ主の兄弟ヤコブにだけ会いました。（ガラテヤ書一章 17-19 節　新共同訳）

この記録はパウロの回心後にペテロに会うためにわざわざエルサレムへ来訪したときの記録である。このときパウロはペテロと別れてから他の使徒とは会おうとはせず、ただヤコブにだけは挨拶をしたという話である。もしかすると、パウロは主の兄弟ヤコブからイエスの話を聞きたいと思ったのかもしれないが、それ以上にエルサレム教会の監督であるヤコブにだけは礼を尽くさなければならないと感じたのであろう。このエルサレム訪問から十四年後のこととして、同じガラテヤ書に非常に興味深い話が披瀝されている。

その後十四年たってから、わたしはバルナバと一緒にエルサレムに再び上りました。その際、テトスも連れて行きました。エルサレムに上ったのは、啓示によるものでした。わたしは、自分が異邦人に宣べ伝えている福音について、人々に、とりわけ、おもだった人たちには個人的に話して、自分は無駄に走っているのではないか、あるいは走ったのではないかと意見を求めました。しかし、わたしと同行したテトスでさえ、ギリシャ人であったのに、割礼を受けることを強制されませんでした。潜り込んで来た偽の兄弟たちがいたのに、強制されなかったのです。（中略）

さて、ケファがアンティオキアに来たとき、非難すべきところがあったので、わたしは面と向かって反対しました。なぜなら、ケファは、ヤコブのもとからある人々が来るまでは、異邦人と一緒に食事をしていたのに、彼らがやって来ると、割礼を受けている者たちを恐れてしり込みし、身を引こうとしだしたからです。そして、ほかのユダヤ人も、ケファと一緒にこのような心にもないことを行い、バルナバさえも彼らの見せかけの行いに引きずり込まれてしまいました。しかし、わたしは、彼らが福音の真理にのっとってまっすぐ歩いていないのを見たとき、皆の前でケファに向かってこう言いました。「あなたはユダヤ人でありながら、ユダヤ人らしい生き方をしないで、異邦人のように生活しているのに、どうして異邦人にユダヤ人のように生活することを強要するのですか。（「ガラテヤの信徒への手紙」二章1-15節　新共同訳）

この記録をみると、パウロとペテロとヤコブの三者の関係がよく分かる。パウロはヤコブに対しては何も言えないが、ペテロに対しては堂々と非難することさえあったようである。使徒言行録によると、あるときペテロは幻で異邦人と食事をするときに律法の食事規定を守る必要はないというような啓示を受けていたと記されている（使徒言行録十章「ペテロ、ヤッファで幻を見る」の項）。ペテロはおそらくその幻の啓示があったことをパウロに告げたのだろう。ところがペテロは律法に厳格なヤコブの下では食事規定を守っていないことがバレることを恐れ、異邦人と食事することをためらっていたというわけである。その優柔不断なペテロの姿が、パウロの目にはいかにもみっともなくみえたので叱責したという話である。

それにしても、このパウロの話をみると、律法に対してあいまいなペテロを中間に挟んで、一方で律法に忠実なヤコブの生き方とその反対に律法に束縛されないパウロの生き方の間で激しい葛藤があったことを物語っている。使徒言行録の著者はその両者の溝がどうしようもなく深くて広いということをはっきりと認識しながら、あえてペテロの幻の意味を挿入して、ヤコブではなく、パウロの側にこそ神の御心があるということを示さんとしているのが分かるのである。

（三）パウロに対する査問と逮捕事件

しかしながら、このあまりにも大きな両者の溝はやがて抜き差しならない事件へと発展してゆくのである。先に紹介した使徒言行録の使徒会議からさらに何年か経ち、パウロの宣教がモーセの律法をますます軽んじるような教えを垂れているという噂がエルサレムにもたらされ、あろうことかパウロは査問委員会のような場に呼び出され一方的な処分を言い渡されるのである。その会合のあと、すぐにエルサレムの神殿でパウロが逮捕され、大変な騒ぎへと発展してゆく。

わたしたちがエルサレムに着くと、兄弟たちは喜んで迎えてくれた。翌日、パウロはわたしたちを連れてヤコブを訪ねたが、そこには長老が皆集まっていた。パウロは挨拶を済ませてから、自分の奉仕を通して神が異邦人の間で行われたことを、詳しく説明した。これを聞いて、人々は皆神を賛美し、パウロに言った。「兄弟よ、ご存じのように、幾万人ものユダヤ人が信者になって、皆熱心に律法を守っています。この人たちがあなたについて聞かされているところによると、あなたは異邦人の間にいる全ユダヤ人に対して、『子供に割礼を施すな。慣習に従うな』と言って、モーセから離れるように教えているとのことです。いったい、どうしたらよいでしょうか。彼らはあなたの来られたことをきっと耳にします。だから、わたしたちの言うとおりにしてください。わたしたちの中に誓願を立てた者が四人います。この人たちを連れて行って一緒に身を清めてもらい、彼らのために頭をそる費用を出してください。そうすれば、あなたについて聞かされていることが根も葉もなく、あなたは律法を守って正しく生活している、ということがみんなに分かります。また、異邦人で信者になった人たちについては、わたしたちは既に手紙を書き送りました。それは、偶像に献げた肉と、血と、絞め殺した動物の肉とを口にしないように、また、みだらな行いを避けるようにという決定です。」そこで、パウロはその四人を連れて行って、翌日一緒に清めの式を受けて神殿に入り、いつ清めの期間が終わって、それぞれのために供え物を献げることができるかを告げた。

（「使徒言行録」21章17–26節　新共同訳）

このあと、パウロはエルサレムの神殿にいるところを、なぜかパウロの言動の噂を知るユダヤ人にみつかって囚われの身となる。そして彼らはパウロを殺そうとまでするが、その騒ぎを聞きつけてローマの千人隊長が現れローマ兵に連れられてゆく。パウロは千人隊長にローマ市民であることを告げると、千人隊長は驚いて彼を釈放しようとするが、なぜ彼がユダヤ人から訴えられているのかを調べさせるために、ユダヤの最高法院を召集して取り調べてもらうよう取り計らう。

パウロはそこで復活の話を持ち出し、その場にいた復活を信じるファリサイ派議員と復活を信じないサドカイ派議員との間で争論を引き出すことに成功するが最終判決は下されず、身柄をカイザリアのユダヤ総督フェリクスにゆだねられることになる。ここまではイエスが十字架につけられたときとまったく同じ状況であるが、パウロは総督の前でも自らの神秘体験を熱烈に語り、総督はパウロの話に関心をもちながらも判断を保留し以後二年にわたってパウロは監禁される。

そのうちに総督も交代し、今度は新総督フェストスとユダヤ王アグリッパの前にでてパウロは再び自らの神秘体験を熱烈に語り弁明するが、彼らはパウロの神秘体験自体を信じることはできなかったものの、他に死刑に相当するような罪は見いだせないという理由で無事釈放となる。この一連の取り調べの途中、パウロはローマの市民権を楯に皇帝への上訴をちらつかせていたために、彼らはイエスの時のようなユダヤの最高法院が望む刑を言い渡すことをためらったのであろうと思われる。

しかしながら、この使徒言行録の著者が記録した事件は実に奇妙な問題をわれわれにつきつける。分かりやすく箇条書きにして整理してみよう。

（1）パウロがこの事件に巻き込まれたのはパウロがヤコブを中心とするエルサレム教会の査問委員会にでたあとである。パウロがエルサレムに来ていることを査問委員会の出席者の誰かが密告したのであろうか？

（2）パウロが逮捕されていながら、エルサレム教会の信者は誰もパウロを助けにいこうとした記録がない。しかも逮捕されてから2年もの間、信者たちは何をしていたのであろうか？もしかするとパウロが最高法院の裁判にゆだねられることは当然であるとエルサレム教会の信者たちは考えたのであろうか？

（3）当時のユダヤ人（最高法院を含め）はキリストの復活というパウロの告白に対しては、特別に反感を抱いていたということはあまり感じられない（むしろ彼らは興味をもって聞き入っていたようだ）。パウロが訴えられたのはキリストの復活を証言したからではなく、むしろエルサレム教会での査問と同じように、彼が海外のユダヤ人（デアスポラのユダヤ人）に対して割礼を行なう必要がないとか、モーセの律法は守る必要がないと公言していたからであり、純粋にユダヤの律法違反に問われたのではないか？（つまりイエスの裁判の時とは明らかに罪状が違っている）。

（4）　イエスの兄弟ヤコブは、当然パウロの逮捕を知っていたはずであるが、パウロのために恩赦を求める行動を起こさなかったのだろうか？彼はすべてのユダヤ人から宗派を超えて尊敬されていた人物であったにもかかわらず…。

この他にも考えれば奇妙な点があるのであるが、実はこのようないくつもの奇妙な疑問が推察されるからなのか、ロバート・アイゼンマン（R. Eisenman）によると、きわめて大胆な仮説が導かれるとしている。アイゼンマンによれば、エルサレム教会とパウロの間には使徒言行録の著者が示した以上に決定的な溝があり、その結果、パウロを訴えでたのは他でもなくエルサレム教会の信者だったというのである。それればかりではない。アイゼンマンはヤコブを中心とする原始エルサレム教会こそが、実はクムランを拠点とする謎の教団でもあったと断定する。したがって、（アイゼンマンによれば）クムラン教団で信奉されていた「義の教師」とはイエス（または義人ヤコブ）であり、それに対して、義の教師を裏切った「偽りの教師」とはパウロに他ならないとされている。ちなみにもう一人の「悪の祭司」は当時の大祭司アナニアのことであろうとされている。※詳しくは「死海文書の謎」M・ベイジェント&R・リー共著　柏書房）

私は、この仮説を必ずしも荒唐無稽なものとして片づけることはできないと思っている。確かに、使徒言行録の著者が記録した以上にエルサレム教会とパウロ派の間には大きな溝があったであろうし、パウロを不信するユダヤ人が同じイエスの信者の間にも相当数いた可能性はある。また死海文書を残した謎の教団がヤコブを中心とする原始エルサレム教会であったとしても、必ずしもおかしくはない。たとえば彼らが信じていた「光の子と闇の子の闘争」とか、独特なメシア信仰や終末観、あるいは律法の順守を細かく規定した宗規要覧などはパウロ流のキリスト教徒には違和感があるとしても、律法を厳格に守ろうとしたヤコブの教えにむしろ近いものがあるのではないかと考えられる。クムラン教団の間では肉体の復活信仰はなく、肉体を去った後に至福の霊の世界があると信じられていたそうであるが、これは確かにパウロの復活の教えとは違っているが、原始エルサレム教会の教えでは肉の復活が否定されていた可能性もある。そして二世紀から四世紀において目立つようになったグノーシス主義のキリスト教もまた肉体の復活ではなく永遠に滅びない霊の世界を信じていたという点で、もしかするとクムランの（または原始エルサレム教会の）流れから派生した可能性もある。

しかしながら、私は同時にアイゼンマンの説にいくつかの違和感を覚える者である。パウロと原始エルサレム教会の間には確かに大きな溝があったとしても、クムラン教団が残したような「偽りの教師」に対するほど彼らの間にパウロに対する憎しみの感情があったとは思われない。ましてや彼らがパウロを律法に反する罪で大法院に訴えるという非情な処置ができたとは思えない。彼らの間には確かに溝はあったが、しかしそれ以上に彼らは主イエスを信じるという共通項で結ばれていたはずであり、彼らの間でその溝の深さが共通項以上に大きくなっていたとは考えられない。さらに、それらの違和感よりももっと大きな私の中の疑問は、そもそもクムラン教団が同時代に存在していたはずのもう一つ別の集団とイコールで結ばれるのではないかという（前に紹介した）バーバラ・スィーリングの仮説のほうがはるかに魅力的にみえるからである。すなわちクムラン教団とは洗礼者ヨハネが残した教団であり、「義の教師」とはヨハネに他ならず、それに対して彼を裏切った「偽りの教師」はイエスに他ならないという解釈である。もう一度、その仮説にしたがって、今度は原始エルサレム教団（＝原始イエス教団）の謎も含めた謎解きをしてみよう。

（四）エッセネ派とは誰だったのか？

死海文書が一九四七年に初めて発見されて以来、いくつもの仮説が提出されたがどれもこれも帯に短く襷に長いという感じで、本当に万人を納得させるものはこれまでなかった。その結果、さまざまな異説はあるにしても、発見以来クムラン教団の謎解きに尽力したカトリック神父ド・ヴォーの功績を大半の学者が多とし、以後、彼の着想を正統的なものであるとみなされるようになった。すなわちクムラン教団というのは、一世紀のローマの地誌学者大プリニウスや古代ユダヤ史家ヨセフス、そして同じく同時代のアレクサンドリアのユダヤ人著述家フィロンらの古代資料によって残されたエッセネ派に違いないというものである。

ところがここに大きな盲点がある。彼らによって名付けられたエッセネ派というのは、本当に共通する集団を意味するのであろうか？前にも紹介したように、大プリニウスの紹介したエッセネ派とヨセフスが紹介したエッセネ派は互いに全く異なったイメージを与えるのである。そのイメージの違いは大プリニウスのエッセネ派は洗礼者ヨハネの集団のイメージに近く、ヨセフスのエッセネ派はむしろ原始イエス教団のイメージに近いということである。ここで原始イエス教団のイメージに近いヨセフスのエッセネ派に対する見解をもう一度みてみよう。

エッセネ人は富を蔑視する。彼らの間での財産の共有制は驚くべきものである。他よりも多くのものを所有する者を彼らの間に見いだすことはできない。というのも、この宗団に入るのを志願する者たちは、自分たちの所有物を宗団のために全員のものにする規定があり、その結果、彼らの間ではどこにも貧困ゆえの屈辱はなく、また傑出した富者もなく、各人の所有物は一緒にされてひとつとなり、すべてが兄弟たちの共有財産となる。（中略）エッセネ人は（ある特定の）ひとつの町に住んでいるのではない。どの町にもおおぜいの者がやってきて住んでいる。この派の者たちは他所からやってきても、彼らの所にあるすべてのものを自分たちの所有物のようにして使うことができる。彼らは一度も会ったことのない者たちのもとへ、親しい者のように出入りする。（「ユダヤ戦記」P276-277）

このヨセフスの記述とかなりイメージ的に重なる使徒言行録の中の原始イエス教団に関する記録を比べてみてほしい。

信者たちは皆一つになって、すべての物を共有にし、財産や持ち物を売り、おのおのの必要に応じて、皆がそれを分け合った。そして、毎日ひたすら心を一つにして神殿に参り、家ごとに集まってパンを裂き、喜びと真心をもって一緒に食事をし、神を賛美していたので、民衆全体から好意を寄せられた。こうして、主は救われる人々を日々仲間に加え一つにされたのである。

（「使徒言行録」二章 43-47 節　新共同訳）

ちなみにアレクサンドリアのフィロンが記したエッセネ派も紹介しておこう。

「エッセネ」は「聖・敬虔」を意味し、彼らは俗化した生活を避けて地方の村々に住み、個人として金銭も土地も所有せず共有の財産で生活している。剣や盾などの武器はいっさいつくらず、神の存在と宇宙の創造だけを原理として倫理的にきわめて高い生活を送り、「神の霊感なしでは人間の魂に宿らなかったであろう律法」によって訓練されている(Quod Omnis.12)。

実はフィロンはエジプトのアレクサンドリアにも似たような人々がいて、彼はその人々をテラペウタイと呼んでエッセネ派とは区別しているのであるが、面白いことに四世紀の教父エウセピオスがフィロンの描いたテラペウタイは「キリスト教徒という呼び名がまだそれほど一般的ではなかったので、彼らは、実際、はじめからそのように呼ばれていたのである…」と書いている(エウセピオス「教会史」講談社学芸文庫 P116)。ただしエウセピオスはエッセネ派については、フィロンやヨセフスの著書に詳しく記されているのを知っていたにもかかわらず特に触れることもなく、彼らが名付けたエッセネ派もクリスチャンの共同体である可能性があるとは言っていない。それはおそらくヨセフスが詳しく紹介したエッセネ派の記述の中にどうしてもクリスチャンではありえない習慣や信仰があると思われたからだろう。たとえば彼らをクリスチャンだと仮定するとどうしても矛盾する次のような記述がある。

エッセネ人の宗派にどうしても入りたい者がいても、ただちには入団できない。彼らはその者に宗団の外に一年間とどまらせながら自分たちと同じ生活を課すが、そのさいスコップと記述の腰布と白い布を与える。この期間中に自制心の証を示すことができれば、彼らはその者を自分たちの生活に近づけ、その者は潔めのためのより清い水にあずかることができるが、それでもまだ彼らの共同生活に入ることはできない。こうして意志の固いところを示した後、その者の性格はさらに二年間試され、もしふさわしいことが明らかにされれば、その者ははじめて交わりの中に入れられる。「ユダヤ戦記 I 」ちくま学芸文庫 P280）

彼らは神についで律法制定者（モーセ）の名前をもっとも畏怖する。その名前を冒涜する者は死でもって罰せられる。（同書 P282）

彼らは安息日に仕事をすることを他のどんなユダヤ人よりも厳格に禁じている。その日に灯を点ずることのないよう自分たちの食事を前日に準備するばかりか、どんな漆器も動かそうとはせず、用足しにさえ行かない。（同書 P282）

エッセネびとの間では、肉体は朽ち、それを構成する物質はこの世界にとどまらないが、霊魂は不死でこの世界にとどまるという教えが定着しているからである。霊魂はもっとも希薄な大気から流出すると、自然の呪縛によって牢獄のような肉体の中に引きずり込まれるが、いったん肉体の束縛から解き放たれると、長い隷従から自由にされたかのように、それは歓喜し、地上からはるか高い所へ連れて行かれる。（同書 P283）

ヨセフスのこれらの記述をみると、確かにクリスチャンの共同体とは似て非なるものして映るであろう。しかしながら、イエスの兄弟ヤコブを中心とする原始イエス教団はきわめて厳格な律法主義者であったということは、先の使徒言行録でパウロを査問した記録からみても推察される。伝承ではヤコブは「義人ヤコブ」と呼ばれるほどユダヤの律法を厳格に守る人として、宗派を超えて人々から尊敬されていたとされている。エウセピオスの「教会史」の中でヘゲシッポス（二世紀半ばのパレスチナのユダヤ人キリスト者）の著作から次のように引用されている。

ヤコブは主の時代から今日まで誰もが義の人と呼ぶ人物である。他にも多くのヤコブがいるが、彼だけが生まれつき聖なる者である。ぶどう酒や酒をいっさい口にせず、動物の肉も食べない。頭に剃刀を当てることも、香油を体に塗ることも、沐浴もしない。彼だけは聖所に入ることができる。そのため、彼が身に着けているのは、毛織物ではなく麻布である。常に一人で聖所に入り、跪いて人々のために神に赦しを乞う。長い時間祈るので、その両膝は駱駝の膝のように堅くなっている。この上ない敬虔さのゆえに、彼は義人、あるいは砦（擁護者）と呼ばれている。彼は預言者の言葉通りの人物である。（エウセピオス「教会史」講談社学芸文庫 P132）

ヘゲシッポスの伝承によると、イエスの兄弟ヤコブはまさに非の打ちどころのないほど律法に忠実な人物であり、それは彼が聖所に一人で入ることが許された人物であったという記述をからみてもうなずける。ヤコブが聖所に一人で入ることが許されていたということは、ユダヤ人にとってヤコブが模範的な律法主義者だとみなされていた証拠であるが、逆にいうと、おそらく彼は一方で復活のイエスを信じるクリスチャンであるとは誰にも怪しまれないほど完璧なユダヤ人であったという証拠にもなる。

（五）義人ヤコブの最後及びヨセフスの謎

複数の伝承者によると義人ヤコブの最後は神殿の塔から突き落とされて、そのあと棒で滅多打ちにされたとされている。先のヘゲシッポスによると、人々から尊敬されていたヤコブがそんな酷い殺され方をしたのは、彼が主イエスへの信仰を公に告白したからであるとして、その凄惨な事件に至る事実関係を次のように記している。

パウロがカエサルに訴え出て、フェストによってローマ人の都へ送られると、パウロへの陰謀の期待を打ち砕かれたユダヤ人どもは、エルサレムの監督職の座を使徒たちから受けていた主の兄弟ヤコブに（攻撃の）矛先を向けた。彼に対する彼らの犯罪は以下の通りである。彼らはヤコブを人々の中に引きずり出すと、すべての民の前で、キリストへの信仰を否認するよう要求した。しかし、彼がすべての人の予想に反し、はっきりとした声と意想外の勇気によって、すべての群衆の前で、わたしたちの救い主にして主であるイエスは神の子であると告白した。すると彼らはこの男の証にもはや耐えることができなくなって。彼が哲学と敬虔の生活によって達した高みのために、すべての者からもっとも義《ただ》しい人物とみなされていたからである。そこで彼らは彼を殺した。ユダヤでフェスト（総督）が死に、統治する政府も総督もなくなった無政府状態のそのときを権力の（行使）の機会に利用したのである。（エウセビオス「教会史」講談社文庫上P133）

興味深いことに、ヘゲシッポスは前に紹介した使徒言行録の中でパウロに対するユダヤ人の訴えが、パウロのローマ市民権を盾にした皇帝への上訴によって失敗したことに対する半ば腹いせのような形でヤコブが引きずり出されたという展開になっていることである。確かに、時期的にみるとこの経緯が史実に反しているということでもなさそうである。ちなみに、この一連の事件ではヨセフスの書物の中にもヤコブの死に関する同様の伝承が残されている。

さて、大祭司に任ぜられた前述の若い方のアナノスは性急な性格で、かつ驚くほど大胆であった。彼はサドカイ人の宗派に属していたが、すでに述べたように、この人たちは裁きという点では、他のいかなるユダヤ人よりも冷酷で無情なのが通例であった。加えてアナノスの性格が性格であった。彼はフェストスが死に後任のアルビノスがまだ赴任の途中であるこのときこそ絶好の機会と考えた。そこで彼はスュネドリオンの裁判官たちを召集した。そして彼はクリストスと呼ばれたイエスス（イエス）の兄弟ヤコボス（ヤコブ）とその他の人びとをそこへ引き出し、彼らを律法を犯したかどで訴え、石打の刑にされるべきであるとして引き渡した。市中でもっとも公正な精神の持ち主とされる人たちや、律法の遵守に厳格な人たちは、この事件に立腹した。そこで彼らはアグリッパス王にたいしてひそかに使いを出し、アナノスはこうして第一歩から不正を行ったが、今後二度とこのようなことを行わないように命令してほしいと願い出た。（ちくま学芸文庫「ユダヤ古代誌6」P291－－292）

ただし、このヨセフスの記述の中でイエスの兄弟ヤコブとされているのは後世の（クリスチャンによる）加筆ではないかとみなされる。なぜならヨセフスはイエスに対する知識があったとは思えないからである。もしヨセフスがイエスの存在を知っていて、そしてイエスの復活を信じながら特異な共同生活をしている集団がいることを知っていたならば、彼はそれについて何らかの言及をしていたであろう。ヨセフスがイエスに言及した個所とされるのは、このヤコブの惨殺に関する個所ともう一箇所あるのみである。参考までに、その部分を引用しておこう。

さてこの頃、イエスという賢人―実際に彼を人と呼ぶことが許されるならば―が現れた。彼は奇跡を行う者であり、また喜んで審理を受け入れる人たちの教師でもあった。そして、多くのユダヤ人と少なからざるギリシャ人を帰依させた。彼こそはキリストであったのである。ピラトは彼がわれわれの指導者たちによって告発されると、十字架刑の判決を下したが、最初に彼を愛するようになった者たちは、彼を見捨てようとはしなかった。すると彼は三日目に復活して、彼らの中にその姿をみせた。すでに神の預言者たちは、これらのことや、さらに、彼に関するその他無数の驚嘆すべき事柄を語っていたが、それが実現したのである。なお、彼の名にちなんでクリスティアノイ（キリスト教徒）と呼ばれる族はその後現在にいたるまで連綿として残っている。（ちくま学芸文庫「ユダヤ古代誌6」P34）

そもそもこの書（「ユダヤ古代誌」）は紀元六七年～七三年のユダヤ戦争でユダヤの指揮官として活躍していた軍人のヨセフスが、ローマの捕虜となり後に幸運にもローマ皇帝の庇護を受け、皇帝の許可の下に執筆したものである。そして「ユダヤ古代誌」は、後々、西洋キリスト教徒の愛読書となり、歴史上、聖書の次に最も多くの人々に読まれたといわれるほどの古典である。

しかしながら、このイエスに言及した個所はあまりにも短く、しかも前後関係のつながりがなく不自然で唐突な感じが否めない。それゆえ、この個所はヨセフスの筆によるものではなく、後世のクリスチャンが書き加えたのであろうというのが、もっとも可能性が高いとされる。この文章の中で特に不自然なのは、「イエスという賢人―実際に彼を人と呼ぶことが許されるならば―が現れた」という個所が、明らかに後世のクリスチャンの信仰告白に近いこと、しかも「すでに神の預言者たちは、これらのことや、さらに、彼に関するその他無数の驚嘆すべき事柄を語っていた」という個所は、ユダヤ教徒としてのヨセフスの頭脳からは到底考えられない内容であるということから、これはヨセフスが記した記録ではありえないということはほぼ断定できる。

もし仮にヨセフスがイエスの存在やイエスを信じる集団のことを少しでも知っていれば、好奇心旺盛なヨセフスが彼の書物にもっと具体的に記していてもよさそうなものである。彼は「ユダヤ古代誌」と「ユダヤ戦記」の二つの書物の中で、ユダヤ人の社会には伝統的にファリサイ派とサドカイ派とエッセネ派という三つのグループが存在していることを何度も述べている。そして、その中でもとりわけエッセネ派についてヨセフスは好意を寄せながら詳しく紹介している。しかし、奇妙なのはなぜヨセフスが同時代のキリスト教団の存在についてはまったく無知だったのかということである。

ヨセフスが活躍していた時代は西暦後五〇年〜六〇年代である。当時はイエスを信じる集団がエルサレム教会を拠点に布教が海外でも目覚ましく成功していた時代である。ただし、エルサレムではおそらく目立った布教活動はできなかったであろう。使徒言行録の前半部で、ステパノが殉教し使徒ヤコブが打ち首で殺され、ペテロが逮捕されるという異常な迫害を経験したために、それ以降、彼らはイエスの名を語らずに布教せざるをえなかったはずである。実際、使徒言行録にはユダヤの最高法院がイエスの名を語りイエスの名で話をすること自体を禁じたと記されている（使徒 2-28 2-41）ので、彼らの活動はまさに隠れ切支丹のように自らの正体を隠して活動せざるをえなかったであろう。

そのような状況の中でヨセフスが生きていたとすれば、彼がイエスを信じる集団に対して無知であった理由がうなずける。エルサレムは当時せいぜい人口五万人程度の都市であった。そこは周囲を城壁で囲まれているために、その内部で生活している者は互いによそ者であるとは感じられなかっただろう。彼らはすべて運命共同体であり同じ神を信じる同胞であった。したがって、ヨセフスにとっては、エルサレムの城内にどのような人々が生活しているのかということは把握していると考えただろう。だとすればヨセフスがイエスの信者たちの生活について、たとえ間接的にせよ完全に無知であったとはどう考えても思えない。彼はイエスの信者たちが互いの持物をもちよって特異な共同生活を営んでいたことを知っていたはずである。

原始イエス教団のように、その成員が自分の財産にまったく執着せずに互いに助け合って共同生活を営む集団というのは、当時の社会でも非常にめずらしい集団であったはずだ。だから同じような共同生活をする二つの集団がエルサレムという小さな城塞都市の中に併存していたとは考えられない。すなわち当時のエルサレムにエッセネ派という集団と原始イエス教団が同じような共同生活を営んでいたということは考えられないのである。したがってヨセフスがエッセネ派と呼んだのは明らかに原始イエス教団のことだったのだと理解される。

（六）原始イエス教団はエッセネ派と呼ばれていた？

エッセネという呼び名の意味は、もともとは「癒し人」というような意味があったとされている。イエスを信じる集団の最大の特徴は福音書や使徒言行録にも記されているとおり、数々の奇跡や病気を癒す能力をもった集団だったということである。それらの話がどこまで本当なのかはわからないが、少なくともイエスを信じる集団は病気を癒す特異な集団として周囲からも認知されたのかもしれない。それがエッセネという名の起こりではないだろうか。ただしアイゼンマンによると、エッセネという語はイエッセネとも読まれ、これはイエスを信じる集団というもっと直接的な意味があったとも解釈されうる。

注意すべきことは、エッセネ派という集団が生まれた時代は特定されておらず、ただ紀元一世紀のほぼ同時期にアレクサンドリアのフィロン、ユダヤ人のヨセフス、ローマの大プリニウスらの文書によって残されたものしかないということである。彼らはいずれもイエスの十字架よりも後の時代に活躍していたことからみると、その言葉の由来は（当時では謎の教団にしかみえなかった）原始イエス教団の集団だったという可能性が高くなる。

ただし、彼らはヨセフスが描いたように厳格な律法を守る集団だったのであり、それは今日のクリスチャンが想像する原始キリスト教会の共同体とは似て非なるものであったかもしれない。彼らはイエスという名を隠し周囲からは異端的な信仰集団であったとは考えられていなかった。ユダヤ教では個人崇拝は偶像崇拝と同じく最大の罪になるため、彼らが復活のイエスを崇拝しているという事実は絶対に秘密にされなければならなかったはずだ。もしもそのことが暴露されると、ユダヤ人は彼らの存在を許すことはなかっただろう。したがって、彼らの共同体に加わるためには、実際、ヨセフスが描いたとおり、厳格な審査と試験期間があったことは十分に考えられる。ただし、ヨセフスの文書には大袈裟な記述や裏付けのない事実が数多いということは一般に認められたことでもあるので、彼の記述をどこまで信頼できるのかという問題もある。ヨセフスによれば、エッセネ人は紀元前二世紀頃から存在していたとしているが、その記述自体もあいまいで証拠がなく、おそらくはヨセフスが人づてに聞いた話を書き遺したレベルではないかと思われる。ヨセフスがエッセネ派に入会していたというような話も、若いころの出来心かまたはスパイ目的という可能性もある。彼はエッセネ派に興味をもって近づいたが、用心深い原始イエス教団の長老によって教団の秘密を明かされることなく離れたのではないだろうか?

ただし、当時からエッセネという言葉に定義があったわけではなく、多くの人々は似たような共同生活をしている集団を一括してエッセネ派という呼び名で括っていた可能性がある。たとえばイエスの集団と同じように特異な共同生活を営む集団として、当時、洗礼者ヨハネの集団がイエスの集団と併存していたはずだが、おそらく周囲の目からみると両者の区別はつきにくかったにちがいない。しかるに大プリニウスが描いた死海近辺に共同生活をするエッセネ派はヨハネを信じる集団だったのだと解釈すれば、おそらく当時のエッセネ派に対する常識とはそんなにかけ離れていないだろう。彼らは師ヨハネを「義の教師」として信じ、そのヨハネの弟子でありながらヨハネを裏切って分派活動を起こしたイエスを「偽りの教師」として憎んでいたという可能性は大いにある。彼らが二人の名前を固有名詞で呼ばなかった理由は、当時、二人とも（ヨハネもイエスも）偽のメシアという汚名で社会から葬られた存在であったからだろう。したがって、彼らはその名を隠しながら信仰を守ろうとしていたのではないか。

ちなみにヨセフスが記したエッセネ派はクムラン宗団ではなく、明らかにイエスの教団のことである。なぜなら彼はエッセネ人は町でも村でもどこにでもいると書いているのである。当時、原始イエス教団は家の教会とも呼ばれるように、各地の信者が自分の家を提供して教会とし、そこを拠点として互いに持物を持ち寄って共同生活をしていたものと考えられている。だから原始イエス教団はエルサレムだけではなく、ガリラヤや他の地方にも到る所にあったと考えられる。

一方、洗礼者ヨハネの教団はヨハネの教え通り、死海近辺の荒野を拠点に極端な禁欲生活を送っていたのでないだろうか。彼らもまたイエスの教団と同じような終末信仰をもち、共同生活をしながら終わりの日に備えていたと考えられる。それはまさしくクムラン教団のイメージにもピッタリと重なりあう。ローマの地誌学者大プリニウスは、当時ユダヤで普及していたエッセネという独特な共同体の呼び名を彼らの集団に重ね合わせたのであろう。

そのように考えれば、それほど当時有名であったエッセネという呼称が新約聖書のどこにも記載されていない理由がうなずけるだろう。ついでながらヨセフスによると、エッセネ派の多くは独身主義者であったが、しかし結婚しているものもいたと記されている。これは結婚に対する原始イエス教団の考え方を反映しているのでないだろうか？　パウロも手紙の中で書いているように、彼らは終末が近いことを信じていたので、できるだけ結婚を避けていたようである（コリント一7章8節　他）。

（七）原始イエス教団の信仰とは何だったのか？

原始エルサレム教会はイエスの十字架後に初めて設立された教会であり、以後、長きに亘って原始イエス教団の拠点となっていた。そこには義人ヤコブ以外にも何人もの有力な使徒と長老がいたはずである。パウロはエルサレム教会を支援するために海外で募金集めを行っていたことも使徒言行録他で記されている。それはエルサレム教会こそが世界の中心であり、救いはそこから始まるはずだという彼らの信仰があったからであろう。したがってパウロが行っていた海外布教はあくまでも周辺的な摂理にすぎなかった。少なくとも義人ヤコブが殺され、その後にユダヤ戦争のきっかけになる騒乱が勃発するという深刻な事態に至るまでは、エルサレム教会が信者の希望であり、そこを中心としてイエスの教えが広まることがなによりも望まれていたのだろう。

重要なことは原始エルサレム教会ではイエスという個人を崇拝するのではなく、イエスの教えを教えていたということである。なぜならユダヤ教では、個人崇拝は厳しく戒められていたからである。イエスが偉大であったのは、その教えが権威のある教えであり、神から来た教えであると考えられたからであろう。だから彼らはパウロのようにイエスを信じるだけであらゆる罪が許されるという極端な反律法的考え方はとらなかったであろう。つまり教団内では、自らの正体を隠すためにだけではなく、教会を維持してゆくためにもイエスの名を語る必要は必ずしもなかったのではないかと思われる。特に気を許すことができない新参の信者に対しては、教祖であるイエスの名を語らずに、あくまでもユダヤ教の教えを尊重したイエスの言葉を中心に教えたのではないだろうか？いわゆるイエスの教えを集めたQ語録というものがあったとすれば、それはそのような教団の維持のためにも必要とされたからである。逆に、彼らにとっては福音書のようなものはまったく必要としなかったのである。それは仏教や儒教で教祖の伝説が教えの中心でないのと同じである。

特に原始エルサレム教会の監督をまかされたヤコブはそのような教えを信者に説いていたものと思われる。後にヤコブは義人ヤコブと呼ばれ、律法に忠実な人物としてあらゆる宗派を超えて尊敬を集めるほどの人物であった。おそらくヤコブは使徒パウロやペテロの上に立ち、事実上は原始イエス教団の指導者であり、信者の間ではイエスの後継者とみなされていたとしても不思議ではない。実際、ヤコブの教えがどのようなものであったのかということは、新約聖書に残されたヤコブの手紙の中からも類推することができる。

御言葉を行う人になりなさい。自分を欺いて聞くだけで終わる者になってはいけません。御言葉を聞くだけで行わない者がいれば、その人は生まれつきの顔を鏡に映して眺める人に似ています。鏡に映った自分の姿を眺めても、立ち去ると、それがどのようであったか、すぐに忘れてしまいます。しかし、自由をもたらす完全な律法を一心に見つめ、これを守る人は、聞いて忘れてしまう人ではなく、行う人です。このような人はその行いによって幸せになります。（ヤコブの手紙一章 22-25 節　新共同訳）

わたしたちの兄弟たち、自分は信仰をもっていると言う者がいても、行いが伴わなければ何の役に立つでしょうか。そのような信仰が彼を救うことができるでしょうか。もし、兄弟あるいは姉妹が、着る物もなく、その日の食べ物にも事欠いているとき、あなたがたのだれかが、彼らに、「安心して行きなさい。温まりなさい。満腹するまで食べなさい」と言うだけで、体に必要なものを何一つ与えないなら、何の役に立つでしょう。信仰もこれと同じです。行いが伴わないなら、信仰はそれだけでは死んだものです。（ヤコブの手紙二章 14-17 節　新共同訳）

しかし、「あなたには信仰があり、わたしには行いがある」と言う人がいるかもしれません。行いの伴わないあなたの信仰を見せなさい。そうすれば、わたしは行いによって、自分の信仰を見せましょう。あなたは「神は唯一だ」と信じている。結構なことだ。悪霊どももそう信じて、おののいています。神がわたしたちの父アブラハムを義とされたのは、息子のイサクを祭壇の上に献げるという行いによってではなかったですか。アブラハムの信仰がその行いと共に働き、信仰が行いによって完成されたことが、これで分かるでしょう。「アブラハムは神を信じた。それが彼の義と認められた」という聖書の言葉が実現し、彼は神の友と呼ばれたのです。これであなたがたも分かるように、人は行いによって義とされるのであって、信仰だけによるのではありません。（ヤコブの手紙二章18–24節　新共同訳）

これらの言葉の中には確かに義人ヤコブと呼ばれた人物の実像が脈々と伝わってくるのを感じることができる。ヤコブの教えは信仰義認を唱えたパウロの教えとはまったく正反対にみえるが、イエスの本来の教えにはむしろ近いのではないかと思われる。ヤコブの手紙の教えがマタイ福音書にある次のイエスの聖句からみて必ずしも反キリスト教的でもなかったことが分かる。

「わたしが来たのは律法や預言者を廃止するためだ、と思ってはならない。廃止するためではなく、完成するためである。はっきり言っておく。すべてのことが実現し、天地が消えうせるまで、律法の文字から一点一画も消え去ることはない。だから、これらの最も小さな掟を一つでも破り、そうするようにと人に教える者は、天の国で最も小さい者と呼ばれる。しかし、それを守り、そうするように教える者は、天の国で大いなる者と呼ばれる。言っておくが、あなたがたの義が律法学者やファリサイ派の人々の義にまさっていなければ、あなたがたは決して天の国に入ることができない。」（マタイ福音書五章17–20節　新共同訳）

面白いことにヤコブが行動を重んじる人物であったということは、実はヨハネ福音書の中にも示されているのである。

イエスの兄弟たちが言った。「ここを去ってユダヤに行き、あなたのしている業を弟子たちにも見せてやりなさい。公に知られようとしながら、ひそかに行動するような人はいない。こういうことをしているからには、自分を世にはっきり示しなさい。」兄弟たちも、イエスを信じていなかったのである。（ヨハネ福音書七章3-5節　新共同訳）

イエスの兄弟（ヤコブ以外にも何人かいた）たちは本当にイエスを信じていなかったのであろうか？確かにイエスの使命が罪人の贖罪のために十字架にかかることであったとすれば、彼らはそのような使命がイエスにあることに対して無知であったかもしれない。しかし、彼ら兄弟はイエスがエルサレムへ行ってメシアとして立ち上がってほしいと願っていたのであるとすれば、彼らの信仰の欠如を非難することは的外れであろう。むしろ、イエスの兄弟はイエスの十二使徒たちとは比較にならないほど、真のユダヤ教に通じた立派な信仰者だったのではないかと想像される。彼らがイエスの十字架後すぐに教会のメンバーとして重要な立場に立つことができたのは単に血縁のためだけではなく、もともと、イエスがガリラヤで行動を開始する前から共通の信仰心があったからではないであろうか？

「イエスの王朝」という書物を書いたJ.D.テイバー（James D Tabor）によると、そもそもヤコブをはじめイエスの兄弟たちはユダヤ人が本来願っていたメシア王朝を築くという使命感において、イエスと共通の信条をもっていたのではないかという仮説を展開している。それはイエスの死によっていったん挫けそうになったが、しかし、義人ヤコブをイエスの後継者としてたてることにより、新たなメシア運動を起こしていた可能性があるとしている。そのように考えると、義人ヤコブは原始イエス教団の指導者であるというだけでなく、ユダヤ人の指導者（メシア）としても信者たちに期待されていたのかもしれない。

（八）原始イエス教団から生まれたグノーシス主義

一世紀の終わりころから、二世紀、三世紀の異邦人のキリスト教が主流になっていった時代の中で東方のシリアやエジプトを中心とする教会の中で異端派のグノーシス主義がキリスト教内部の大きな問題となっていった。しかしグノーシス主義の起源をみると、それはどうしても原始イエス教団の流れと重なるような気がしてならない。グノーシス主義の最大の特徴はイエスの肉体の復活を信じなかったことである。彼らは死後の世界である霊的な世界こそが永遠の世界であると考えた。その反対に肉体は朽ちるものであり本来永遠のものではない。したがって地上の世界は悪魔が作った世界であり神の世界ではない。彼らはその信仰を極端に推し進めた結果、神の子イエスは肉体をまとっていたはずがないという極論（仮現論）に達してしまう。それに対してパウロの教えを信じた正統派は、神の子イエスは肉体を宿して十字架に架かることにより、罪人の罪を贖罪してくれたのであると信じた。したがってイエスは肉の人であると同時に神の子でもあるとされたわけである。考えてみるとグノーシス主義のその種の信仰は、ヨセフスが描いたエッセネ派の信仰とそっくりであるということに気づく。前にも紹介した部分をもう一度引用しておこう。

エッセネびとの間では、肉体は朽ち、それを構成する物質はこの世界にとどまらないが、霊魂は不死でこの世界にとどまるという教えが定着しているからである。霊魂はもっとも希薄な大気から流出すると、自然の呪縛によって牢獄のような肉体の中に引きずり込まれるが、いったん肉体の束縛から解き放たれると、長い隷従から自由にされたかのように、それは歓喜し、地上からはるか高い所へ連れて行かれる。（同書 P283）

原始イエス教団もまたこのような教えを信じていたのではなかったであろうか？第二章で展開したように、イエスの復活現象というのは明らかに肉の復活ではなく、霊による復活現象だったのである。それをもっとも身近に知っていたのは、他ならぬイエスの親族（マグダラのマリアを含む）たちであった。なぜなら彼らはイエスの朽ち果てた肉体がタルピオットの秘密の墓に葬られていることを知っていたからである。そこにはイエスの他に母マリアと兄弟ヤコブ、ヨセ、ユダ、シモン、そしてイエスと結婚していた可能性のあるマグダラのマリアが一緒になってそれぞれの棺に葬られていた。その墓所はおそらく近親者以外には秘密にされていただろう。

一方、パウロやペテロはそのような墓の存在さえ知らなかった可能性がある。だから彼らは純朴にもイエスの肉の復活を信じ得たのかもしれないが、その墓の存在を知っていたヤコブはイエスの肉体が復活することはありえないことを知っているので、肉の復活を信じてはいなかっただろう。ただし、ヤコブもまたパウロと同じようにイエスの霊的な復活に出会った可能性があるので、彼は朽ちるしかない肉体とは別の永遠に朽ちることない霊的な世界が別にあることを信じていたのだろう。そのようなヤコブやイエスの親族の信仰が原始イエス教団の信仰として、教えられたのではないだろうか？

そのように考えられるとすれば、歴史の皮肉を感じざるをえない。ヤコブが指導する原始イエス教団の教えは本来の正統派であり、パウロの教えこそが分派であり異端派であったはずだ。ところが正統派がどこかに消え去り、異端派が隆盛することによって、逆に異端と正統の立場が入れ替わったのである。紀元六十五年のユダヤ戦争によってエルサレムの教会は散り散りになった。その後はどこでどのように生き続けたのか分らない。歴史の教えるところによれば、二世紀の前半にはパウロの教えとはまったく色合いの異なったキリスト教グノーシスの教えが、いつのまにか東方で流行しているという事態に発展している。彼らの教えではパウロの名前はでてこない。それどころかペテロも重要な役割が与えられていない。その代わりに、義人ヤコブやマグダラのマリアが彼らの教えの中心人物としてスポットライトを浴びているのだ。いわゆるナグ・ハマディ文書といわれるその種の外典や偽典が、どれほど真実を反映しているのかは疑問があるにしても、原始イエス教団の消滅の後の流れがそこに読み取れることは事実である。

イエスの弟ヤコブを指導者と仰ぐ原始イエス教団は、一般のユダヤ教徒とまったく変わることなく律法を厳格に守る人々であったということは疑いがない。彼らはおそらく、総督ピラトによって十字架刑に処せられたイエスの名をひた隠し、内部の信者にしか分からない秘密の教義を教えていたのであろう。彼らは独特な共同生活を営んでいたために、周囲のユダヤ人からは不思議なグループであると思われていたであろう。しかも彼らのグループの数はエルサレム市内だけでも数千人、地方の教会を含めると数万人にも達したかもしれない。したがって、彼らはユダヤ人の世界の中で一定の影響力をもつ集団であるとみなされただろう。ただし、外部のユダヤ人からみると、彼らが何を目的としているのか分からないために不気味に思われていたかもしれない。ユダヤ人のヨセフスは彼らが古くから存在するエッセネ人のグループであると紹介しているのは、実際に、ヨセフスが知り得た情報に基づいているのだろう。

ヨセフスによると、彼らは世俗から距離を置きながらも、純粋に神を信じ、モーセの律法を守り、清い生活を行っている敬虔なユダヤ教徒の一派であると好意的に考えていたようである。おそらく彼らの存在はヨセフスが生まれたときから周囲に知られていたために、ヨセフスはその存在をファリサイ派やサドカイ派に並んでユダヤの伝統的な宗派であると考えたのかもしれない。

ヨセフスが紀元六十二年のヤコブ扼殺事件について記したのは、当時ヤコブが義人ヤコブと称されるほど有名な人物だったからである。ただし、ヨセフスは彼がイエスを信じるグループの指導者であるということまでは知らなかったのではないだろうか？ヨセフスの文書によるとヤコブが殺された原因ははっきりしないが、二世紀のヘゲシッポスの伝承によると、使徒言行録に記されたパウロの逮捕事件が契機になっていたのだとされている。もしかすると、パウロがイエスの復活を熱烈にユダヤ人に証をして逮捕されたために、自らがイエスの使徒であるという事実を隠していたヤコブの良心を刺激したのかもしれない。伝承によるとヤコブは神殿で「イエスこそ主である」という告白をしたためにユダヤ人の失望を買い、神殿の上から突き落とされたようである。まさか民衆から尊敬されていた義人ヤコブがパウロと同じような告白をするとは誰も考えていなかったのではあるまいか。

終章　イエスの真実

レオナルド・ダ・ヴィンチ作　イエス・キリスト

（一）イエスは十字架に架かるために来られたのか？

四大福音書が描いたイエス像は、いずれもイエスの受難が必然であり、それはそもそも神のご計画であったということを語っているようにみえる。すなわちイエスは十字架に架かるためにこの世に来られたのであり、その後、復活の奇跡によって自らの真の使命を明らかにされたのだというのが福音書記者の一致した見方であるとされている。このような見方はパウロ書簡にみられる原始クリスチャンの信仰とも一致しており、そこにはなんら疑問をさしはさむ余地はないように思われている。

しかしながら、福音書をつぶさにみてみると、必ずしもその見方で矛盾がないとはいえない。たとえば、イエスが十字架上で最後に語ったとされる**「わが神、わが神、どうしてわたしをお見捨てになったのですか」（マタイ27章46節）**という言葉がなぜ残されたのかと考えると、もしかするとイエスは十字架の道を行くことが自らの本意ではなかったのではないかという疑問が起こる。この言葉はギリシャ語で書かれたマタイ福音書の中でも珍しく原語のアラム語で、「エリエリ　レマサバクタニ」という語の解説付きで紹介されており、一連の受難物語の中でももっとも迫真力のある場面といってもよいだろう。

少なくとも、この箇所をみると、マタイ福音書の記者は明らかにイエスが神御自身であるという信仰を共有していないことは明らかである。イエスの神格化はより後の時代に記されたヨハネ福音書においては顕著に認められるが、マルコ、マタイ、ルカの共観福音書においては必ずしも明らかではない。特にマタイ福音書が終始一貫強調しているのは、イエスが神御自身であるというような反ユダヤ的イエス像を提供することではなく、あくまでも聖書が預言された約束のメシアであるという、ただその一点に尽きていたといってもよいだろう。マタイ福音書は明らかにユダヤ人（主にデアスポラのユダヤ人）に向けて、その事実を証するために書かれたものであり、したがってマタイの関心はイエスを聖書に預言されたメシア以上の存在として暗示することではなかったのである。

当時のユダヤ人にとって、「メシア」という語は栄光のダビデ王の時代を復活させる神の使者という意味を担っており、その出現を暗示する預言は聖書のいたるところに置かれていた。したがってユダヤ人にとってメシアの出現は神の約束であると信じられた。現実にはユダヤ人はローマの支配に屈してはいるが、いつの日か神がメシアを送りローマの支配から解放されるはずだ。いや、それどころかメシアはローマをも屈服させて異邦人の世界を従えるはずである。いずれ彼は王の王として地上に君臨し、ローマ皇帝に代わってあらゆる地上の権力の上に立つのである。それこそ神がユダヤ人に約束されたメシアの栄光に他ならない。たとえばマタイ福音書でおなじみの次の預言をみてみよう。

エフラタのベツレヘムよ。お前はユダの氏族の中でいと小さき者。お前の中から、わたしのためにイスラエルを治める者が出る。彼の出生は古く、永遠の昔にさかのぼる。まことに、主は彼らを捨ておかれる。産婦が子を産むときまで。そのとき、彼の兄弟の残りの者はイスラエルの子らのもとに帰って来る。彼は立って、群れを養う。主の力、神である主の御名の威厳をもって。彼らは安らかに住まう。今や、彼は大いなる者となり、その力が地の果てに及ぶからだ。彼こそ、まさしく平和である。（ミカ書5章1-5　新共同訳）

マタイはイエスがこのミカ書に預言されたとおり、神の導きによりエルサレムへの旅路の途上にベツレヘムで誕生されたのだと書いている。同じ記録はルカ福音書にもみられるので、おそらくイエスがベツレヘムで生まれたという伝承があったのだろう。もちろん、この記録が事実に基づくのかどうかはわからないが、少なくともベツレヘムという場所がメシアの出生場所として聖書に預言されているということが当時のユダヤ人に信じられていたことは間違いがない。ベツレヘムはダビデ王の出生地でもあり、ダビデ王の栄光を復活すべき使命を担ったメシアもまたダビデと同じ地で生を享けるのだと信じられていたわけである。しかし、このミカ書の預言では、約束のメシアは単にダビデ王の栄光を復活させるだけの存在ではない。彼は（ダビデ王を超えるほど）「大いなる者となり、その力が地の果てに及ぶ」とまで記され、「彼こそまさしく平和である」とも記されている。このミカ書と似たような響きの言葉は他の預言書でも複数個所認められる。

ひとりのみどりごがわれわれのために生れた、ひとりの男の子がわれわれに与えられた。まつりごとはその肩にあり、その名は、「霊妙なる議士、大能の神、とこしえの父、平和の君」ととなえられる。そのまつりごとと平和とは、増し加わって限りなく、ダビデの位に座して、その国を治め、今より後、とこしえに公平と正義とをもって／これを立て、これを保たれる。万軍の主の熱心がこれをなされるのである。（イザヤ9章 5-6　口語訳）

主は仰せられる、見よ、わたしがダビデのために一つの正しい枝を起す日がくる。彼は王となって世を治め、栄えて、公平と正義を世に行う。その日ユダは救を得、イスラエルは安らかにおる。その名は『主はわれわれの正義』ととなえられる。（エレミヤ23章5-6　口語訳）

これらの言葉にみられるように、メシアはダビデの王国を再建するだけではなく、「彼こそまさしく平和である」「霊妙なる議士」「大能の神」「とこしえの父」「平和の君」「主はわれわれの正義」…等と唱えられるように、メシアの王国は人間の力によってではなく、むしろ神の神秘的な采配によって平和的に打ちたてられるべき王国であるとされている。しかも、その威光は「地の果てにまで及ぶ」ものとまで預言されているのである。

もちろん現実にはイエスが生きた当時の過酷なローマ支配の環境の中で、そのような王国の再建は夢のまた夢にしか思えなかった。果たして当時の巨大なローマ帝国の中で辺境地にすぎないユダヤが、いかにしてその支配から解放され、しかもその主従関係をも逆転させるほどの有力な王（メシア）をもつことが可能であろうか？事実、現実の歴史の中でユダヤ人は過去に何度か巨大な帝国の支配から自らを解放するためにメシアを立てて独立を果たそうとしたが、その試みはことごとく失敗に帰している

（二）ユダヤを取り巻く政治状況とメシア来臨の待望

ユダヤの地においては王国の栄耀栄華は一〇〇年も続かなかった。前十一世紀頃、ダビデの王国を受け継いだソロモン王国が最盛期であり、その子孫たちの王国は北朝イスラエルと南朝ユダに分裂し、先細りしながら次第に崩壊へと向かっていった。やがて前八世紀に北朝イスラエルはアッシリアに滅ぼされ、前六世紀には南朝ユダもネブカドネザル王のバビロンに滅ぼされる。バビロンに連れ去られた捕囚の民は、その後、幸運にもペルシャ王クロスによって解放され祖国再建の許しを得るが、ユダヤがかつての王国を再建する道は険しく、その大半は強大な周辺諸国の属国としてしか生き延びることができなくなる。その後、ユダヤ周辺の帝国はペルシャ、ギリシャ、セレウコス朝シリア、ローマへと次々と入れ替わり、その中でユダヤが曲がりなりにも独立を維持できたのは前一四〇年頃から前三〇年のハスモン王朝期である。

ハスモン王朝は、驚くべきことに一人の男の決起とその勇気に呼応した一家の結束によって達成されたといわれる。ユダヤは当時セレウコス朝シリアに支配されていたが、セレウコス朝の暴君エピファネスがエルサレムの神殿を破壊し偶像崇拝を強要したことに憤慨した一人の祭司（マッタティア）の反乱がそのきっかけであった。彼は息子たちを引き連れて荒野に逃れ、ユダヤ人たちに抗戦を呼びかけた。マッタティアが死ぬと、今度は息子のユダ・マカベウスがその遺志を受け継ぎ、前一六四年の軍事蜂起によってシリアを排撃し、神殿の聖所を清めることに成功した。その事件が契機となってユダヤ人はシリアから宗教的独立を勝ち取ることになる。以後、シリアの政治的干渉を受けながらも、曲がりなりに独立を維持できた期間が続くことになるが、やがてより強大なローマの支配にとって代わられることになる。

イエスが誕生した前四年頃、ローマは初代皇帝アウグストの統治下で史上最大の版図を広げる大帝国になっていた。その当時、ユダヤはローマの傀儡ヘロデ王によって支配され、政治的には完全にローマの属国になっていた。しかしながら、その中でなおかつユダヤの民衆は熱烈にメシアの来臨を待望していたわけである。ユダヤ人にとって自らの救済をもたらすものはメシアの来臨に他ならなかったからである。なぜなら武力によってはローマの支配に抗する道は完全に閉ざされているので、彼らにとって唯一の希望は神が代々の預言者を通じて約束していたメシアの来臨を待つことしかなかったのである。

イエスの当時、ユダヤ人はメシアの来臨を待望していたということは間接的にせよ福音書の記録の中にも認められる。たとえばヨハネ福音書によれば、洗礼者ヨハネが荒野に現れた時、**「エルサレムのユダヤ人たちが、祭司やレビ人たちをヨハネのもとへ遣わして、「あなたは、どなたですか」と質問させたとき、彼は公言して隠さず、「わたしはメシアではない」と言い表した。」**（ヨハネ一章19-20節　新共同訳）と記されているのをみても、当時のユダヤ人がメシアの来臨を強く待望していたことが分かる。

マルコとマタイによると、イエスがエルサレムへ入城するときロバの背中に乗って入ろうとすると、「ダビデの子にホザナ」という熱烈な民衆の声が自然発生的に沸き起こったと記されている。これは民衆の中にもメシアに対する期待感が相当あったことを物語っている。多くの民衆はイエスの噂を知っていたのだろう。イエスは不思議な力をもって癒しの業を行い、また時には多くの群衆を集めて神の国の福音を説いていた。その噂を知っていたユダヤ人たちは、もしかしたらこの人物がメシアという存在ではないかと漠然と期待したのかもしれない。その期待は、おそらくイエスの弟子たちにとっても同じであったと思われる。

㈢「人の子」とダニエル書の預言

ただし、イエスは自らメシアを名乗っていたわけではなく、弟子たちに対しては「人の子」という隠喩のような言葉を頻繁に使っていたようである。この言葉はダニエル書によって約束のメシアを強く暗示する言葉であった。ダニエル書の中で「人の子」という言葉が何を意味するのか、以下少し長くなるが引用しておこう。

　バビロンの王ベルシャツァルの治世元年のことである。ダニエルは、眠っているとき頭に幻が浮かび、一つの夢を見た。彼はその夢を記録することにし、次のように書き起こした。ある夜、わたしは幻を見た。見よ、天の四方から風が起こって、大海を波立たせた。すると、その海から四頭の大きな獣が現れた。それぞれ形が異なり、第一のものは獅子のようであったが、鷲の翼が生えていた。見ていると、翼は引き抜かれ、地面から起き上がらされて人間のようにその足で立ち、人間の心が与えられた。第二の獣は熊のようで、横ざまに寝て、三本の肋骨を口にくわえていた。これに向かって、「立て、多くの肉を食らえ」という声がした。次に見えたのはまた別の獣で、豹のようであった。背には鳥の翼が四つあり、頭も四つあって、権力がこの獣に与えられた。この夜の幻で更に続けて見たものは、第四の獣で、ものすごく、恐ろしく、非常に強く、巨大な鉄の歯を持ち、食らい、かみ砕き、残りを足で踏みにじった。他の獣と異なって、これには十本の角があった。その角を眺めていると、もう一本の小さな角が生えてきて、先の角のうち三本はそのために引き抜かれてしまった。この小さな角には人間のように目があり、また、口もあって尊大なことを語っていた。なお見ていると、王座が据えられ、「日の老いたる者」がそこに座した。その衣は雪のように白く、その白髪は清らかな羊の毛のようであった。その王座は燃える炎、その車輪は燃える火　その前から火の川が流れ出ていた。幾千人が御前に仕え、幾万人が御前に立った。裁き主は席に着き、巻物が繰り広げられた。さて、その間にもこの角は尊大なことを語り続けていたが、ついにその獣は殺され、死体は破壊されて燃え盛る火に投げ込まれた。他の獣は権力を奪われたが、それぞれの定めの時まで生かしておかれた。

夜の幻をなお見ていると、見よ、「人の子」のような者が天の雲に乗り、「日の老いたる者」の前に来て、そのもとに進み、権威、威光、王権を受けた。諸国、諸族、諸言語の民は皆、彼に仕え、彼の支配はとこしえに続き、その統治は滅びることがない。わたしダニエルは大いに憂い、頭に浮かんだこの幻に悩まされた。そこに立っている人の一人に近づいてこれらのことの意味を尋ねると、彼はそれを説明し、解釈してくれた。「これら四頭の大きな獣は、地上に起ころうとする四人の王である。しかし、いと高き者の聖者らが王権を受け、王国をとこしえに治めるであろう。」更にわたしは、第四の獣について知りたいと思った。これは他の獣と異なって、非常に恐ろしく、鉄の歯と青銅のつめをもち、食らい、かみ砕き、残りを足で踏みにじったものである。その頭には十本の角があり、更に一本の角が生え出たので、十本の角のうち三本が抜け落ちた。その角には目があり、また、口もあって尊大なことを語った。これは、他の角よりも大きく見えた。見ていると、この角は聖者らと闘って勝ったが、やがて、「日の老いたる者」が進み出て裁きを行い、いと高き者の聖者らが勝ち、時が来て王権を受けたのである。

さて、その人はこう言った。「第四の獣は地上に興る第四の国。これはすべての国に異なり、全地を食らい尽くし、踏みにじり、打ち砕く。十の角はこの国に立つ十人の王、そのあとにもう一人の王が立つ。彼は十人の王と異なり、三人の王を倒す。彼はいと高き方に敵対して語り、いと高き方の聖者らを悩ます。彼は時と法を変えようとたくらむ。聖者らは彼の手に渡され、一時期、二時期、半時期がたつ。やがて裁きの座が開かれ、彼はその権威を奪われ、滅ぼされ、絶やされて終わる。天下の全王国の王権、権威、支配の力は、いと高き方の聖なる民に与えられ、その国はとこしえに続き、支配者はすべて、彼らに仕え、彼らに従う。」ここでその言葉は終わった。わたしダニエルは大層恐れ悩み、顔色も変わるほどであった。しかし、わたしはその言葉を心に留めた。（ダニエル書七章 1-28　新共同訳）

ダニエル書というのは不思議な書物である。長らく旧約聖書の正典に入れられているが、この書が書かれた時期は諸説入り乱れ特定できず、そのために謎の多い書物になっている。ダニエル書本文の設定では、ダニエルはユダ王国がネブカドネザル王のバビロンに滅ぼされ捕囚の民の一人として連れ去られたときに、ネブカドネザル王の前で夢を解く預言者として活躍したということになっている。しかし、ダニエル書が捕囚時代に書かれた記録であるということを信じる学者はほとんどいない。なぜなら、ダニエル書の記録によると、かなり具体的にペルシャ、ギリシャ、ササン朝シリア、ローマ等のユダヤを囲む強大な帝国の盛衰が時系列で記されているからである。

それらの帝国の盛衰を表した四つの獣の中で最後に現れる獣は、文脈上ローマ帝国を表象していると考えられるが、もしダニエル書がローマ帝国以前に記されたものであるとすればローマ以外の帝国を仮定しなければならず相当無理な解釈となる。通説ではダニエル書は旧約聖書マカバイ記の時代、すなわち前一四六年のマッタティアの息子シモンによるユダヤ王国の独立達成の頃から前三七年の共和制時代のローマに支配された期間に記された可能性が高いとされている。

実はダニエル書の中の記録は福音書にも複数個所引用されていることから、新約時代にはダニエル書は一般にもなじみのある書物だったということが想像される。現代のユダヤ教徒にとっては、ダニエル書は預言書ではなく諸書としての扱いでしかなく、いわゆる黙示文学というカテゴリーのあまり重要性のない文書とみなされているが、福音書の記録をみるとダニエル書は当時立派な権威のある預言書とみなされていたものと想定される。現代の福音派クリスチャンが新約聖書の最後を飾るヨハネの黙示録を終末預言の書だと信じるのと同じように、イエス当時のユダヤ人にとってダニエル書は終末に起こるべきことを記した重要な預言書だとみなされていたのではないだろうか。

前述したようにイエスが自らを「人の子」と称していたことが共観福音書に記されているが、この

「人の子」という意味もダニエル書の中の「人の子」を暗喩しているものと考えられている。だとすればイエス自身がダニエル書を意識していたということになる。ダニエル書の中で「人の子」というのは約束のメシアを意味していたので、イエスは自らがダニエル書に暗示されたメシアであるということを弟子たちに教えようとしていたのではないかと推測できる。しかしながら、イエスの弟子たちがダニエル書を知っていたのかどうかは分らない。福音書によると、イエスの弟子たちは師を約束のメシアだとして信じて従っていたのかどうか判然としないが、前にも紹介したヨハネ福音書冒頭の箇所で洗礼者ヨハネの啓示を聞いていたシモンとアンデレの兄弟の話が本当だとすると、少なくともペテロとアンデレを含む一部の弟子には当初からイエスを約束のメシアとして信じていたということはありそうに思われる。ただし、イエスは彼らに対してメシアであることを公言しないように口止めしていた可能性はあるだろう。当時のユダヤ社会でメシアを公然と名乗ることは、ほとんど自殺行為を意味していたからである。

(四) メシアを名乗ることができない理由

本来、メシアというのはユダヤ人の王という意味である。したがって当時のローマ支配の中でメシアを名乗るということはローマに対する反乱指導者を名乗ることと同じ意味であり、それはローマにとっては即十字架刑を意味していた。したがってイエスが自らメシアを公然と名乗っていたということは考えられない。福音書によるとイエスの十字架刑が確定したのは、ローマ総督ピラトの前でメシアを自称していることを自ら認めたからであるとされている。確かにピラトがイエスに十字架刑を言い渡すことができた理由は他にみあたらないので、その話はおそらく真実を反映しているのだろう。しかし、だからといってイエスがそのような危険があることを承知の上で自らメシアを名乗って活動していたとは考えにくい。

福音書はイエスが逮捕された罪状が不当なものであることを終始一貫説明しようとしている。しかし、彼らはイエスが約束のメシアであることを信じていたので、イエスがピラトの前でメシアであることを認めたこと自体は否定せず、そのために十字架刑に処せられたという経緯について事実関係を正確に記しているように思われる。ただし問題の本質はイエスがメシアを自称しているのかどうかということにあるのではなく、その罪状が時の大祭司カイアファやユダヤ最高法院のファリサイ派、サドカイ派の議員たちによってねつ造され、そして彼らの共謀によってイエスがローマの総督に告訴されたのだと福音書が記していることである。

本来、メシアというのはユダヤ人の独立のための政治的解放者であり、そして彼らに最終的に神の救いをもたらす者と信じられていた。したがってメシアという存在はローマにとっては危険な存在ではあったが、ユダヤ人にとっては希望の星ともいうべき存在であったはずである。にもかかわらず、イエスはメシアを自称しているから死刑にすべきだという声が他ならぬユダヤ人の指導者たちからあがっていたというわけである。これは憂うべきことであった。ユダヤ人の真の独立のために立ち上がろうとした英雄が、逆にユダヤ人によって罪に問われ、彼らにとって不倶戴天の敵であるはずのローマにその身柄が引き渡され、この男はメシアを名乗っているから十字架刑に処すべきですと、敵の最高権力者に具申するという、なんとも不可解な展開になっていることが分かる。しかも、ローマからみると明らかなその利敵行為はユダヤ人の全指導層の一致した意志でもあるというわけであった。

当然のことながら、時のローマ総督ピラトは理解に苦しんだであろう。彼自身はイエスを危険人物であるとは到底思えなかったはずだ。なぜならイエスは武器を携行せず、その弟子たちも武力を用いているとは聞いていないからである。彼らはローマに反抗して決起しようとする危険なグループかもしれないという可能性は、ピラトにとっては想像しがたいことであった。もし本当に（彼らのいうとおり）イエスがメシアであれば、ユダヤ人はむしろ一致団結してイエスを取り戻そうとするであろう。そうではなく、支配されているユダヤ人の側から支配者に向かって「この男はメシアを自称しているので十字架刑に処すべきです」といってくるというのは、その男が実際はメシアでも何でもなく、まったく取るに足らない人物にすぎないという事実に他ならない。しかし、だとしても奇妙な話である。そんな取るに足らない人物をなぜ十字架刑に処すべきだとユダヤ人は必死にわめくのであろうか？

ピラトにとって、唯一、考えられることはイエスが民衆にひそかに支持されているために、彼らはそれを妬んでいるのではないかということであった。つまりユダヤの指導層は単に自己保身のためにイエスを訴えているにすぎないということである。ピラトはそのような複雑な事情があることをほぼ推察することはできたが、ピラトにとっては彼らの訴えを却下するよりも、それを認める方が今後のユダヤ人に対する巧妙な支配にとって好都合であるという理由で、その訴えを飲むことにしたのだろう。

この間の経緯を福音書は次のように記している。

夜が明けるとすぐ、祭司長たちは、長老や律法学者たちと共に、つまり最高法院全体で相談した後、イエスを縛って引いて行き、ピラトに渡した。ピラトがイエスに、「お前がユダヤ人の王なのか」と尋問すると、イエスは、「それは、あなたが言っていることです」と答えられた。そこで祭司長たちが、いろいろとイエスを訴えた。ピラトが再び尋問した。「何も答えないのか。彼らがあのようにお前を訴えているのに。」しかし、イエスがもはや何もお答えにならなかったので、ピラトは不思議に思った。ところで、祭りの度ごとに、ピラトは人々が願い出る囚人を一人釈放していた。さて、暴動のとき人殺しをして投獄されていた暴徒たちの中に、バラバという男がいた。群衆が押しかけて来て、いつものようにしてほしいと要求し始めた。そこで、ピラトは、「あのユダヤ人の王を釈放してほしいのか」と言った。祭司長たちがイエスを引き渡したのは、ねたみのためだと分かっていたからである。祭司長たちは、バラバの方を釈放してもらうように群衆を扇動した。そこで、ピラトは改めて、「それでは、ユダヤ人の王とお前たちが言っているあの者は、どうしてほしいのか」と言った。群衆はまた叫んだ。「十字架につけろ。」ピラトは言った。「いったいどんな悪事を働いたというのか。」群衆はますます激しく、「十字架につけろ」と叫び立てた。ピラトは群衆を満足させようと思って、バラバを釈放した。そして、イエスを鞭打ってから、十字架につけるために引き渡した。

（マルコ十五章 1-15　新共同訳）

このマルコ福音書の記録はほぼ正しい事実関係を記しているのではないかと思われる。なぜならイエスを取り巻くユダヤの祭司長やローマ総督ピラトの心理的背景が驚くべき迫真力でもって迫ってくるからである。それにしても、この描写の中で「バラバを釈放せよ」と叫んだとされる群衆はいったいどのような群衆なのであろうか?この群衆は裁判のほんの一週間ほど前にイエスがロバに乗ってエルサレムに入城した際、「ダビデの子にホサナ」と叫んで、喜んでイエスを迎え入れた群衆と同じ群衆なのだろうか?

われわれの目には奇妙にみえるかもしれないが群衆の心変りはありえることであろう。なぜならイエスをメシアとして期待していた群衆はイエスが罪人として十字架刑に処せられるという事態に失望を通り越して憎しみの念にかられたとしても不思議ではないからである。彼らにとってメシアというのは敗北者ではなく勝利者でなければならないからである。

マルコによれば、群衆を扇動したのは祭司長たちであったとしているが、祭司長たちの心理的動機を考えると、その話にも非常にリアリティがある。なぜなら祭司長たちはイエスをとにかく罪人に仕立て上げることによって、イエスに対する民衆の期待は裏切られた形になり、それが相乗効果となってますますイエスを追いつめる陰謀が功を奏することが計算できたからである。

(五) 復活信仰と再臨信仰

しかし、彼らにも予測できないことがあった。それはイエスの弟子たちのその後の反応である。イエスが十字架刑に処せられることによって、イエスがメシアであるというかなる期待も消滅したので、彼につき従った弟子たちも失望の果てに消滅するはずであった。彼らが失望から立ち上がることができたのは、いうまでもなく「復活」という新たな奇跡が起こったからである。その奇跡はもちろん福音書の奇跡伝説の通りであったとは考えられないが、いずれにしても、なんらかの奇跡現象により彼らは十字架で葬られたはずのイエスが本物のメシアであるという信仰に固く立つことができたのであろう。

ただし、その信仰はイエスの再臨という新たな約束とセットになっていたことを忘れてはならない。なぜなら、いずれにしてもメシアは最終的に敗北者ではなく勝利者にならなければならないのであり、そのためには必ずこの地上において勝利者とならなければならないからである。ちなみに彼らのそのような信仰は前に紹介したダニエル書の預言に基づくものと考えられていた。

夜の幻をなお見ていると、見よ、「人の子」のような者が天の雲に乗り、「日の老いたる者」の前に来て、そのもとに進み、権威、威光、王権を受けた。諸国、諸族、諸言語の民は皆、彼に仕え、彼の支配はとこしえに続き、その統治は滅びることがない。（ダニエル7章13　新共同訳）

使徒言行録によれば、イエスは四〇日の間弟子たちに復活体で現れた後、天に昇るときに雲のようなものに囲まれて去って行ったとされている。そして別れ際に天使たちが、**「ガリラヤの人たち、なぜ**

天を見上げて立っているのか。あなたがたから離れて天に上げられたイエスは、天に行かれるのをあなたがたが見たのと同じ有様で、またおいでになる」（使徒言行録1章11節）と弟子たちを励ましたとされている。この記録を残したルカはおそらくその現場に居合わせたわけではないだろう。したがって、それを事実起こったこととして、そのまま鵜呑みにすることはできないが、少なくとも、その記録は明らかにダニエル書の前掲箇所（「人の子のような者が天の雲に乗ってくる」）を念頭に置いたものであり、ダニエル書の預言がイエスの再臨時の預言であると信者たちの間で信じられていた可能性もあることを物語っている。

使徒言行録の著者を含め、初代教会の信者たちがイエスの再臨を熱烈に待ち望んでいたことは間違いない。彼らにとっては、十字架によって葬られたイエスがメシアとしての本来の使命を果たすためにも必ず再臨なさるはずだと信じていたのである。そうでなければ、たとえ復活の奇跡が事実であったとしても、イエスが約束のメシアであるという保証はどこにもないことになる。メシアは最終的にこの世の王として神から戴いた最高の権威を示さなければならない存在である。そのためには必ず再臨をして地上の権威を滅ぼし、神の王国を打ち立てなければならない。その時こそが終末といわれる裁きのときである。

そのような終末に関する預言はイエスが地上にいたときから、弟子たちに語り続けていたのだと福音書記者たちは書いている。その言い伝えを最初に記したと思われるマルコ福音書の該当部分を引用しておこう。

イエスが神殿の境内を出て行かれるとき、弟子の一人が言った。「先生、御覧ください。なんとすばらしい石、なんとすばらしい建物でしょう。」イエスは言われた。「これらの大きな建物を見ているのか。一つの石もここで崩されずに他の石の上に残ることはない。」イエスがオリーブ山で神殿の方を向いて座っておられると、ペトロ、ヤコブ、ヨハネ、アンデレが、ひそかに尋ねた。「おっしゃってください。そのことはいつ起こるのですか。また、そのことがすべて実現するときには、どんな徴（しるし）があるのですか。」イエスは話し始められた。「人に惑わされないように気をつけなさい。わたしの名を名乗る者が大勢現れ、『わたしがそれだ』と言って、多くの人を惑わすだろう。戦争の騒ぎや戦争のうわさを聞いても、慌ててはいけない。そういうことは起こるに決まっているが、まだ世の終わりではない。民は民に、国は国に敵対して立ち上がり、方々に地震があり、飢饉が起こる。これらは産みの苦しみの始まりである。あなたがたは自分のことに気をつけていなさい。あなたがたは地方法院に引き渡され、会堂で打ちたたかれる。また、わたしのために総督や王の前に立たされて、証しをすることになる。しかし、まず、福音があらゆる民に宣べ伝えられねばならない。引き渡され、連れて行かれるとき、何を言おうかと取り越し苦労をしてはならない。そのときには、教えられることを話せばよい。実は、話すのはあなたがたではなく、聖霊なのだ。兄弟は兄弟を、父は子を死に追いやり、子は親に反抗して殺すだろう。「憎むべき破壊者が立ってはならない所に立つのを見たら――読者は悟れ――、そのとき、ユダヤにいる人々は山に逃げなさい。屋上にいる者は下に降りてはならない。家にある物を何か取り出そうとして中に入ってはならない。畑にいる者は、上着を取りに帰ってはならない。このことが冬に起こらないように、祈りなさい。それらの日には、神が天地を造られた創造の初めから今までなく、今後も決してないほどの苦難が来るからである。主がその期間を縮めてくださらなければ、だれ一人救われない。しかし、主は御自分のものとして選んだ人たちのために、その期間を縮めてくださったのである。そのとき、『見よ、ここにメシアがいる』『見よ、あそこだ』と言う者がいても、信じてはならない。偽メシアや偽預言者が現れて、しるしや不思議な業を行い、できれば、選ばれた人たちを惑わそうとするからである。だから、あなたがたは気をつけていなさい。一切の事を前もって言っておく。』「それらの日には、このような苦難の後、太陽は暗くなり、月は光を放たず、星は空から落ち、天体は揺り動かされる。そのとき、人の子が大いなる力と栄光を帯びて雲に乗って来るのを、人々は見る。そのとき、人の子は天使たちを遣わし、地の果てから天の果てまで、彼によって選ばれた人たちを四方から呼び集める。』「いちじくの木から教えを学びなさい。枝が柔らかくなり、葉が伸びると、夏の近づいたことが分かる。それと同じように、あなたがたは、これらのことが起こるのを見たら、人の子が戸口に近づいていると悟りなさい。はっきり言っておく。これらのことがみな起こるまでは、この時代は決して滅びない。天地は滅びるが、わたしの言葉は決して滅びない。」(マルコ福音書一三章 1-31新共同訳)

前にも述べたとおり、この箇所は紀元七〇年頃、エルサレムがローマ軍に包囲されていたその現実の終末的危機の中で記されたものと考えられる。したがって、マルコはこのときがまさにイエスが弟子たちに語っていた終末ではないかと考えたのであろう。

（六）ダニエル書はイエスの十字架を予告していたのか？

ここで注意すべきことは、「「憎むべき破壊者が立ってはならない所に立つのを見たら——読者は悟れ——」と記されている箇所である。この箇所はあきらかにダニエル書の次の聖句の引用であることが分かる。

お前の民と聖なる都に対して七十週が定められている。それが過ぎると逆らいは終わり、罪は封じられ、不義は償われる。とこしえの正義が到来し、幻と預言は封じられ、最も聖なる者に油が注がれる。これを知り、目覚めよ。エルサレム復興と再建についての御言葉が出されてから油注がれた君の到来まで、七週あり、また、六十二週あって、危機のうちに広場と堀は再建される。その六十二週のあと油注がれた者は、不当に断たれ、都と聖所は、次に来る指導者の民によって荒らされる。その終わりには洪水があり、終わりまで戦いが続き、荒廃は避けられない。彼は一週の間、多くの者と同盟を固め、半週でいけにえと献げ物を廃止する。憎むべきものの翼の上に荒廃をもたらすものが座す。そしてついに、定められた破滅が荒廃の上に注がれる。」（ダニエル書9章 24-27　新共同訳）

〈参考までに口語訳では以下のような訳になっている。〉

あなたの民と、あなたの聖なる町については、七十週が定められています。これはとがを終らせ、罪に終りを告げ、不義をあがない、永遠の義をもたらし、幻と預言者を封じ、いと聖なる者に油を注ぐためです。それゆえ、エルサレムを建て直せという命令が出てから、メシアなるひとりの君が来るまで、七週と六十二週あることを知り、かつ悟りなさい。その間に、しかも不安な時代に、エルサレムは広場と街路をもって、建て直されるでしょう。その六十二週の後にメシアは断たれるでしょう。ただし自分のためにではありません。またきたるべき君の民は、町と聖所とを滅ぼすでしょう。その終りは洪水のように臨むでしょう。そしてその終りまで戦争が続き、荒廃は定められています。彼は一週の間多くの者と、堅く契約を結ぶでしょう。そして彼はその週の半ばに、犠牲と供え物とを廃するでしょう。また荒す者が憎むべき者の翼に乗って来るでしょう。こうしてついにその定まった終りが、その荒す者の上に注がれるのです」。ダニエル書9章 24-27 節 口語訳）

マルコ福音書はあきらかにダニエル書のこの終末預言を意識していたのだろう。もちろんイエス自身がダニエル書を意識していたことも十分に考えられるので、実際にイエスが弟子たちにそのようなことを語っていたという可能性もある。

実は、このダニエル書の引用箇所はしばしば聖書の預言が完全である証拠として原理主義的なクリスチャンに引用されるおなじみの聖句なのである。彼らの解釈によれば、この聖句は驚くべき正確さでイエスの十字架を予告していたのだとされている。なぜそうなのか、その解釈を少しひもといてみよう。

まず「お前の民と聖なる都に対して七十週が定められている。」とあるのはどのような意味なのであろうか？七〇週というのは明らかに七を七〇倍した日数、すなわち四九〇日という数を意味している。聖書では一日を一年と数えることが普通なので、これは四九〇年を意味していると考えられる。すなわち、この聖句は終末が来るまでに四九〇年が定められているという意味になる。ところが、その終末が来る前に、奇妙にも「**油注がれたもの（すなわちメシア）が不当に断たれる**」と記されている。これはまさにメシアの受難を予告したものと考えられるというわけである。もしそうだとすれば、これはたしかに恐るべき預言である。

仮に、その解釈があたっているとして、この預言がどれほど正確なものなのか、もう少し調べてみよう。メシアが到来するのは「エルサレムを建て直せという命令」（口語訳）がでてから七週＋六二週のあとだとされている。すなわち、その命令がでてから69×7＝483年後にメシアが到来するとされているのである。ところでエルサレムを建て直せという命令（布告）がでた日にちは歴史上はっきりと分かっている。ユダヤ人のバビロン捕囚を解放したペルシャ王クロスの布告があった年である。そのことは旧約聖書エズラ記に次のように記されている。

ペルシャ王クロスの元年に、主はさきにエレミヤの口によって伝えられた主の言葉を成就するため、ペルシャ王クロスの心を感動されたので、王は全国に布告を発し、また詔書をもって告げて言った、「ペルシャ王クロ

スはこのように言う、天の神、主は地上の国々をことごとくわたしに下さって、主の宮をユダにあるエルサレムに建てることをわたしに命じられた。(エズラ記一章 1-2節 口語訳)

クロス王はユダヤ人にとってはまさに神の使いのような存在であった。彼はユダヤ人を捕囚から解放しただけではなく、その七〇年前にバビロンによって徹底的に破壊された彼らの神殿を再建しなさいという布告をだしたのである。これはクロス王の元年、すなわちBC五三九年のことである。ただし、この年から逆算するとメシアが到来するのはBC五六年になり、どうしてもイエスとは結びつかない。そこでクリスチャンはダニエル書の「エルサレムを建て直せ」という起点の年をクロス王の最初の布告の年ではなく、クロス王からさらに八〇年ほど後のペルシャ王アルタシャスタ王の時代に当時捕囚から帰還した祭司エズラを中心としてエルサレムを再建させるための布告をなした頃、すなわちエズラ記7章に以下のとおり記されている年を起点とすべきであると考える。

諸王の王アルタシャスタ、天の神の律法の学者である祭司エズラに送る。今、わたしは命を下す。わが国のうちにいるイスラエルの民およびその祭司、レビびとのうち、すべてエルサレムへ行こうと望む者は皆、あなたと共に行くことができる。あなたは、自分の手にあるあなたの神の律法に照して、ユダとエルサレムの事情を調べるために、王および七人の議官によってつかわされるのである。かつあなたは王およびその議官らが、エルサレムにいますイスラエルの神に真心からささげる銀と金を携え、またバビロン全州であなたが獲るすべての金銀、および民と祭司とが、エルサレムにあるその神の宮のために、真心からささげた供え物を携えて行く。それであなたはその金をもって雄牛、雄羊、小羊およびその素祭と灌祭の品々を気をつけて買い、エルサレムにあるあなたがたの神の宮の祭壇の上に、これをささげなければならない。（エズラ書7章11-17節　口語訳）

ここに記された時代はBC四五七年頃であり、この布告を起点とするとイエスがちょうど三〇歳で洗礼者ヨハネから洗礼を授かった年にほぼ一致するというのである。たしかに、そのように解釈できれば都合がよいのだろうが、果たして聖書の預言がこのような不明瞭な解釈の違いによって左右されるべき問題なのだろうか（？）という素朴な疑問が残る。ただし、たとえ数字のつじつまがあわなくとも、少なくともダニエル書の預言がメシアの受難をあらかじめ告知していた可能性があるということは疑いいない。

おそらくマルコ福音書の記者もダニエル書の記述を知っていたのであり、そしてまたイエス自身が自ら「人の子」という形容を与えていたことからも、ダニエル書を意識していた可能性があることは、すでに述べたとおりである。したがってイエスはダニエル書に書かれたメシアの受難を自らの運命に重ね合わせていた可能性も十分にある。ただし、先のマルコ福音書の終末預言は、明らかにダニエル書の終末預言に影響を受けて書かれたものであるが、同時に、そこにはダニエル書になかった新たな（終末に関する）解釈が施されていることに注意しなければならない。

「それらの日には、このような苦難の後、太陽は暗くなり、月は光を放たず、星は空から落ち、天体は揺り動かされる。そのとき、人の子が大いなる力と栄光を帯びて雲に乗って来るのを、人々は見る。そのとき、人の子は天使たちを遣わし、地の果てから天の果てまで、彼によって選ばれた人たちを四方から呼び集める。」(マルコ福音書十三章 24-27 節　新共同訳)

意地悪く言えば、この解釈はダニエル書の預言を都合よく繋ぎ合せただけのパッチワークにみえなくもない。なぜなら、不当に断たれたはずのメシアはいずれ終末のときに天の雲に乗って舞い降りるという巧妙なストーリーに転換されているからである。この複雑なストーリーを分かりやすく縮めると以下のような話になる。

メシアは不当にも十字架に架けられ(「不当に断たれ」)るが、その後に復活し天に昇ったあと、地上では各所で戦争が始まり、エルサレムの神殿は異邦人に踏み荒らされる(「荒らす憎むべきものが立ってはならない場所へ立ち」)。その日にはユダヤ人にとって未曾有の殺戮の嵐と苦難が襲うが、やがて定められた終末となり、天の雲に乗ったメシアが栄光とともに再臨するというストーリーになるわけである。

たしかに「人の子(メシア)のようなものが天の雲に乗ってくる」という表現はダニエル書の中でも格別に印象的なシーンである。けれども、このような複雑なストーリーはダニエル書に書かれているわけではない。もしどこかにそのごとく書かれているなら、ユダヤ人は誰も信じない者はないだろうが、現在でも十字架に架けられたイエスはメシアではありえないというのがユダヤ教徒の共通した認識であるところをみると、やはりそのようなダニエル書の解釈は一般的には相当無理な解釈であるというのが普通であろう。

そもそも「油注がれたもの（メシア）が不当にも断たれる」というダニエル書の言葉にかぎっていえば、メシアの候補者となるのはイエスだけではなく、他にも何人もの候補者がいることが分かる。たとえば旧約聖書外典マカバイ記によれば、BC一六七年にセレウコス朝シリアの王・エピファネス（彼はエルサレムの神殿を踏み荒らした象徴的人物である）の暴政に対して立ち上がったマタティアの一族中で特に大祭司という称号と同時にメシア（王）の称号を与えられたシモンがいるが、彼は娘婿のプトレマイオスに不意をつかれて（不当にも）殺害されている。他にも二世紀に第二次ユダヤ戦争が勃発したときのユダヤ人の指導者となったバル・コクバは民衆からメシアとして熱烈に信じられた人物の一人であるが、彼の最後は戦死というあっけないものであった。

またイエスと同時代の洗礼者ヨハネはある意味でイエス以上にメシアの期待を背負った人物であったと想像されるが、彼もまたヘロデ王によって首をはねられ不当に殺されたメシアの候補者の一人である。他にも、たとえば前に紹介した「イエスの王朝」の著者J・Dテイバー教授によれば、イエスの弟ヤコブは、ユダヤ人から宗派を超えて尊敬され、「義人ヤコブ」という名で呼ばれていたが、彼の最後もまた「不当に断たれたメシア」というにふさわしい殺され方であった。面白いことにテイバーによると、ダニエル書のメシアの候補にもっとも近いのはイエスよりもむしろヤコブの方であるという。なぜならヤコブが殺されてからちょうど七年後（ＡＤ七〇年）に、エルサレムの神殿はローマの兵隊に踏み荒らされているので、まさに定められた六九週目にメシアが断たれたあと残された最後の一週（七年）が過ぎると神殿が踏み荒らされるというダニエルの預言にぴたりと合致するからである。

（七）最後の勝利者としてのイエス

実は、それらの他の候補者とイエスが決定的に違っているのは、いうまでもなく後世の人々による評価の違いである。イエスが生きていた時代は実際にはメシアとしての具体的な行動をほとんど残しておらず、民衆からもメシアとして期待された事実は他の候補者に比べて必ずしも鮮明ではない。にもかかわらず、イエスこそメシアであるという後世の評価が確定したのは、まさにイエスが最終的に勝利者となったからである。なぜならメシアというのは、前にも述べたとおり、最後に栄冠を得るもの、すなわち最終的な勝利者を意味する言葉だからである。

ただし、イエスが最終的に勝利者になったのは、イエスの弟子たちが信じたように、彼が神の栄光と共に天の雲に乗って来たからではない。その意味ではイエスの約束はことごとく反故にされているし、その終末預言は決してあたってはいない。ダニエル書によれば、メシアは天の雲に乗ってやってくると共に、諸国民と諸族、諸言語が彼に従うようになるとされているのである。念のためダニエル書の該当箇所を再度引用しておこう。

夜の幻をなお見ていると、見よ、『人の子』のような者が天の雲に乗り『日の老いたる者』の前に来て、そのもとに進み、権威、威光、王権を受けた。諸国、諸族、諸言語の民は皆、彼に仕え、彼の支配はとこしえに続き、その統治は滅びることがない」（ダニエル7章13節　新共同訳）

ユダヤ人にとってメシアというのは、まさにこの預言の言葉のように偉大な権威をもって来られなければならない存在なのであるが、実際上イエスはそのような権威をあらわすことはなかったために、（ユダヤ人にとって）彼は約束のメシアではありえないとされているわけである。それに対して原始クリスチャンは、イエスはたしかに十字架上でむなしく息を引き取られたが、その後信者たちの間で復活体として顕現し、そして再臨の約束をして昇天されたので、彼こそがまさしくダニエル書に預言されたメシアに他ならないと信じたわけである。しかしながら、その後、イエスは信者たちの期待通り再臨を果たされていないので、イエスのメシアとしての威光は地に落ちたも同然であった。にもかかわらず、その後もイエスに対する信仰が衰えることはなく、あろうことか四世紀になるとローマ帝国の皇帝がクリスチャンに回心するという奇跡的出来事により、まさにイエス死後三〇〇年にもなって諸国、諸族、諸言語をしたがえる王の王としての位置、すなわち事実上のメシアになられたのだということができる。

問題はダニエル書の預言が成就したのかどうかということではない。それは解釈によってどうにでも解釈できることである。イエスに対する信仰が結果として広がっただけなのか、それともイエスをローマ帝国の支配者という立場に押し上げることが、神の導きの結果であったのかという（ユダヤ人にとって）深刻な問題が存在するのである。

（八）神に見捨てられたユダヤ人の立場

ユダヤ人が現在でもなおイエスを信じないのは後者である可能性はないと彼らは断じるからである。なぜならユダヤ人にとってメシアというのは、あくまでもユダヤ人のためのメシアであり、ローマ人や異邦人のためのメシアではないからである。もちろんメシアが世界の諸国、諸族、諸言語をしたがえる最終的な勝利者になる存在でもあるということはユダヤ人にとって共通の認識ではあったが、少なくともメシアがユダヤ人を無視し、あるいはユダヤ人を捨て去ってまで他国の王になるということは、彼らにとって受け入れがたく信じがたいことであった。もしイエスが約束のメシアであるとすると、ユダヤ人はそもそも何のために神に選ばれたのかという深刻な矛盾に直面せざるをえないからである。この問題はいままでほとんど（神学的にも）議論されていないが、そもそもイエスのメシア性についてのユダヤ人の根本的なその疑問に対する答えがなければ、メシアという神秘的存在の謎は決して解けたとはいえないだろう。

ここで最初の問題提起に再び帰って考えてみたい。イエスはそもそも十字架に架かるために来られたのであろうか？　だとすれば、なぜイエスは息を引き取られる間際に「**わが神、わが神、どうしてわたしをお見捨てになったのですか**」（マタイ27章46節）という言葉を残されたのであろうか？否、それだけではない。他にも福音書の中には矛盾する表現がいたるところに存在する。たとえばイエスが十二使徒を呼び集め彼らにユダヤ人の伝道に派遣する場面が共観福音書に描かれている。マタイ福音書の中では、その際にイエスは次のように彼らに命令している。

イエスはこの十二人を派遣するにあたり、次のように命じられた。「異邦人の道に行ってはならない。また、サマリア人の町に入ってはならない。（マタイ10章5節）

すなわちイエスが弟子たちに与えた使命はユダヤ人に神の福音を伝えることであり、ユダヤ人が住まない町には伝道の必要はないということであった。同様のことは次の箇所によっても確認できる。

イエスはそこをたち、ティルスとシドンの地方に行かれた。すると、この地に生まれたカナンの女が出て来て、「主よ、ダビデの子よ、わたしを憐れんでください。娘が悪霊にひどく苦しめられています」と叫んだ。しかし、イエスは何もお答えにならなかった。そこで、弟子たちが近寄って来て願った。「この女を追い払ってください。叫びながらついて来ますので。」イエスは、「わたしは、イスラエルの家の失われた羊のところにしか遣わされていない」とお答えになった。（マタイ十五章21-24節）新共同訳マタイ福音書は特にユダヤ人のために記された福音書であるとみなされるので、このような言葉が記されているのだろうという見方もできるが、実際にもイエスがそのような制約的行動をとっていた可能性は高いだろう。もともと、イエスの福音はユダヤ人にこそ伝えられるべきものであったということは、福音書の記述だけではなく、異邦人伝道の記録を中心とした使徒言行録においても間接的に認められるのである。

前にも述べたように、エルサレム原始イエス教団の長老たちはあくまでもイエスの信者はユダヤ人を中心とすべきだと教えていた。当初、異邦人の伝道はデアスポラのユダヤ人、すなわち海外に住むユダヤ人に限るべきだともされていた。ただし、伝道の過程でイエスを信じた異邦人には割礼を受けることによってイエスの信徒としての扱いが受けられるという条件が課されていた。そのような条件は意味がないので撤廃すべきだと奨めたのがパウロであったが、そのようなパウロの考え方はユダヤ人信者の間では過激なものとして強く批判されていた。

原始イエス教団を指導していたイエスの弟のヤコブは明らかにパウロの過激な考え方に賛成していなかった。エルサレムの原始イエス教団がまだ健在であったころの原始イエス教団は、ユダヤ人およびデアスポラのユダヤ人を中心とする教会組織であった。その時代に彼らの念頭にあったのはメシアがユダヤ人を中心として世界を救うのだという信仰である。したがってイエスの再臨は、そのような文脈の中で信じられていたはずだ。ただし、その信仰は紀元七〇年のユダヤ戦争によって破綻し、修正を余儀なくせざるをえなくなった。その戦争によってエルサレムの神殿は完全に破壊され、もはやだれの目にもユダヤ人に神の救いがあるとは信じられなくなったのである。むしろユダヤ人はイエスを十字架にかけたが故に神によって呪われ、選民としての立場をも完全に失ったのだと彼らは認めざるをえなくなったのである。

「エルサレム、エルサレム、預言者たちを殺し、自分に遣わされた人々を石で打ち殺す者よ、めん鳥が雛を羽の下に集めるように、わたしはお前の子らを何度集めようとしたことか。だが、お前たちは応じようとしなかった。見よ、お前たちの家は見捨てられて荒れ果てる。言っておくが、お前たちは、『主の名によって来られる方に、祝福があるように』と言うときまで、今から後、決してわたしを見ることがない。」（マタイ二三章37-39節　新共同訳）

このイエスの言葉は十字架上で最後に残したとされる「わが神、わが神、どうしてわたしをお見捨てになったのですか」という同じくマタイ福音書の言葉と非常に相関性の強い言葉である。少なくともマタイ福音書の文脈では、イエスはユダヤ人の信仰を勝ち得ることを願っていたのだということが非常によく分かる。イエスは「めん鳥が雛を羽の下に集めるように、わたしはお前の子らを何度集めようとしたか」と、嘆かざるをえないほどユダヤ人の信仰を得ようとしていたのではあるまいか？であるとすれば、イエスは十字架のために来られたのだという単純な十字架予定説は見直さなければならないはずだ。

クリスチャンの考え方によれば、イエスの十字架がなければ罪人の贖罪は果たされないので、人類の罪はいつまでも清算されることなく救われることもないということになる。したがってイエスはあらかじめ十字架に架かるために来られたのであり、それ以外にメシアの使命は考えられないとされている。しかし、その結果としてユダヤ人が見捨てられることになっていたのだとすると、神の選民というユダヤ人の立場はいったいどう説明すればよいのか？イエスを十字架に架けることが神のみこころであったとすれば、ユダヤ人たちは神のみこころの通りに行動をしたということになる。だとすればなぜユダヤ人は神から見捨てられなければならないのだろうか？これはどう考えても理屈に合わない話である。ユダヤ人にとってみれば、そんな冷酷な神が彼らの神であったとは信じられない。だからこそ彼らはイエスが約束のメシアであるはずはないと考えるのであろう。しかし、この論理はいずれの側も神の予定がすべてを決定しているという予定説に立った考え方である。

（九）神の不思議な導きと予定説

予定説というのはプロテスタントのカルヴァン派が立脚していた教説として知られる。たとえば、旧約聖書創世記によると、イサクの妻リベカにエサウとヤコブの双子が生まれたとき、「二つの国民が**あなたの胎内に宿っており／二つの民があなたの腹の内で分かれ争っている。一つの民が他の民より強くなり**

兄が弟に仕えるようになる。」（創世記25章23節）とあらかじめ予言され、事実、神の導きの下で先に生まれたエサウは長子でありながら神の祝福を得ることができず、あとから生まれたヤコブに神の祝福を奪われるという不思議な運命を二人別々に歩むことになったのだと創世記は記している。

類似した物語はヤコブの子たちの間でも繰り返されている。ヤコブの一二人の子供の中で下から二番目のヨセフがあるとき「**日と月と十一の星がわたしを拝みました**」（創世記37章9節）という夢をみたと兄たちに告げる。それでヨセフの兄たちは激怒してヨセフを殺そうとするが、一二人の兄弟の長子ルベンの計らいによって命を助けられてヨセフはエジプトの隊商に売り渡される。その後、ヨセフはエジプトの牢獄の中で王の奇妙な夢について「**今から七年間、エジプトの国全体に大豊作が訪れます。しかし、その後に七年間、飢饉が続き、エジプトの国に豊作があったことなど、すっかり忘れられてしまうでしょう。飢饉が国を滅ぼしてしまうのです**」（創世記四一章・29-30節）と解き、豊作の期間のうちに穀物を蓄えるように王に勧める。するとヨセフの予言は事実そのとおりになったために彼はたちまちエジプトの宰相にまで出世する。一方、大飢饉が襲ったときカナンに住んでいたヤコブの一族はエジプトに蓄えがあることを聞いて、はるばるエジプトへやってくるが、そのときに宰相になっていたヨセフに対してヤコブたちは全員彼に頭をさげて拝するというわけである。このようにして不思議な神の導きの下でヨセフの予言が成就したという話になっているわけであるが、このあとも神の不思議な導きはモーセの出エジプトの話に至るまで延々続くことになる。

創世記十二章のアブラム（のちのアブラハム）の選びから始まり、モーセとヨシュアに導かれたイスラエルの民が出エジプトを果たすまでの一連の物語は、どんな小説も及ばないぐらいによくできた神と人との不思議な関係性を描く物語である。その物語が首尾一貫しているのは、人間の意志を超えた神の不思議な導きである。人間がたとえどんな行動にでようとも神の予定はその行動によって左右されることはなく必ず実現する。モーセがエジプト王パロの前で顕した数々の奇跡にしてもそうである。頑なパロはモーセの奇跡をみるとかえって神の意志に逆らおうとするのであるが、どんなに逆らっても最終的にパロは神に勝つことができないということを思い知らされることになる。その一連の物語は単に神の偉大さを誇るだけではなく、むしろ逆に人間の視野の狭さや愚かさを描いているのであり、この物語の作者は人間の本質的な愚かさや弱さに対する根本的認識と超越者に対する敬虔さを併せ持つ者でなければ決して書けない物語である。

さらに、このような神と人との関係性は創世記や出エジプト記だけではなく、旧約聖書全体に貫かれた根本思想になっているといってもよいだろう。創世記や出エジプト記にみられる人間の意志と神の意志の関係性は人の創作ではありえないほどのリアリティをもつがゆえに、聖書は今日でもなお滅びず、多くの人の信仰対象となっているのであろう。もちろん、たとえばモーセの紅海の奇跡が本当にあったのかどうかと考えると疑問を持つ方は多いだろう。しかし創世記や出エジプト記が仮に一人の天才的著述家の作であるとするのと、それをなんらかの霊感に感じて書かれた書とみなすのと、いずれがより現実的であろうかと考えると、私はやはり後者の方であると思う。それほど創世記や出エジプト記にみる人間と神の関係性はいかなる人間の想像をも超える深みがあると感じられる。

学者によると、創世記と出エジプト記を含むいわゆるモーセ五書が記されたのはバビロン捕囚後のことではないかという見方がある。すなわちそれは出エジプトを指導したモーセが実際に書いたのではなく、バビロン捕囚後に帰還したユダヤ人たちによって創作されたのだという説である。しかし、たとえそうだとしても、その話のエッセンスは伝承又は断片的資料によって彼らに残されていたものであることは間違いない。それがたとえ伝承によるものであろうと、あるいは何かの断片的資料の再構成であろうと、聖書がいかなる人間的創作をも超えてユニークにみえるのは、まさに人間の意志と神の意志との不思議な関係性に由来しているのである。

カルヴァンが予定説にこだわった理由もそこにあるのだろう。しかし、予定説によると、人が召されるのもあらかじめ定められているのであり、滅びにいたるのもあらかじめ定められているのだとされている。たとえば、そのような予定説の根拠としてよく引用されるのはパウロの次の言葉である。

神は前もって知っておられた者たちを、御子の姿に似たものにしようとあらかじめ定められました。それは、御子が多くの兄弟の中で長子となられるためです。神はあらかじめ定められた者たちを召し出し、召し出した者たちを義とし、義とされた者たちに栄光をお与えになったのです。（ローマの信徒への手紙八章29-30節　新共同訳）

この種の予定説の考え方は極論であるとしてクリスチャンの中には否定する者も多いが、しかしイエスの十字架の恩寵が絶対であり、それを神の絶対的予定であると信じるならば、たしかにそのような極端な予定説にも正当な根拠があるということになる。ただし、その立場にたつと、あらかじめユダヤ人は滅ぶように定められていたのだというおかしな話になってくる。問題はユダヤ人にとってそのような予定説は決して受け入れられないということである。

（十）十字架予定説を受け入れられないユダヤ人の立場

ユダヤ人にとってはメシアが十字架に架かるために来られるということは、どう考えても不条理な話である。もしそうであるとすれば、神はあらかじめユダヤ人を滅ぼすために彼らを選んだのだということになる。そんなことはありえないとユダヤ人であれば誰しも憤慨するであろう。仮にメシアが十字架に架かることが神の予定であったとしても、それはユダヤ人の不信仰の結果ではなくローマ人の不法によってイエスが殺されたのだとすれば、あるいはユダヤ人にも受け入れられたかもしれない。しかし、マタイ福音書を始めとして、新約聖書の作者は決してそのような見方ではなく、イエスを十字架にかけさせたのはローマの総督ピラトではなく、あくまでもユダヤ人の不信仰の結果であったということを彼らは論証しようとしている。そして、ユダヤ戦争によってユダヤ人がローマに滅ぼされた理由を、彼らの不信仰の結果であったとしているわけである。

それはそれでたしかに筋の通った話になっているのであるが、問題はユダヤ人の不信仰まで神の予定であったのかどうかということになる。そこまで聖書の予定説が発展してしまうと聖書の神自身が論理矛盾をきたしてしまう。なぜなら、ユダヤ人の不信仰まで神の予定であったとすれば、論理的に彼らの責任を問うことはできなくなるからである。先にも述べたように、聖書が奥深い啓示の書であると信じられる理由は神の意志と人間の意志の不可思議な関係性のゆえである。聖書の中では人間の意志はあくまでも人間の意志として発露され、一方、神の意志はその人間の意志を超えて自らの計画を実現しようとする。ユダヤ人が信じて来た神は、常にそのような不思議な導きをなさる神である。一世紀に書かれたヨセフスのユダヤ古代史の中にも、神の意志と人間の意志の関係性について次のように記されている。

「彼らはすべてのことが運命によって定められていると考えるが、しかもなお、人間がその能力の範囲内であることを追求しようとする意志の自由をもっていることも否定はしない。なぜなら神は、運命と人間の意志とが連帯し、美徳と悪徳を共にもった人間が、自らの意志でその運命と責任とを分つことを喜びたもうからである。」(『ユダヤ古代史』ちくま文芸文庫第六巻P17)

たとえばバビロン捕囚の時代も、数多くの預言者を通じて多くの警告が記されていたのであるが、結局、ユダヤ人が神の声にしたがわなかったためにバビロンによって滅ぼされたのだと聖書は物語っている。すなわちバビロンによる捕囚期間は決して歴史の偶然によって起こったわけではなく、あくまでも神がユダヤ人に与えた試練であったと考えられているわけである。ユダヤ人はそのような考え方に立脚することによって、クロス王の勅諭によって奇跡的に解放されたあと一致団結して自らの信仰を取り戻そうとしたわけである。彼らの神は常に人間の行為に正しく反応する神である。ユダヤ人が不信仰になると神は彼らに必ず罰を与えようとするが、逆にユダヤ人が悔い改めて神に帰ろうとすると神は必ず彼らを許し恵みを与えようとする、そのような寛大な神である。その関係性は飼い主と飼い犬の関係にも似ているだろう。したがって、ユダヤ人にとっては、たとえどんなことがあっても神との関係を一方的に断ち切ることはできないのである。なぜならユダヤ人は神に一方的に飼い犬とされた存在であり、自らの意志では神と絶縁することができないからである。

しかし、予定説を信じるキリスト教徒によると、ユダヤ人はあらかじめ神に見捨てられる立場だったのだという一方的な論理であり、これはユダヤ人にとって承服しがたいのは当然である。ユダヤ人を選んだ神は決してそのような冷酷無比な神ではなかったはずだと彼らは信じている。だから多くのユダヤ人は今でも二千年前に十字架に架かったイエスではなく、いつの日か彼らのために真のメシアが来られるはずだと信じているのである。だが、ユダヤ人がそのように頑なになる理由も分らないでもないが、論理的に考えると、実はいずれの側もおかしいことに気付くべきだろう。

ユダヤ人が二千年前に祖国を失った理由は何だったのだろうか？　彼らの論理によると、ユダヤ人が祖国を失ったのは歴史の偶然ではありえず、そこには何らかの神の意志がなければならない。そしてその結果の責任は、当然、神の側にあるのではなく、あくまでもユダヤ人の側にあるはずである。

すなわちユダヤ人は神に対して取り返しがつかないような不信仰を犯したのだと考えなければならない。もしかすると、その不信仰はキリスト教徒がいうようにイエスを十字架に架けた恐ろしい罪の結果であったと解釈することも可能なはずである。

一方、ユダヤ人はそう悔い改めることで、キリスト教徒の側の間違いを指摘することもできるだろう。キリスト教徒が自分たちに都合よく信じるように、ユダヤ人は初めから神に見捨てられるように定められていたわけではないと。すなわち神はもともとユダヤ人を見捨てようとしていたわけではなく、むしろ逆に彼らがイエスを信じることを願っていたのだということができる。そうすればユダヤ人は見捨てられることはありえず、神によってあらかじめ滅びの運命に定められていたというのはとんでもない嘘八百だということを強く主張できる。それこそが正しい論理であり、そしてまた聖書の予定説の奥義であるといってもよいのではないか。

（十一）因果応報と矛盾しない予定説

クリスチャンの内村鑑三によると、キリスト教の予定説というのは因果応報を説く仏教とは正反対の教えであり、それこそがキリスト教を支える柱であると断言さえしているが、これは予定説を極端に解釈した場合に起こる錯覚というものであろう。実は旧約聖書の予定説的な教えは決して因果応報の考え方と矛盾しているわけではない。特に創世記や出エジプト記にみられる神の意志と人間の意志との関係性を正しくみると、予定説とは因果応報を神の視点で述べたものだということが分かってくる。すなわち聖書の神は常に人間の行為に反応している神であるということが分かるのである。たとえば、カインがアベルを殺害した時がそうである。神はカインがアベルに対して憎しみの念にかられていることを知っていた。だからカインに対して、

「どうして怒るのか。どうして顔を伏せるのか。もしお前が正しいのなら、顔を上げられるはずではないか。正しくないなら、罪は戸口で待ち伏せており、お前を求める。お前はそれを支配せねばならない。」

（創世記四章 6-7 節）

と忠告を与えた。しかし、カインは結局神の忠告を聞かずにアベルを殺してしまう。このとき神は忠告に従わなかったカインに対して次のような罰を与える。

「何ということをしたのか。お前の弟の血が土の中からわたしに向かって叫んでいる。今、お前は呪われる者となった。お前が流した弟の血を、口を開けて飲み込んだ土よりもなお、呪われる。土を耕しても、土はもはやお前のために作物を産み出すことはない。お前は地上をさまよい、さすらう者となる。」（創世記四章 10-12 節）

このカインの物語の前にはよく知られたアダムとエバの失楽園の物語が記されている。そして、こ

の物語でもアダムとエバが禁断の実を食べたために二人に以下の罰が下されたと記されている。

神は女に向かって言われた。「お前のはらみの苦しみを大きなものにする。お前は、苦しんで子を産む。お前は男を求め／彼はお前を支配する。」神はアダムに向かって言われた。「お前は女の声に従い取って食べるなと命じた木から食べた。お前のゆえに、土は呪われるものとなった。お前は、生涯食べ物を得ようと苦しむ。お前に対して土は茨とあざみを生えいでさせる。野の草を食べようとするお前に。お前は顔に汗を流してパンを得る。土に返るときまで。お前がそこから取られた土に。塵にすぎないお前は塵に返る。」（創世記三章16-19節）

すなわち聖書の創世記の最初の物語から神は自ら創った人に対して厳正な因果応報の法則があることを教えていることが分かるのである。この教えは旧約聖書全体を貫く神の教えであり、バイブルの基本思想であるといっても差し支えないだろう。モーセが神から授かった律法の教えの根本もまさにそこにあった。たとえば「目には目を歯には歯を」という律法があることを思い出せば、だれしも納得せざるをえないだろう。ユダヤ人が律法を守ることに忠実たらんとしてきたのは、因果応報の教えが彼らを縛っているからである。

ユダヤ人にとっては、自らの行動が神の前に正しいか間違っているかを考えることが常に行動の指針であった。彼らは神の前で間違った行動をしたとき相応の罰を受けることを知っていた。だからこそユダヤ人はバビロンに捕囚されたとき、彼らは自らを悔い改めなければならないと考えたのである。イスラエルの預言者たちはすべてそのことを教えているといっても過言ではないだろう。ユダヤ人が間違った行動をとっているとき、神の罰が必ず下ることを、預言者たちは一致して警告してきた。その伝統はイエスの先駆けとして現れた洗礼者ヨハネの次の言葉にも表れている。

「蝮の子らよ、差し迫った神の怒りを免れると、だれが教えたのか。悔い改めにふさわしい実を結べ。『我々の父はアブラハムだ』などと思ってもみるな。言っておくが、神はこんな石からでも、アブラハムの子たちを造り出すことがおできになる。斧は既に木の根元に置かれている。良い実を結ばない木はみな、切り倒されて火に投げ込まれる。」(マタイ福音書三章 7-10 節　新共同訳)

聖書の教えは根本において、このような徹底した因果応報の教えである、ではいったいどうして内村鑑三ともあろうものがこの事実に気づいていないのか？　それはやはりパウロの教えを極端に推し進めた結果であろう。パウロはユダヤ人の律法がもはや何の意味もないということを自らの書簡で説いていた。それは初代教会のキリスト信者を含む多くのユダヤ人から反発を招き、その結果、パウロの逮捕という事態にまでいたっている。しかしパウロが律法の教えを無意味だとしたのは、聖書の教えを否定したからではなく、イエス・キリストの十字架によって律法の教えが成就したと考えたからである。すなわちイエスの十字架によって、もはや律法は必要とされなくなったと考えたのである。

この結果、聖書の教えはイエスの十字架に収斂され、それこそが神の目的であると考えられた。そのような文脈で聖書を再解釈すると、すべてがあらかじめ定められていたという極端な予定説の考え方に至るわけである。

ただし、聖書の基本的な教えは因果応報の原則であるが、一方で聖書の教えが仏教と著しく異なっているのは、神という超越者の意志が人間の運命を左右しているのだという予定説の考え方である。すなわち聖書においては因果応報と予定説は矛盾しないのである。聖書においては、神は創造主としての明確な意志をもった存在だと考えられている。その神の意志に比べれば人間の意志はあまりにも小さなものと限定されている。また、神の意志とは、人類の歴史を超えて普遍的に働く意志であると考えられている。たとえば、アブラハムに啓示を与えた神は、後にアブラハムの子イサク、そしてイサクの子ヤコブにも同じような啓示を与え、その働きはアブラハム、イサク、ヤコブという三代において実現されるのである。神はヤコブの子たちを不思議な導きの下にエジプトへ入植させ、その後、四百年を経てモーセのときに再び神は彼らに自らの意志をお示しになって出エジプトという壮大な民族移動を実現させる。そのときモーセを含むイスラエル人は、神のあまりにも大きな意志に逆らえず自ら望んでもいない荒野を流浪するという過酷な運命に身をまかせるしかなかった。

そのような時間と空間を超えた神の絶大な意志に比べると、人間の意志はあまりに小さく、ほとんど取るに足らないほどにみえるのであるが、しかし、聖書はだからといって人間の意志を無意味なものとして過小に評価してはいない。むしろ、聖書の神は人間の意志に常に寄り添いながら歴史の中で応答している存在として描かれている。

たとえば、モーセ五書（創世記、出エジプト記、ヨシュア記、レビ記、民数記）のあとにも別の書き手によって列王記や歴代誌が記されているが、それらの書物でもユダヤ人の歴史に連綿と影響を与え続ける神の意志が不変であることが語り続けられている。またモーセに啓示を与えた神はその後もイスラエルの預言者を通じて自らの意志を直接に啓示する存在として描かれている。イスラエルの預言者たちは決して自ら望んだわけでもなく、ある日突然の出来事のように神に選ばれ特別な使命を託されるのである。彼らはイスラエルの代々の王やその民族に対して警告を発する存在である。自らの主人である神の存在を忘れ果て、異国の偶像崇拝に影響を受けるほど堕落した彼らに対して、預言者たちは「アブラハムの神に帰れ。モーセの神を忘れるな。さもなければイスラエルの民は滅びるであろう」と、いくつもの時代を越えて警告を発している。

預言者の言葉の通りアッシリア帝国に滅ぼされてしまった北朝イスラエルは、その後歴史の表舞台から消え失せることになったが、彼らよりも少し遅れてバビロンに滅ぼされた南朝ユダは七〇年の捕囚期間のあと、ペルシャ王クロスの力により奇跡的に祖国再建の勅諭を伝えられる。彼らにとってはクロス王こそ神の使者に他ならなかった。南朝ユダの生き残りのユダヤ人たちは、神の不思議な介入ともとれるクロス王の勅諭に対して心から悔い改め、今一度、神の下に帰ろうとした。彼らはバビロンに破壊された神殿を再建し聖書を編纂し、律法（トーラ）の教えを厳守することによって、神が預言者を通して約束されていたメシアの時代に備えようとした。ユダヤ人の歴史というのは悲惨このうえないものであったが、彼らはそれでも大真面目に神の存在を信じてきたのであった。彼らにとって神の存在は人間の空想の所産ではなく、歴史的時間の枠を超えて生きて働き続ける実存的存在に他ならなかったのである。

（十二）イサク燔祭（はんさい）にみる神と人間の意志の意外な真実

ところで神が人間の意志に対してどのように応答するのかという一つの例はアブラハムに与えた独り子イサクを献げよという不条理な命令において示されている。アブラハムは、もともと、神の啓示によってあなたの子孫は空の星、地の砂のように数が増えるだろうという祝福を与えられる。しかしながら、現実には彼は年をとっていて（百歳）、しかも不妊の妻サライも子を産めるような年（九十歳）ではなかった。しかたなく、アブラハムは妻サライのはしためハガルによって第一子イシマエルを授かるが、やがて妻サライ（後にサラに改名）は奇跡的な高齢出産で第二子イサクを儲ける。その後、ハガルとイシマエルは連れ立ってアブラハムの下を去り、アブラハムの世継ぎはイサクに与えられることになる。

しかしながら、アブラハムの子孫を空の星のように増やすと約束していたはずの神が、こともあろうにその独り子イサクを捧げよという命令をアブラハムに下すのである。そんな馬鹿な（！）とアブラハムは信じられない思いを抱きながらも、彼はその命令に従おうとする。アブラハムは息子イサクを連れて山に登り、そこに薪を集め燔祭（はんさい）の準備をし始める。燔祭（はんさい）というのは動物を焼いて犠牲の供え物にすることである。これはアブラハムから始まった人間の罪の贖罪のための儀式である。ところが、その場所に犠牲になるべき動物がいないので、息子のイサクは不思議に思って、「なぜ子羊がいないのですか?」と父アブラハムに尋ねる。詳しくは記されていないが、アブラハムはイサクに「実は主のお告げにより、おまえを犠牲にしなければならないのだ」という事の経緯を説明したのだろう。それに対してイサクは抗いもせず父の指示に従おうとする。アブラハムはイサクを縛り、薪の上に乗せて、今にも刃物でわが子を殺そうとしたとき、突如、天からの声が聞こえ「**その子に手を下すな。何もしてはならない。あなたが神を畏れる者であることが、今、分かったからだ。あなたは、自分の独り子である息子すら、わたしにささげることを惜しまなかった。**」（創世記22章12節）と神が御使いを通じてアブラハムの行動を制止させる、という話である。

この有名な聖書の挿話が暗示しているのは、神と人間の関係性の意外な真実である。全能の神といえども実はアブラハムの心中まではわからなかったのである。アブラハムが何を考えているのかということが神でさえもわからないので、神はアブラハムがわが子に手を下そうとするその最後の瞬間まで見届けようとしたのではないであろうか? 全能の神がそんな無能なはずはないと思う人もいるかもしれない。しかし、旧約聖書の神というのは全能の神ではあっても、人間に対してはこのアブラハムのイサク燔祭のように、人間の心の内面にまで干渉することはなさらない。このことは、実は旧約聖書の基本的な約束事といってもよいのである。

たとえばカインのアベル殺害についてもそうである。神はカインがアベルを憎んでいることを知っていたが、それでも神はカインに最後まで反省の機会を与えてカインが悔い改めることを願っていた。興味深いのはノアの洪水審判が行われる前に、**「主は、地上に人の悪が増し、常に悪いことばかりを心に思い計っているのを御覧になって、地上に人を造ったことを後悔し、心を痛められた。」**（創世記六章 5-6 節）と記されていることである。この記述をみると、人を創造した神はある意味では無能であったということが分かる。すなわち神は人間を自らの期待通りの存在に創ることはできなかったのだということをそれは意味している。聖書の神は人間の内面にまで干渉することができないために、人間の世界は神の願わざる世界になっているのだと聖書は語っているようにさえみえる。すなわち聖書の神は人間の内面に干渉することはなく、その行動の結果に対してのみ評価と判定を下す神として描かれているのである。

もしそうだとすれば、聖書の神がすべての人間の運命を定めているのだという絶対予定説の考えは、根本から誤りであるということがはっきりとする。ということは、つまりイエスの十字架でさえも神があらかじめ定められた運命ではないということになる。神はアブラハムがイサクに手を下そうとするその最後の瞬間までアブラハムの心の中までは立ち入ろうとなさらなかったのだとすれば、同じことはイエスの十字架の際にもいえるだろう。この見方によると神はユダヤ人たちがイエスを不信することを願ってはいなかったが、最後の瞬間までユダヤ人に自らのやろうとしている行動に対して反省の機会を与えていたはずなのである。

神学にある程度通じた方であればよくご存じのとおり、アブラハムのイサク燔祭（はんさい）は実はイエスの十字架の予型であったと解釈されるのが普通である。予型というのは神が未来においてなさろうとすることを、あらかじめ象徴的にお示しになるということである。この考え方によると、罪の贖罪のために牛や子羊を犠牲にして神に捧げるというユダヤ人の伝統的儀式自体が実はイエスの十字架の予型であったということになる。したがってアブラハムに独り子イサクを捧げよと命じたのも、神ご自身が将来独り子イエスを十字架で捧げることの予型であったというわけである。

万事が万事、十字架予定説に収斂させたい人々の考え方によれば、たしかにそのように解釈できるというのだろう。しかし、そうするとユダヤ人はいったい何のために神に選ばれたのかという元の疑問に戻ってしまう。ユダヤ人はイエスを十字架に架けるためにわざわざ神に選ばれたのであり、アブラハムが選ばれたのもそのためであったという論理になる。そうするとアブラハムのイサク燔祭はアブラハムの信仰を神が試すために行われたのではなく、あくまでも予型の儀式としてしか意味がなくなってしまう。もしアブラハムのイサク燔祭が単なる予型の儀式にすぎないのだとすれば、神はあらかじめすべてを知り尽くしていたはずである。だとすれば、それは神にとって予定通りの結果であり、それを演出した神がアブラハムに対して「あなたが神を畏れる者であることが、今、分かった」というのもおかしな話である。これではすべてが神の自作自演になってしまう。結局、予定説や予型の論理に呪縛されているかぎり、聖書に於ける神と人間の不思議な意志の関係性が説明できないことになってしまうのである。

（十三）イエスが目指したメシア運動

福音書には記されてはいないが、イエスは洗礼者ヨハネとの出会い以前に、おそらく自らがメシアの使命があるということを自覚していたのかもしれない。イエスの説教は「**時は満ちた。神の国は近づいた。悔い改めて福音を信ぜよ**」という、いままで誰にもいうことのできなかった権威のある教えであった。この教えは端的にメシアの時代が到来したという意味であった。神の国が近づいたという意味は聖書に約束されたメシアの王国が到来する日が近づいたのだという意味である。しかし、その簡潔なメッセージが重大な意味を担っていることをユダヤ人たちは気づかなかった。外見上のイエスはメシアとしての権威ある人物だとはみえなかったのかもしれない。だからイエスは「預言者が敬われないのは、自分の故郷、親戚や家族の間だけである」という皮肉な言葉をささやかざるをえなかったのであろう。

しかもメシア運動を開始した早々にイエスにとって予期せざる不吉な出来事が起こってしまう。メシアの証人として遣わされたはずの洗礼者ヨハネがヘロデによって逮捕されたのである。ヨハネはイエスにとって一心同体といってもよい存在であった。彼もまた神からの啓示を受け、メシアの先駆けとして、あるいはもう一人のメシアとしてイエスと運命を一つにするはずの同志であった。今日、死海文書にその断片が発見されているように、死海教団の教えでは二人のメシアが到来するという予言のような言葉が残されている。一人は王としてのメシアであり、もう一人は祭司としてのメシアである。イエスとヨハネは事実そのような使命を担って来たのかもしれない。

したがってヨハネが逮捕されたという事件は同志が逮捕されたという以上の衝撃をイエスに与えずにはおかなかった。なぜならヨハネはイエスと同様、神からの啓示を受けてメシア運動に召命されたはずであり、その神がヨハネの逮捕を許すということは（同じく神の啓示を受けていたイエスにとって）考えられないからである。実際、イエスの不吉な予感は現実のものとなってしまう。ヨハネは逮捕後間もなくヘロデに首を刎ねられて、あっけのない最期となるのである。この出来事はイエスの運命の前に立ちはだかる暗雲のようにみえたことだろう。

ヨハネ亡き後のイエスは孤立を強いられることになった。なぜならイエスのメシアとしての使命を本当に理解できる者はヨハネ以外に存在しないと思われたからである。ヨハネ亡き後、イエスは自らの弟子を集めて新たな運動を始めることになる。ペテロとアンデレはもともとヨハネの弟子であったが、ヨハネの証言を直接聞いてイエスの弟子に加わることになった。イエスが特にペテロに信頼を置いていたのは、彼がヨハネから直接イエスに対する証言を聞いて、それを信じたという経緯があったからかもしれない。イエスは彼らを中心に、あらためて「神の国は近づいた。悔い改めて福音を信ぜよ」というメッセージを広めようとした。

当時のユダヤは来るべきメシアにとって必ずしも難しい場所ではなかったはずだ。なぜなら政治的には当時のユダヤを取り巻く環境は歴史上まれに見る安定した時代であったからである。バビロン捕囚から解放後、ユダヤを取り巻く情勢は次々と帝国の覇権が入れ替わる不穏な勢力争いの修羅場になっていたが、その中で前一世紀にカエサルを指導者とするローマの覇権が地中海全域に広がって不穏な政治状況は一掃されることになった。イエスが生まれる前、カエサルの養子オクタヴィアヌス（後のアウグストス）が宿敵のアントニウスをアクティウムの海戦で破り、ローマの巨大な権力をほぼ一手に握り初代皇帝の座に就いた。一方、ユダヤではローマの庇護を受けたヘロデが権力を握り、ローマの属国としての立場ながら王位に就いた。イエスが生まれた頃のユダヤとその周辺の世界はほぼローマ皇帝アウグストスによって平定され、歴史上でもかつてない巨大な版図をもつ帝国が出現していた。

　そのような中でイエスと洗礼者ヨハネが生まれたことをみると、やはり神の不思議な導きというものを感じざるをえない。ユダヤ人にとってメシアとはユダヤ一国の王となられるだけではなく、諸国、諸言語、諸民族をしたがえる王の王ともなられるべき方である。すなわちメシアという存在は地上に平和をもたらすべき方である。それはもちろん人間の力によるのではなく神の力によるのである。そのように考えると、ローマ帝国の出現もある意味で神の導きでもあったのではないかとみなされる。ただし、神の計画の中ではユダヤ人のメシアとして来られた方こそが、ローマの皇帝に代わる地位につかなければならないはずである。果たしてそのようなことが現実に可能であったろうか？

（十四）イエスが皇帝の座についていた可能性

当時のローマ帝国の中でユダヤはアジアの辺境に位置する小さな領国にすぎなかった。しかしながら、ユダヤ人は当時、ユダヤ地方だけではなくデアスポラのユダヤ人としてもローマ帝国の各地に広がっていた。しかも彼らの中にはローマ帝国の中で有力な地位についた人物も何人かいたことだろう。たとえば当時のローマを代表する都市の一つアレクサンドリアにはデアスポラのユダヤ人が数十万人も住んでいたと考えられている。その中でも特に有名なのは哲学者フィロンの一族である。フィロン家は今日のロスチャイルド家に相当するような大富豪の一家であったといわれる。特にフィロンの兄弟アレクサンドロスは財力の点でも政治家としてもローマ帝国で名を馳せていた。その証拠にヨセフスが「アレクサンドロスは当代のアレクサンドリアの人々のうちで、家柄の点でも財力の点でも随一であった」と記している。彼はローマ皇帝クラウディウス（在位41 - 54）の友人でもあった。当時のデアスポラのユダヤ人のローマに対する影響力は今日のアメリカでのユダヤ人の影響力に匹敵するものと考えられるだろう。

かつての統一イスラエルはソロモン王の時代に世界に冠たる地位を誇っていたと考えられている。特にソロモンによって建設された巨大神殿は繁栄のシンボルであり、世界中から羨望を集めたといわれる。その後、ソロモン神殿はバビロンによって無残にも破壊されたわけだが、イエスが誕生される前にヘロデ王によって修復され、かつての規模を上回る巨大神殿として復活していた。その威容は当時のローマの中でも圧倒的な存在感があったにちがいない。しかも、ヘロデ王は当時の先進的技術を駆使して巨大なインフラ施設を次々と建設していた。その結果、当時のユダヤはローマ帝国の中でも決して無視できるような弱小国ではなかった。むしろ当時のユダヤはローマの権力維持にとって中枢的な位置づけがあったと想定しても間違いではないだろう。事実、ＡＤ六五年〜七〇年のユダヤ戦争で指揮を執ったウェスパシアヌス将軍とその子ティトゥスは後にローマ皇帝にまで登りつめていることからも、ユダヤの統治がローマにとってどれほど重要であったかということが推察される。

歴史に「もしも…」ということはありえないが、もしもイエスがメシアとしての真の位置、すなわちユダヤ人の王としての位置についていれば世界はどうなっていたであろうか？たしかに当時のユダヤ人の指導者層がイエスを受け入れた可能性は皆無といってもよいかもしれないが、もし彼らがイエスを受け入れていたならば、イエスは比較的容易にローマの皇帝に影響を与えるような存在になりえたかもしれない。

当時はギリシャ語が世界語であった。聖書のギリシャ語訳も普及していて広くデアスポラのユダヤ人に読まれていた。もしもローマ帝国の人々が聖書の存在を知れば、彼らはその世界観に驚いたであろう。聖書はユダヤ人だけではなく、人類全体が共通の神からでた一つの家族的つながりのある兄弟であるということを教えている。その神がイエスという類まれなる賢人メシアを送ってくれたのである。イエスがその奥深い神の知恵と経綸を教えれば、ローマの皇帝は早晩イエスの下にひざまずいたとしても不思議ではない。これは決してありえない想像ではない。現にそれから三世紀ほど遅れてローマの皇帝は実在しない十字架のイエスの虚像にひざまずいたのである。

（十五）イエスが説いた神の国とは何だったのか？

イエスの宣教の核心は何だったのかというと、それは「神の国」という言葉に集約されるだろう。過去、ユダヤ人の預言者の中で「神の国」についてイエスのように語った者はいなかった。福音書によると、イエスは「神の国は近づいた。悔い改めて福音を信ぜよ」という簡潔なメッセージによって、ガリラヤ地方を中心に伝道をはじめたとされている。しかしながら、イエスが民衆に説いて回った「神の国」の訪れを実際に目で見ることができたものはユダヤ人の中に一人もいなかった。皮肉にも、彼らの将来は「神の国」どころか、ユダヤの歴史上最大の悲惨に見舞われることになろうとは、いったい誰が想像しえただろうか？イエスの信者は、それでもなお「神の国」が来たるべき歴史の終末と同時にもたらされるはずだと信じたが、やがてその信仰さえも時がむなしく過ぎ去るにつれて廃れてゆき、いつしか「神の国」とは、イエスの語られた言葉の中でもっとも謎めいた（ある種ロマンの響きさえある）言葉として、われわれの眼前に残されている。いま考えれば非常に不思議なことであるが、あるときイエスは「神の国」について次のように語ったとされている。

ファリサイ派の人々が、神の国はいつ来るのかと尋ねたので、イエスは答えて言われた。「神の国は、見える形では来ない。『ここにある』『あそこにある』と言えるものでもない。実に、神の国はあなたがたの間にあるのだ。」（ルカ17章20-21節　新共同訳）

神の国はいつ来るのかと、パリサイ人が尋ねたので、イエスは答えて言われた、「神の国は、見られるかたちで来るものではない。また『見よ、ここにある』『あそこにある』などとも言えない。神の国は、実にあなたがたのただ中にあるのだ」。（ルカ17章20–21節　口語訳）

このルカの聖句は多くの神学者や牧師によって頻繁に引用されているが、残念ながら、いままでこれといった納得のゆく解釈はなされていない。ある者はこの言葉は「心のうちに平和を作りなさい」というような意味であり、またある者はこれを単に「神の国は目に見える形ではやってこない」というような意味に解釈されているようである。しかし、この言葉の真意を以下のように解釈すると、もっと迫真力をもってわれわれに迫ってくるのではないだろうか。

この言葉は素直に受け取ると、「神の国」が武力によって来るのでもなく、またなんらかの徴（しるし）によって来るのでもなく、あなたがた一人ひとりの心の中にあるのだという意味にとれるが、それは必ずしも「神の国」は目に見えないものであるとか、あるいは単に心の平安＝「神の国」であるというような意味ではなく、現実に目に見える「神の国」が到来するために、すなわち神が約束したメシアの王国を来らせるためには、あなたがたの中でメシアを信じるという心の作用、すなわち今ここに存在しているイエス（すなわちメシア）を信じるということしかその方法がないのだということを含意していたのだと解釈できるのである。

果たしてこの聖句を挿入したルカが、そのような意味を込めていたのかどうかまではわからないが、前後の文脈の中ではそのように受け取るのがふさわしいであろう。仮にこの聖句をそのような意味に受け取れるとすれば、彼ら（ファリサイ派）の「神の国はいつ来るのか」という質問に対するイエスの答えは、すなわち「神の国の到来はあなたがたがわたしを信じるか否かにかかっているのだ」という意味であったと解される。つまり、その言葉は一見禅問答のように抽象的に聞こえたかもしれないが、実際は具体的、現実的な要求を意味する言葉であったのではないかと考えられる。だとすればイエスにとって「神の国」という言葉は、決して非現実的な世界のことではなく、現実に達成可能な世界としてあったのではないかと考えることができる。

もともとユダヤ人にとって「神の国」とは「神が支配する世界」という意味である。この世は神が支配する世界ではなくサタンが支配する世界となっている。もしそうでなければ、ユダヤ人が悪の帝国ローマの支配に屈することはないはずだ。したがってメシアが来臨すれば、必ずユダヤ人はローマの支配から解放されるはずだと彼らは考えたであろう。

それに対してイエスの考え方は彼らの世界観とまったく異なったものであるとは想像しにくい。むしろイエスはユダヤ人の誰よりも「神が支配する世界」を願って行動していたはずである。ただし、イエスと彼らとの間に大きな違いがあるとすれば、それはユダヤ人のローマからの独立がイエスの目的ではなかったということである。イエスが考えていたことは、それよりもはるかに次元が高く、むしろユダヤ人のあいだで「神の国」が達成されれば、その「神の国」はローマから独立するどころか、世界全体へと波及するはずだと信じていたであろう。なぜなら神の支配というのはユダヤ一国のことではなく、世界全体のことを意味しているからである。この世が神の創造された世界であるかぎり、最終的にすべてのその成員は神の支配に服すべきなのである。しかし、この世は神ではなくサタンによって支配されており、その世界を神の支配する世界に変えるために選ばれたのがユダヤ人であり、そしてまたそのユダヤ人の使命を完成させるために来られる方がメシアに他ならない。もともとユダヤ人のメシア信仰とはそのようなものであった。だからこそ、預言の書には次のように記されていたのではないだろうか。

夜の幻をなお見ていると、見よ、「人の子」のような者が天の雲に乗り、「日の老いたる者」の前に来て、そのもとに進み、権威、威光、王権を受けた。諸国、諸族、諸言語の民は皆、彼に仕え、彼の支配はとこしえに続き、その統治は滅びることがない。（ダニエル７章13節　新共同訳）

（十六）イエスの運命

イエスはそのようなメシアとしての自覚をもって、「神の国」の宣教を行っていたはずである。それゆえにイエスはまずもってユダヤ人の信仰を得なければならなかったのである。ユダヤ人がイエスをメシアとして受け入れ信じたならば、ユダヤは神の国となり、そしていずれこの世は神の支配する世界へと転換されるはずである。そのときユダヤ人はローマに反抗するために武力をもつ必要もなかったであろう。なぜなら神がローマを屈服させるはずだからである。したがってイエスが目指したのは、あくまでもユダヤ人の信仰を得ることであり、ユダヤを本来の神が支配する世界、すなわち「神の国」へと作り変えることであった。そのようなイエスの思いは次の聖句をみれば分かるのではないだろうか。

エルサレム、エルサレム、預言者たちを殺し、自分に遣わされた人々を石で打ち殺す者よ、めん鳥が雛を羽の下に集めるように、わたしはお前の子らを何度集めようとしたことか。だが、お前たちは応じようとしなかった。見よ、お前たちの家は見捨てられて荒れ果てる。（マタイ23章37–38節　新共同訳）

この聖句をみても、イエスがユダヤ人たちの信仰を得るために努力を尽くしていたことが明らかに分かる。だとすると、イエスが十字架に架かるために来られたのだというのはありえない話になるであろう。イエスは明らかに自らが約束のメシアであることを暗示する行動をとっていたと思われる。その暗示はローマ人には分らないがユダヤ人には分かるはずであった。イエスはあえて彼らに自らが約束のメシアであることを暗示することによって、彼らのユダヤ教に対する信仰心に訴えようとしたのではないか。

もしも彼らがイエスをメシアとして信じたならばユダヤ人は一致団結してイエスを中心に結束でき

たはずである。そうすればローマの権力者といえども手出しはできないはずである。自らの同志であり証人でもある洗礼者ヨハネが亡き後、イエスが目指していたのはそのような一縷の希望であった。いずれにしてもイエスは初めから十字架にかかるために活動していたわけではないことは間違いがないだろう。それはもちろん神の予定でもなかったはずである。それゆえにイエスが十字架上で「「わが神、わが神、どうしてわたしをお見捨てになったのですか」といわれたのは、そのような神の願いと目的をイエス自身が分かっていたからではなかろうか。

エピローグ

イスラム台頭の隠れた歴史的意味

イエスの十字架後、異邦人伝道に活躍したパウロによって十字架こそが神の恩寵であり、それがなければ罪人の罪は永遠に購われることはないという解釈がなされた。この解釈によればイエスの十字架の恩寵を信じない者は地獄に落ちるということになる。このパウロの絶対的信仰に基づいてキリスト教はローマ帝国の全域に広がり、やがては何世紀もの時を越えて地球上の裏側にまで広がっていった。クリスチャンはそのような信仰に立って、万民救済のために地の果てにまで伝道を続けていったのである。しかしながら、キリスト教の歴史をみると、必ずしも十字架の恩寵による万民救済の理想は成就したとは到底思えない。

その重大な障害になったのは七世紀のイスラムの台頭である。コーランの伝説によると、かのムハンマドはある日、新約聖書で処女マリアに受胎告知のお告げをした大天使ガブリエルから啓示を受けたとされている。その結果、ムハンマドはキリスト教とは一線を画した新たな宗教運動を起こすことになった。ムハンマドに降りた啓示によると、イエスは神の独り子ではなく預言者の一人であったという。ムハンマドがもっとも激しく反発したのはキリスト教徒がイエスを天地創造の神として奉っていることであった。それは本来のバイブルの教えであった唯一絶対の神という概念を損ねるものであると同時に本来被造物であるはずの人間を偶像化することと同じであった。ムハンマドは聖書の権威にしたがってキリスト教の教えの間違いを正そうとしたといわれる。

彼はユダヤ人ではなかったが、もしかするとバビロンの時代に離散したユダヤ人の末裔か、もしくは少なくともアブラハムの子孫の一人であったはずだ。今日のアラブ人はアブラハムの子イシマエルの子孫だとされている)。したがって、ムハンマドに降りた天使ガブリエルの啓示は、本来のユダヤ教と聖書の伝統に基づくものであったとみなせるだろう。

実際、ムハンマドは聖書の神を信じ、それをもっとも大事な教典と定めたのである。しかも、彼らはユダヤ教徒のようにイエスを偽キリストとして排斥することもなく、むしろイエスを立派な預言者として崇拝さえしていた。そのように考えると、ムハンマドの運動は本来のユダヤ教に近く、しかもイエスが極端に神格化される以前の原始キリスト教にも近いものであったということができる。

ムハンマドが興した新興宗教はあっという間にキリスト教を脅かすほどの勢力を広げることになったが、その勢力は皮肉にもキリスト教とユダヤ教の聖地エルサレムを中心とした地域でその支配を強めた。かつてパウロが異邦人伝道を始めたころのシリアや小アジアという、もっとも新約聖書にゆかりのある地域がことごとくイスラム化していったのは人類歴史最大の皮肉の一つであろう。それらの地域は原始キリスト教の発祥地であったが、後に西方教会から異端のグノーシス主義の嫌疑をかけられ、迫害された地域でもあった。イスラムとグノーシス主義は時代的に接点はないとされるが、おそらく時代を超えて脈々と受け継がれた民衆の信仰の中ではなんらかのつながりはあったのではないかと考えられる。そのようにみると、イスラムというのは喪われた原始イエス教団の復興運動でもあったのではないかとみることもできるのである。

十一世紀から十三世紀にかけて、キリスト教徒は聖地エルサレムをイスラム教徒から取り戻すための八度にわたる十字軍戦争を仕かけたが、結局、キリスト教徒は敗北を喫することになった。十字軍戦争の敗北は神がキリスト教の勝利を後押ししてくれるはずだと信じたキリスト教徒にとっては屈辱以外のなにものでもなかっただろう。事実上、中世の時代ではイスラム圏がキリスト教圏を軍事力でも技術力でも上回っていたのである。これはギリシャ・ローマ時代の知的遺産がアラブ語に翻訳されてイスラム文化圏で大事に守り伝えられていたからである。

一方、キリスト教徒は十字軍戦争で自らの弱さだけでなく、知的にも文化的にもイスラム圏に劣っている事実を知らされた。しかし、彼らは逆にイスラム文化圏からギリシャ・ローマの知的遺産を再発見することになり、それが後々のキリスト教圏の近代化につながるのである。十字軍戦争の敗北とひきかえに、十四世紀に至るとイタリア各地でルネサンスというギリシャ・ローマの知的再発見の胎動が起こり始めた。同じころイスラム勢力との抗争がきっかけでスペインとポルトガルがアフカリ航路から海外進出をすることになる。また両国はドイツで起こった宗教改革に対抗するために海外へ出てカトリックの布教に乗り出すことになる。さらに両国は南北アメリカ大陸へも進出し、植民地獲得の競争で先陣を切ることになった。こうして歴史上の大航海時代が幕を切って下されたのである。今日、キリスト教が世界最大の宗教となったのは、こうした歴史的な舞台が整ったからであった。

そして、御国のこの福音はあらゆる民への証しとして、全世界に宣べ伝えられる。それから、終わりが来る。（マタイ24章14節　新共同訳）

イエスが弟子たちに伝えたとされるこの言葉は、十六世紀に火蓋が切られた列強による植民地獲得の競争とあいまって伝道師たちを鼓舞する言葉となった。今日、キリスト教が世界宗教となりえたのは、キリスト教国（主に白色人種）による有色人種に対する侵略行為と表裏一体のものであったという事実は消そうとしても消すことができない彼らの歴史の汚点である。特にスペインやポルトガルによる甚だしい侵略行為は人類歴史の中でも最悪なものであり、それらがキリスト教を広めるという大義名分によって行われたことは、決して罪人の救済という美辞麗句では蔽いきれないものである。そのようにみるとキリスト教の世界宗教化は、決してイエスの神の国運動の延長上のものであるとは言えないであろう。

主要参考文献

□「キリストの棺」シンハ・ヤコボビッチ　チャールズ・ペルグリーノ著　イースト・プレス
□「イエスの弟」ハーシャル・ハンクス&ベン・ウィザリントン曰共著　松柏社
□「イエスの王朝」ジェームス・D・テイバー著　ソフトバンク・クリエイティブ
□「マルコの福音書」R・アランコール著いのちのことば社
□「バビロン捕囚とイスラエル」ラルフ・W・クライン著　LITHON
□「原始キリスト教とグノーシス主義」　荒井献著　岩波書店
□「新約聖書外典」荒井献著　講談社文芸文庫
□「使徒教父文書」荒井献著　講談社文芸文庫
□「初期キリスト教の霊性」荒井献著　岩波書店
□「ナグ・ハマディ写本」エレーヌ・ペイゲルス著　白水社
□「グノーシス」筒井賢治著　講談社
□「トリノ聖骸布の謎」
□「イエスのDNA」レオンシオ・ガルツバルディス著　成甲書房
□「マグダラのマリア」岡田温司著　中公新書
□「キリスト教史 I　初代教会」ジャン・ダニエル著　平凡社
□「イエスが愛した聖女」M・マイヤー　E・デプール共著　ナショナル・ジオ・グラフィック社

主要参考文献

□「エウセビオス『教会史』」泰剛平訳　講談社文庫
□「黄金伝説1」「黄金伝説2」　ヤコブス・デ・ウォラギネ著　平凡社ライブラリー
□「ユダヤ古代史Ⅰ」フラウィス・ヨセフス　泰剛平訳　ちくま文庫
□「ユダヤ戦記Ⅰ、Ⅱ」フラウィス・ヨセフス　泰剛平訳　ちくま文庫
□「死海文書の謎」マイケル・ベイ　リチャード・リー共著　柏書房
□「死海文書は誰が書いたか?」ノーマン・ゴルブ著　翔泳社
□「イエスのミステリー」バーバラ・スィーリング著　ＮＨＫ出版
□「死海文書のすべて」ジェームス・Ｃ・ヴァンダーカム　青土社
□「初期ユダヤ教研究」土岐健治著　新教出版社
□「イエスはいかにして神となったか」フレデリック・ルノワール著　春秋社
□「アレクサンドリアのフィロン入門」教文館
□「これだけは知っておきたい　史的イエス」教文館　ＪＨチャールズ・ワース

あとがき

二十歳代前半、ドストエフスキーやカフカ、ニーチェなどの実存文学を読みふけっていた頃に聖書を一度通読しなければならないという強迫観念のような欲求に駆られて、創世記第一章から読み始めた。すると出エジプト記から民数記、レビ記あたりまで読んでいるうちに不思議な感覚に捉えられていった。

一体、これらの書物は誰がどういう目的で書いたものなのか？というごくありふれた疑問と同時に自分がいま聖書を読んでいることが、自分自身の欲求というより、もっと大きな何者かの意志でもあるのじゃないだろうかという感覚である。そのように感じ始めると、ある種の魔法にかかったような気分になってくる。

もちろん、だからといって、膨大な聖書全巻を一気に読めたわけではない。読み始めてから新約最終章のヨハネ黙示録に到達するまでに二年程はかかったと思う。

それから四〇年以上の歳月を経て、仕事の合間にケーブルテレビ・ディスカバリーで何度も放映されていたジェームズ・キャメロン監督の「キリストの棺」を観ることになった。

私は信仰のあるクリスチャンとはいえないので、特に衝撃があったわけではない。しかし、こんなに凄い大発見であるにもかかわらず、地上波はおろか、新聞にも掲載されていないという不条理の方に驚いた。

日本ではクリスチャンと言われる人々はきわめて少数派であり、キリストの棺の発見というニュースが社会的タブーに触れるという事はないはずだ。にもかかわらず、なぜこれが全くと言ってよいほど、関心を集めないのか？その方がよほど不思議な気がした。

もちろんキリスト教の本場の国々でタブー視されるのは仕方ないだろうが、それにしてもやはりタブーという言葉だけでも、この世界中の無関心さは説明できない。そういう不条理な思いを抱きながらも、私は逆にこの話題にのめり込んでいった。キリスト教の本当の神学について、それまでに十分な知識があったわけではないが、この番組を見て以来、私は俄然、キリスト教とはそもそも何かという問題に興味が移っていった。

参考文献にあげている書物の多くはその過程の中で読み始めた書物である。

その中でも特に強い影響を受けたのは、はじめの方でも紹介したジェイムズ・テイバー著「イエスの王朝」であった。もちろん、これらの書物以外にも青年時代から読んだことのある多くの聖書関連書籍の影響もあるが、テイバー氏の書物はいままで考えたこともなかったゾクゾクするような多くのインスピレーションを私に与えてくれた。

本書の原稿は約七年前に完成し、その後、出版を考えたが、日本ではやはり売れることはないだろうと思い、どうせなら英訳書だけでも出したいと考え、知人の紹介で翻訳を依頼していた。しかしながら翻訳作業が頓挫してしまい、出版を半ば諦めかけていたわけだが、この度のコロナショックで、最悪の場合、この原稿が陽の目を見ずに終わってしまう可能性もあるのかと考え、急遽、出版に思い至った。

本書の内容はいま自分で読み返しても大胆すぎる仮説に眩暈を覚えるほどである。もちろんこれらの仮説が、すべて真実であると信じているわけではなく、あくまでも聖書を推理小説のように読めば、このように考えるしかないのではないかと自分自身でそう思った通りのことを書いている。テイバー博士のように、イスラエル各地で発掘調査をしたとか、そういった具体的努力の産物ではまったくないが、自分の中では四十数年間の思考とインスピレーションの産物であると思っている。この書の中で展開されている仮説のいくつかは、今まで誰によっても考えつかなかった類のものであろうかと思うと怖気づくこともあるが、宗教的タブーをできるかぎりはぎ取りながら、ひたすら推論した結果はおそらく歴史の真実に近いはずだという確信はある。

私のそのような自信の支えになったのは、母校・同志社大学名誉教授北垣宗治先生にこの原稿を読んでもらう機会があり、本を手渡したわずか二、三日後に「面白くて一気に読みました」という思いもよらぬ返事が返ってきたことであった。先生は正統派の篤実なキリスト者であると思うが、その信仰をもちながらもイエスの処女降誕や洗礼者ヨハネ、マグダラのマリア等に関する拙文にさほど抵抗もなく読むことができ、感銘を受けたという丁寧な感想文を送っていただいた。名もなき浅学菲才の徒に対して、丁寧に接していただいたご恩を、あらためて深く感謝させていただきたいと思います。

尚、最後に本書のタイトル「秘められた原始イエス教団の真実」というタイトルについて、説明をしておきたい。本書を一通り読んでいただければ分かっていただけると思うが、本書はキリスト教の起源について説明しようと意図した本ではなく、むしろキリスト教以前のイエスを信じる原始教団の謎を探求しようとしたものである。なぜならキリスト教とはパウロによって始められた運動であるということが理解できれば、イエスを信じる原始教団とは原始キリスト教というよりも、むしろ原始イエス教団と言った方がふさわしいと思ったからである。キリスト教とは原始イエス教団から派生した分派（乃至は異端派）であったというのが歴史の実際であろうと思う。

二〇二〇年五月十七日　記　林晃三

著者略歴
林　晃三
兵庫県神戸市生まれ
同志社大学中退
自営業
著書に「中島みゆき　絶対矛盾的自己同一」（アートヴィレッジ）他

秘められた　原始イエス教団の真実

2020年6月 1日　第1刷発行
著者:林晃三
発行:アートヴィレッジ
〒657-0846　神戸市灘区岩屋北町3-3-18　六甲ビル4F
TEL078-806-7230　FAX078-801-0006
URL　http:// art-v.jp